为文明出征

第一次世界大战期间西线战场华工的故事

徐国琦 著

五洲传播出版社

图书在版编目(CIP)数据

为文明出征：第一次世界大战期间西线战场华工的故事／徐国琦著. — 北京：五洲传播出版社，2017.1
ISBN 978-7-5085-3605-7

I. ①为… II. ①徐… III. ①第一次世界大战－华工－史料 IV. ①D634.31

中国版本图书馆CIP数据核字(2016)第319264号

监　制　国务院新闻办公室

为文明出征：第一次世界大战期间西线战场华工的故事

著　　者　徐国琦
出 版 人　荆孝敏
责任编辑　高　磊
设计制作　北京原色印象文化艺术中心
出版发行　五洲传播出版社
地　　址　北京市海淀区北三环中路31号生产力大楼B座6层
电　　话　010-82005927　010-82007837
网　　址　www.cicc.org.cn　www.thatsbooks.com
印　　刷　北京华联印刷有限公司
版　　次　2017年1月第1版第1次印刷
开　　本　889 × 1194毫米　1/16
印　　张　18
字　　数　320千
书　　号　ISBN 978-7-5085-3605-7
定　　价　188.00元

值此一战百年之际，
谨以此书作为心香一束，
遥祭家父徐金祥先生及一战华工在天之灵。

序　言

一段值得发掘的历史

徐国琦教授经过多年的研究，撰写了《文明的交融：第一次世界大战期间的在法华工》一书。作者用翔实的史料介绍了第一次世界大战期间14万华工赴法工作的情况，介绍了他们在法国的生活以及华工对法国的贡献，并且从东西方文明交流的角度，探讨华工赴法造成的影响。徐先生的这项工作是值得赞许的，也是很有意义的，因为这是一段不仅不应被忘却，而且很值得进一步发掘的历史。

1914年8月1日，德国向俄国宣战，第一次世界大战爆发。中国人觉得，欧洲人打仗，离自己很远，且中国饱受帝国主义侵略之苦，没有必要参加这个战争。因此，大战开始后，中国宣布中立。然而，这是人类历史上一场极为残酷、血腥的战争，打了两年之后，交战双方损失惨重，法国、英国劳动力严重匮乏。于是，他们就找了中国人，提出希望中国能派劳工赴欧洲。而在中国，一些有识之士早已积极推动政府派出劳工，希望借此参战并争取在战后恢复中国的大国地位。中国最终决定派劳工赴欧洲。14万华工在法国从事最艰苦的劳动，用他们的血肉之躯，冒着生命危险，前赴后继，支援了战火中的法国。据不完全统计，他们中大约有2万人死在法国。

2002年春天，我时任中国驻法国大使，与旅法的华人、华侨社团的领导人和法国官方的代表赴法国北部华工墓地扫墓，慰藉长眠在法国的华工。华人华侨扶老携幼，700多人出席了这场活动，场面是很感人的。法国总统希拉克和总理若斯潘分别为这次扫墓活动致函，深切悼念这批为法兰西捐躯的中国人。

我在扫墓之后在墓地里走了一圈。令人欣慰的是，墓地维护得很好，绿草茵茵，一排排整齐的白色大理石的墓碑，好像代表着故去的亡灵，在春日的阳光下接受来自祖国亲人的缅怀和悼念。许多墓碑上镌刻着死者的名字，和“勇往直前”“鞠躬尽瘁”“虽死犹生”“流芳百世”等豪言壮语。但同时我也看到许多墓碑上没有名字，只有阿拉伯数字的号码。我不禁一阵心酸，怎么名字都没有，只剩下号码了，号码使我想起了囚犯！我在扫墓后还会见了华工的后代，从他们长相上看，中国人的特征已经不多了。但他们在与我交谈中，都以自己有中国血统为荣，强调法国人不应当忘记华工赴法参战的这一段历史。

十几万华工赴欧这段历史不应该被淡忘，因为这对于中国后来的走向有着重要的不可忽视的影响。读一读中国的现代史就会看到，从 1840 年鸦片战争到 1919 年这 79 年当中，中国的主导思潮是向西方学习。中国这样一个在人类文明史上曾经领先了上千年的国家，在鸦片战争后遭到了帝国主义列强的宰割，蒙受了奇耻大辱。中国人痛定思痛，认识到自己落后了，唯一的办法就是向西方学习，赶上去。但是，中国的主导思潮后来发生了变化，转折点是 1919 年的巴黎和会。1919 年初，中国代表顾维钧在巴黎和会上慷慨陈词，要求收复山东半岛。因为战前山东半岛属于德国势力范围，现在德国被打败了，中国派劳工参加战争，属于战胜国，收复山东半岛理所当然。然而，1919 年 4 月 29 日，美、英、法三巨头正式通知中国代表，决定山东半岛不归还中国，给日本。消息传来，中国人愤怒了，中国人感到上了当，受了骗，“老师欺负学生太过分了！”于是北京学生走上街头，爆发了震惊中外的“五四运动”。学西方的道路行不通了，从此，中国人走上了革命的道路。中国人走上这条道路是被逼出来的！两年之后，中国共产党诞生了，中国人民在中国共产党领导下经过了 28 年艰苦卓绝的奋斗，终于推翻了压在头上的“三座大山”，在 1949 年 10 月 1 日建立了中华人民共和国。这段历史告诉我们，没有华工赴欧，没有巴黎和会中国人受辱拒签《凡尔赛和约》，没有五四运动，就没有中国人的彻底觉醒。徐国琦先生将这段历史发掘出来，展现在世人面前，有助于我们理解中国人为什么要起来革命，也有助于我们更好地认识今天的中国。

华工赴欧这段历史不应该被淡忘，因为这是中法关系史上一个重要的事件。在法国人民最困难的时候，中国人支持了法国。这种支持是真诚的，不计代价的，不索取回报的。战争结束后，绝大部分华工都回到了祖国，战争给他们心灵上所造成的创伤是严重的。我曾经见过华工的后代，他们对我讲，他们的父辈在若干年后，谈起在法国的经历时，对于战争的恐怖还久久不能忘怀。有少数华工留在了法国，2002 年初我到法国西部滨海城市拉罗谢尔访问的时候，该市的市长向我介绍了该市最年长的市民——一位 106 岁的华工，名叫朱桂生。他在当地备受尊敬，娶了一位法国人为妻，妻子已经去世，是他的女儿陪他来见我的。朱桂生是江苏溧阳人，见了我很高兴，对我说：“年纪太大了，回不了国了！”从他的眼神中可以看出无限的遗憾和悲伤。

华工对法国的贡献是中法关系史上的一段佳话，希拉克总统说：“任何人都不会忘记

这些远道而来的、在一场残酷的战争中与法国共命运的勇士，他们以自己的灵魂与肉体捍卫了法国的领土、理念和自由。”1998 年，法国政府在华人、华侨社团的强烈要求下，在巴黎 13 区中国城内竖起了一座纪念碑，碑上写着：“纪念在第一次世界大战中为法国捐躯的中国劳工和战士。”

华工赴欧的这段历史不应该被淡忘，因为这是近代以来中国人走向世界的一部分。鸦片战争之后，中国人走向世界大体上是两部分人。第一部分是留学生。1872 年，清政府向美国派遣了第一批官派留学生，这是一批 10—16 岁的幼童。他们当中出现了一些中国近代史上的著名人士，诸如铁路工程师詹天佑，民国政府第一任国务总理、复旦大学的创办人唐绍仪，清华大学第一任校长唐国安，矿冶工程师吴仰曾。嗣后，中国先后出现了派遣留学生留日、留法的热潮，以及 20 世纪 40 年代两次留美的热潮。这些可以算作中国人近代以来留学海外的第一次浪潮。第二次浪潮是在人民共和国成立之后，留苏、留东欧国家的浪潮。第三次浪潮是改革开放后中国向国外大批派遣留学生。第三次浪潮的规模之大，派往国家之多，是前两次浪潮所无法比拟的。第三次留学浪潮现在还远没有结束，并将继续发展和向前推进。从历史的观点来看，留学浪潮对中国的进步，产生了巨大而深远的影响。第一次浪潮中涌现出大批推翻满清政府，推翻国民党政府反动统治的领袖人物和骨干力量；第二次浪潮为中国的经济建设发挥了重要的作用；第三次浪潮已经和正在为中国现代化培养着中坚力量。

近代中国人走向世界的另一部分人则是劳工。中国劳工大批赴海外可能要从 19 世纪中叶华工赴美参加修建东起内布拉斯加、西迄加利福尼亚西海岸，横贯美洲大陆的大铁路算起。据美方统计，从 1865 年到 1869 年，大约有 14000 多名华工参加这条大铁路的建设。需要指出的是，全长 1800 英里的中央太平洋铁路，地势复杂，要通过海拔二三千米的山区；冬夏两季温差很大，冬天常有暴风雪袭击，这些最艰苦的路段是由华工完成的。此后，加拿大在 19 世纪末修建一条横贯东西、穿过落基山的铁路时也有大批的华工参加。此外，巴拿马铁路和运河的修建也有大批的华工参加，并发挥了重要作用。此后，就要算在一战期间，十几万华工赴欧。

从 19 世纪中叶到 20 世纪初叶，究竟有多少华工走向世界，没有确切的统计，粗略地估算可能有几十万之多。他们这些人是作为苦力赴欧洲、美洲和拉丁美洲的。他们被人瞧不起，受到种种歧视，但是他们往往是承担工程最艰苦的部分，干得很出色。美国人和加拿大人都说美国和加拿大横贯东西的大铁路如果没有华工参加，工程不可能提前完成。劳工中有相当一部分留在当地，成为早期的华侨。中国劳工走向世界，我们研究得还不够，但是外国人开始注意这一段历史。不久前我在一次国际会议上碰到秘鲁前外长，他就写了一本关于华工的书。他对我说："我对当时我们的政府如此歧视和虐待华工感到耻辱。然而，尽管如此，华工在参加各项工作的过程中所表现出的勤劳、苦干和不畏艰险的品质却给当地人留下了深刻的印象。"华工在当地留下来后一般都能很好地融入当地社会。

留学生与华工属于两个不同的群体，留学生一般属于社会精英阶层，而华工则属于社会底层。不管精英阶层也好，还是中国社会底层的劳苦大众也好，他们都是中国人，都受着中国文化的熏陶。他们在走向世界的同时，自觉不自觉地把中国文化带向世界，在走向世界的同时，也接受了外国文化的影响。华人、华侨有一个突出的特点，他们同国内保持着联系，中国文化和西方文化的碰撞和交流回过头来也影响了中国国内的发展。

21世纪是中国人走向世界的世纪，也是大批外国人来到中国的世纪。1949年到1978年近30年间，中国累计出国人数加在一起不过28万，然而，仅2006年一年，中国出国人数就高达3400多万，外国人到中国的有2200万。这么大规模的交流在中国五千年历史上可能还是第一次，再往前看，这种双向交流才刚刚开始。研究中国人过去是如何走向世界的，东西方文化碰撞出什么样的火花，有什么影响，这是一个值得深入发掘的课题。更好地认识过去，会有助于我们更好地认识自己、认识中华文化、认识中西文化交流对推动人类文明进步的作用，必将对21世纪走向世界的中国人大有帮助。徐国琦教授主要研究方向是中国的国际化，我衷心希望他有更多的作品问世。

吴建民

2007年10月于北京

目　录

前　言

我自上世纪 90 年代初以来，一直对中国及亚洲与第一次世界大战的关系问题情有独钟，在世界各地阅读档案，历经数十载寒暑艰苦努力及思考后，终于茅塞顿开，学有所成。从 2005 年开始，相继推出一系列这方面的研究成果。2005 年，剑桥大学出版社出版本人《中国与大战》（China and the Great War）一书英文精装本（英文平装本由剑桥大学出版社于 2011 年出版。上海三联书店 2008 年将此书纳入其“人文经典文库”系列，出版中文版）；2011 年，哈佛大学出版社出版拙著《西线战场陌生客：华工与第一次世界大战》（Strangers on the Western Front: Chinese Workers in the Great War），后由上海人民出版社在 2014 年以“一战中的华工”书名出版其中文版。2015 年夏，我受英国牛津大学出版社之邀，完成《亚洲与大战：一段共有的历史》（Asia and the Great War: A Shared History）书稿，如一切顺利，此书应能在 2016 年年底左右同英文读者见面。读者诸君手头的这本小书，就是在我近十余年出版的这几本有关第一次世界大战之英文学术专著基础上所写的普及版。因此，这本书虽小，却浓缩了我多年学术研究的重要成果。这本小书也是我在 2007 年由北京的五洲传播出版社出版的《文明的交融：第一次世界大战期间的在法华工》基础上之增补和修订版，而且大部分章节为新作。本来，在花了 20 多年的时间研究第一次世界大战之后，我想应该跟战争告别，并将精力转移到我长期以来一直想系统研究的关于“何为中国，谁是中国人”（What is China and Chineseness）的课题。但五洲传播出版社希望我在第一次世界大战 100 周年之际将《文明的交融》加以修订并大幅增加我后来的研究心得。盛情难却，在几经挣扎和犹豫后，我终于同意。

我之所以愿意花宝贵的时间写这本书，还因为中国人甚至在一战百年之后的今天对一战及一战中的华工仍旧缺乏足够的了解和理解。依个人浅见，一战和一战华工对中国和中国人有极其重要的意义。中国的一战及一战中的华工同时也是世界文明史中的重要篇章。我的《中国与大战》一书就是旨在从第一次世界大战角度来透视中国人如何寻求国际化及新的国家认同之漫长历程，并分析国际社会如何对中国主动参与国际程序的重建及中华民族自我更新作出反应。我在 2009 年接受《西湖》杂志长篇采访时甚至大声疾呼，“没有一战，何来五四？”[1] 在一战百年之际，中国人应该对一战有更清醒的客观认识。

让我们首先来回顾一下一战的历史。公元 1914 年是中国的虎年，也是中华民国三年。就在这一年，人类历史上所谓的“大战争”（the Great War）爆发。在另一场世界大战于 20 多年后再次打响后，那场“大战争”成为今天人们所熟知的第一次世界大战。一战一开始就被交战双方定义为“文明”之战。协约国在战后颁发给参战人士的胜利勋章（Inter-Allied victory medals）上就刻有“为人类文明之战，1914—1919”字样。[2] 一位西方学者指出，第一次世界大战不仅仅是战场上或者经济上的得失，“对英国人来说，这是一场守卫大英帝国秩序的战争”。而与英国类似，德国人则认为这是“德意志民族的圣战”。因此，“对德国人来说，这是一场改变世界的战争；对英国人来说，这是一场维护世界秩序的战争。德国人为未来而战，英国人为传统而战”。[3] 著名的美国学者亨利·詹姆斯（Henry James）在 1914 年 8 月 5 日写道：第一次世界大战的爆发或许会让“文明陷入血与黑暗的无底深渊”并“将打破有史以来我们对世界会变得更美好的幻想”。[4] 一位美国官员在战争结束后不久也写道：“当世界大战被真实地记录下来，当胜利得到客观的评价之时，我们会发现任何一个国家都不配享有文明胜利的桂冠。”[5] 因此，无论是战争刚开始，或已结束，无论从何种角度上说，这都是一场人类历史上影响深远的战争，是对西方文明的一次血与火的残酷考验；而且从相当大的意义上，一战的重要性远胜于第二次世界大战。这不仅因为二战是第一次世界大战的延续，更重要的是直到今天，在一战 100 周年之际，我们对这场所谓的“大战争”对中国的意义仍缺乏真正了解。人们仍在辩论其影响及后果。

实际上，一场有关一战意义和影响的辩论在一战结束后即在东西方展开。德国学者斯本格勒（Oswald Spengler）宣称一战标志着西方的没落，这是大家都熟知的。中国人梁启超则在其于 1918 年底到欧洲游历及考察中所撰的《欧游心影录》中声称一战的结果显示东方精神文明仍然有一定的优势。梁启超写道：“欧洲人做了一场科学万能的大梦，到如今却叫起科学破产来。这便是最近思潮变迁一个大关键了。”梁启超甚至用其饱含深情的笔调告诫中国人：“我们可爱的青年啊！立正！开步走！大海对岸那边有好几万万人，愁着物质文明破产，哀哀欲绝地喊救命，等着你来超拔他哩。我们在天的祖宗三大圣和许多前辈，眼巴巴盼望你完成他的事业，正在拿他的精神来加佑你哩。”[6] 对梁启超而言，第一次世界大战几乎将人类文明毁灭殆尽，而西方一直标榜的社会达尔文主义则难辞其咎。除梁启超外，中国人梁漱溟、辜鸿铭等均属强调东方文明优越阵营的大将。当然，当时鼓吹东方文明至上的中外人士大有人在，以至美国哲学家杜威（John Dewey）在 1923 年为另一位哲学家、英国人罗素（Bertrand Russell）所撰《中国的问题》一书所写的书评中提到，“在大战后，中国似乎成为光明天使，映照出西方文明的黑暗。中国之道德准绳成为蝎子之鞭，抽打自以为是的西方人之背脊。”[7] 应该指出的是，当时并不是所有人都在东西方文明间站队，比较优劣和短长。有部分十分理智的中国人呼吁大家要清醒认识一战是人类文明的分水岭，应乘此机会找到一条适合中国自身发展的道路，不

要汲汲于东西方文明之争。如有一位中国人在1918年《晨报》的一篇文章中写道,“大战即终,十九世纪文明告一段落，而二十世纪文明方从兹发展。换言之，即世界由旧时代而移入新时代。”“故我国民果欲为适应时势之国民，第一须求得有方针之教育，第二须其方针无背于世界之新潮，否则惟有自归淘汰而已。此则吾人所应大觉悟者也。”[8]

一战后，在亚洲对西方文明批评最厉害也最有影响的是印度人泰戈尔（Rabindranath Tagore）。泰氏在1913年即获诺贝尔文学奖，是亚洲人第一个获此殊荣者，声誉远扬，所发言论自然也较引人注意。泰戈尔在1921年写道，“生活在东方之外的人现在必须承认欧洲已经彻底失去其过去在亚洲的道义上的优越感。它在世界上已经不再被视为公平的代表和高尚原则的奉行者。它充其量只是个西方种族优越论者和对非西方人的剥削者。”[9]他在战后给法国作家、同样也是诺贝尔文学奖得主的罗曼·罗兰（Romain Rolland）的一封信中写道，“亚洲几乎每一个角落都对欧洲不再喜爱。”[10]对泰戈尔而言，“披着文明外衣的西方过去在中国这样一个伟大的国度所投下的毒药在战后必将祸及自身”。“所谓的欧洲文明之火炬也许不再是灯塔，而是用来杀人放火的东西。”[11]

一战不仅是对西方文明的巨大挑战，并导致东西方文明之间的一场大辩论，同时也对世界文明地图的重新整合及布局产生了重要影响。一战是日本的所谓“天赐良机”。[12]日本通过第一次世界大战一举成为世界强国，在巴黎和会上跻身世界五强之列。但就是大发一战外交和经济横财的日本人中，也有不少人在战后有许多疑惑之处和很强的失落感。日本固然通过一战一跃成为世界五强之一，但西方列强对日本在巴黎和会上提出的“种族平等”议案嗤之以鼻，拒绝接受。在种族问题上，日本还是同其他亚洲国家一样，无法同白人国家平起平坐。此其一。其二，毕竟日本是靠德国军事化模式发迹的，德国在一战中被打败的结局及一战后流行全球的所谓反军国主义思想让不少日本人怀疑日本是否根本上就选错了立国模式，怀疑自己自明治维新以来奉行的所谓“脱亚入欧”的政策是否真的英明。同样通过一战跻身世界强国的美国对一战的影响和后果也是充满疑虑。美国人在“为民主而战”（the war for democracy）的口号下加入一战战团后，发现战后的世界秩序并非自己所愿。美国总统威尔逊（Woodrow Wilson）一度被世人奉为神明和救世主，为全世界带来希望。连以“老虎宰相”著称的法国总理克里孟梭（Georges Clemenceau）都感慨，上帝只给了人类十诫，但此公却给了我们“十四点”的世界新秩序蓝图。后来为中国共产党创始人之一的陈独秀声称威尔逊是世上“头号好人”。[13]甚至连泰戈尔也要写书题赠给他。在战后的巴黎和会上，威尔逊雄心万丈，立誓要建立美国主导下的世界新秩序，并建立国际联盟，为万世开太平。但美国人抛弃了威尔逊及其国际愿景，国会拒绝批准《凡尔赛条约》，甚至不准美国加入威尔逊一手缔造的国际联盟。

可以说，一战后全球的仁人志士、学者和政客都在疑惑，在思考一战究竟会给人类带来什么影响，并讨论其是否意味着西方之衰落、科学之破产，抑或为人类带来新的契机。哲学家杜威曾对一战后之世界寄予极高的期望。在1917年8月接受记者采访时，杜威表示，我们在为民主而战，因为这场大战争，“世界死了，世界万岁！一个伟大的文明已经消失”，取而代之的会是一个全然不同的崭新社会和文明。杜威虽然声称他目前并不知道战后新世界究竟怎样，但他显然对战后新世界国际秩序充满憧憬，当然也有不安。[14]但杜威在战后对世界新秩序极其失望。连杜威先生也疑惑了，但这是否意味着杜威先生也加入了对科学及对西方文明持怀疑论者之列呢？杜威在中国的五四运动期间来到中国，一待就是两年多。中国是除美国之外杜威所逗留和生活时间最长的国家。他还被认为是中国五四时期风靡一时的两大口号——“科学”与“民主”的个人化身。由于杜威在中国的巨大影响，他被蔡元培等人称为“美国的孔子”或“第二个孔子”。[15]

一战对中国的意义也特别重大，尽管很少有人意识到这一点。就中国而言，广义的第一次世界大战可以说起始于1895年，终结于1919年。这期间的中国同春秋战国时代一样，百花齐放、百家争鸣。各种思潮，东方的、西方的，都拿到中国试验；共和政体、民主政体，杜威的哲学、罗素的哲学，各种学派和学者都在中国粉墨登场。这个广义的一战时代，对我们中国人来说就像英国作家狄更斯在《双城记》里所描述的那样：“那是最好的时代，也是最坏的时代。那是智慧的时代，也是愚昧的时代。那是信仰的时代，也是怀疑的时代。那是光明的季节，也是黑暗的季节。那是希望的春天，也是绝望的冬天。我们似乎拥有一切，我们好像又一无所有。我们会直接进入天堂，我们也可能进入地狱。”[16]一代新人开始崭露头角。第一次世界大战时期，中西方文明正处于重要的历史转折关头。在中国，先进的中国人在1912年推翻了帝制，建立了民国。新文化运动、新的思潮以及民族主义在中国风起云涌。自鸦片战争以来，中国人已经受够了列强的强权即公理的旧体系。中国人对当时的国际秩序亟欲去之而后快，代之以建立在平等、公正、民族自决之上的新的国际秩序，并力图以全新的姿态参与国际社会并成为其中平等一员。一战的爆发，不仅对这一现存并对中国人不公的旧秩序带来强烈冲击，而且由于第一次世界大战归根到底首先是一场西方文明内部极其惨烈的内斗，也为西方文明的未来归宿及发展带来众多的不确定因素。正是在这一中西文明处于极其重要的转折关头之际，中国人力争顺势而起，利用这个机会一展宏图，再建文明，重整国运。

2014—2018年为第一次世界大战100周年纪念之时期。但是，当年围绕这场大战争进

行的全球讨论，这场有关世界秩序、东西方文明的兴衰、科学及机器的论战，到今天仍在继续，也仍无答案。在21世纪的现在，人们仍旧继续在讨论，继续疑惑，观点仍旧莫衷一是。事实是，经历过两次世界大战的巨大考验，西方文明照旧处于优势，跟一战时期比，科学和机器在今天人们的生活中扮演着甚至更为重要的角色，并为全世界所推崇和追求[17]。中国自一战以来无疑经历了翻天覆地的变化：第一次世界大战爆发时，中国还是一个经济上积贫积弱、政治上一盘散沙、外交上任人宰割的国家；今天的中国则已成为世界第二大经济体、全球最大的贸易国，国际地位与日俱增。今非昔比，可以说，列强在中国颐指气使的日子一去不复返了。然而，五四时期我们的先辈所讨论、所纠结的问题今天仍旧存在。例如当时广为讨论的“何为中国、谁是中国人”，中华文明在国际上的地位如何，中国究竟需要有什么样的国家认同等问题，到今天仍旧是我们全体中国人共同关心的核心问题。中国国家领导人目前大力推行的实现“中国梦”及“中华民族伟大复兴”的宏伟计划，同“五四”先辈们所追求的理想无疑有异曲同工之处。100年过去了，现在，当我们纪念第一次世界大战的意义与影响时，也到了让我们深入思考一战究竟为中国带来了什么、又意味着什么的时候了。事实上，这是一个长期被忽视并亟须面对的话题。首先，全世界包括中国人自己，在很长一段时间里都不太重视一战与中国之间的相互关系及影响。第二，尽管这场战争发生于100年前，它在今天的亚洲烙印仍然明显，特别是当我们试图去理解为何中日关系总是问题重重时，我们尤其会感到一战的深刻影响。第三，一战对于中国的国家发展、外交政策以及民族或国际意识都产生了极大的影响。第四，今天的中国人仍然在寻找一个适合自己国情的新的国家认同和相应的国际地位，理解一战给中国带来的影响无疑对中国和世界来说都是极其重要的，或许正确解读一战历史正是解开目前许多难题的钥匙。

2015年是第二次世界大战结束70周年，同时也是中国人在第一次世界大战中创造性地提出“以工代兵”、并因此把自己的命运同所谓的“大战争”联系在一起的100周年。在全人类正大张旗鼓地反思第一次世界大战的百年遗产，并纪念第二次世界大战结束70周年之际，也许我们应该把两次世界大战放在一起进行思考，回答下述问题：二战是否是一战的延续？或者，是否因为一战的后遗症，造成了二战的最终爆发？这两次世界大战，哪一场对人类文明造成的影响更加深远？何谓第二次世界大战？或二战开始的时间及定义，是否对不同的国家有不同的回答？中国人对第二次世界大战的贡献如何？第二次世界大战对中国历史进程的巨大影响又何在？从相当大的意义上，一战的重要性远胜于二战。这不仅因为二战是一战的延续，更重要的是直到今天，在一战百年之际，我们对这场所谓的“大战争”的全球意义仍缺乏真正了解，人们仍在辩论其影响及后果。

我们在检讨第二次世界大战对中日关系及两国历史发展进程的影响时，也许应该把第一次世界大战以及第二次世界大战联系在一起来进行分析。我们甚至应该把两次世界大战作为一体，并进而同中日甲午战争放在一起来透视。换句话说，第二次世界大战可能是中日从 1895 年到 1945 年的 50 年战争的一个重要组成部分。唯有从这一角度出发，我们对中日两国的近现代进程才能看得更透彻，得到的认识和理解也会更为深刻。杜甫诗云："会当凌绝顶，一览众山小。"也许从中日 50 年战争的角度来俯视二战，许多似是而非的观点就可能露出真面目了。

从广阔的国际史视野而言，二战的起源可谓因不同地区而异。对欧洲来说，二战起源于 1939 年应无问题。但从美国人的角度，二战可以说是被日本人"炸"进来的——1941 年 12 月 7 日日本偷袭珍珠港，一举把美国人拉进战争。美国人加入二战后，自然成为中国人的重要盟友。但对中国人或日本人来说，二战如果从 1931 年所谓"九一八事变"算起，可能是 15 年战争；如果从 1937 年 7 月 7 日卢沟桥事变算起，则为 8 年战争。从中日 50 年战争的观点来看，我们可以认为，中日甲午战争一举奠定了日本的东亚大国地位，并让日本成为西方意义上的殖民帝国。因为通过甲午一战，日本攫取台湾并将其变为殖民地，同时也为将朝鲜在 1910 年正式变为日本殖民地打下了坚实基础。

一战对中国人的重要性还在于，今天世界不少评论家、学者和政客们讨论到中国时都喜欢用一战作比喻，尤其是当讨论中日关系时。日本首相安倍晋三于 2014 年 1 月在瑞士的达沃斯论坛上告诉全球举足轻重的听众，目前中国和日本之间的竞争与德国和英国在第一次世界大战之前的竞争类似——暗示中日之间的分歧可能会超越他们密切的贸易关系，而中国则会扮演德国的角色。中国人当然不会喜欢被比作一战中的德国。中国外长王毅于 2014 年 3 月"两会"期间在新闻发布会上强调说，"2014 不是 1914，2014 更不是 1894"，日本"与其拿一战前的德国来做文章，不如以二战后的德国来作榜样"。但与此同时，中国外长在回答一个日本记者关于中日关系恶化的问题时也警告说，中国"在历史和领土这两个原则问题上，没有妥协的余地"。[18] 中日之间的外交紧张情绪似乎已经在全球范围的外交事务中展开，所有人都明白这两个国家之间的敌对关系。然而，并不是每个人都能意识到，两国之间的关系在第一次世界大战期间更为糟糕，这在很大程度上是由战争期间及之后的局势造成的，因此，中日之间目前的关系可以放入一战的历史背景下理解。要了解一战对今天中日关系的重要意义，我们必须明白中日之间在一战之前及战争期间发生了什么。此外，要了解一战对中国的重要性，我们还要再进一步回顾 1894 至 1895 年的中日甲午战争，因为正是这场战争为后来中日两国相继加入一战埋下了伏笔。

要理解中国与一战的关系乃至中国与世界的关联，没有比通过一战华工的视野来审视更有说服力的了。第一次世界大战期间，欧洲笼罩在一片腥风血雨之中，西方文明危在旦夕。在这场决定西方文明生死存亡的大战之紧要关头，14万中国农民在中、法、英等国政府的安排下，背井离乡，远涉重洋，作为劳工苦力来到战火纷飞的欧洲，来到法国，为英、法的生存，为西方文明的拯救，赴汤蹈火，抛头颅、洒热血，谱写了东西方文明交融的一曲壮歌。这是人类文明史上东西方交流的重要一章。虽然这些大多目不识丁的中国农民在第一次世界大战期间赴法的主要动机是谋生，但他们用自己的血与汗甚至宝贵的生命，参与拯救西方文明，并通过同西方文明的直接接触，改变了自己的人生观、世界观、中国观，从而进一步为中华民族逐步走向国际社会，为中国寻求新的国家认同作出了极其重要的贡献。

然而，中外学术界在很长一段时间里似乎将这一特殊群体集体遗忘了。西方将他们挤出了历史记忆，中国人也很少知道这一群人，更不用说了解他们的壮丽历程了。标示着东西方文明交流辉煌一幕的这段往事，似乎已湮没在历史的尘埃中。在世界史、中国史、世界军事史乃至中外文明交流史中，很少有人提到一战华工。在众多捐躯欧洲的一战华工的墓碑上，大多刻有下列四个成语中的一个：勇往直前、鞠躬尽瘁、虽死犹生、流芳百世。的确，他们在一战西线战场上或后方，固然“勇往直前”“鞠躬尽瘁”，但遗憾的是他们并没有“虽死犹生”或“流芳百世”，而是被人们所共同遗忘。他们的祖国很少有人还记得这一批特殊的农民，更不用说表彰他们的事迹了。世界学术界对一战华工的系统研究，在相当长的时间里也大致尚付阙如。相关政府对一战华工贡献的承认，更是姗姗来迟。早在1925年，中国北洋政府即要求法国建立一战华工纪念碑，以及为一战华工提供抚恤金和遣散费等，但法国以资金短缺为借口一直未能兑现。[19]迟至1998年，法国政府才在巴黎第13区中国城内树立了一座纪念碑，上书“纪念在第一次世界大战中为法国捐躯的中国劳工和战士”。20世纪90年代，法国影视导演奥列维·纪顿（d’Olivier Guiton）鉴于法国人民对这一中法交流史上的壮丽篇章几乎忘却，拍摄了近一个小时的纪录片《一战中的14万中国人》(140,000 Chinois pour la Grande Guerre)，向法国人民介绍一战华工及其历史贡献。该片的重要价值在于采访了一些定居法国的华工后代，通过他们的讲述，再现了当年一战华工及其后代融入法国社会的故事。通过这部纪录片，一般法国人才意识到一群中国农民参与创造法国历史的突出贡献。2008年秋，在山东威海市档案局的精心策划组织下，就在当年许多华工跨出国门远赴法兰西的出发地威海，多国学者济济一堂，探讨一战华工的历史。为配合首届一战华工国际学术会议的召开，威海市档案局还同时举办了一战华工图片展览。[20]2009年，中国中央电视台拍摄的6集纪录片《华工军团》则第一次把一战华工的生活及事迹推到国人面前。尽管如此，时至今日，大多数人仍不太明了：这些华工为何而来、因何而去？在旅途中、在欧洲以及回国后，他们究竟又有怎样的经历？他们对那场“大战”是否作出过任何贡献，他们对中华民族寻求新的国家认同及国际化又是否发挥过重要作用？他们在中西交流史上又占有何等地位？

本书的目的就是向中国人和雇用过华工服务的法国人、英国人、美国人，以及世界上一切关注人类文明进程的人们，介绍这一群中国人如何用他们的“苦”和“力”参与东西方文明的重建，重写人类文明的新篇章。就是在中国，他们也是一群非常普通的人，但他们的经历、他们的人生，创造了人类文明史上不朽的传奇。他们的命运，甚至他们的生命，无疑同中国及世界前途息息相关。一战中抵达法国的14万华工，在许多人眼里也许只是苦力，在欧洲，他们吃尽了苦、出尽了力。也许他们到欧洲的主要目的是为了个人的得失，为了谋生，但是，大而言之，他们是为了中国，为了世界。尽管当初他们并非怀着创造历史的抱负走出国门，但他们是中国放眼走向世界、参与国际社会的先行者，并直接参与创造了西方的历史。因为他们的存在，因为他们可歌可泣的旅欧经历，中国的外交官们才能在巴黎和会上义正词严地要求国际社会还中国以公道。因为华工源源不断的到来，英法诸国在大战危急关头才可以免去人力资源匮乏的后顾之忧。一战时的中国还是幸运的，尽管积贫积弱，尽管面临许多内忧外患，毕竟还有高瞻远瞩的志士仁人提出“以工代兵”的策略；更有吃苦耐劳的农民们赴汤蹈火，任劳任怨。正是精英与劳工的结合，让中国得以在一战期间谱写了一曲中西交流的辉煌篇章，让欧洲得以一睹华工风采，让世界得以了解不屈不挠的中华民族的坚强及智慧。14万华工也是幸运的，他们在人类历史的转折关头，因缘际会，挺身而出，得以成为中西历史中的弄潮儿。“尔曹身与名俱灭，不废江河万古流”。

我们通过讲述一战华工的“苦”与“力”之悲壮人生，可以透视他们与中国及西方文明密切相关的命运。一战华工被西方人称为“苦力”。的确，他们很“苦”，但他们也有“力”。本书将详细记述他们的“苦”、他们的“力”，还有他们在血染的西线战场戴瑞士表、太阳镜、绅士帽，身着各国军衣的浪漫，交法国女朋友的风流，以及为保卫自己的权益把欺负他们的美国大兵打得头破血流的中国男儿的威风。一战华工甚至是周恩来、邓小平等中共领袖当年走出国门到欧洲勤工俭学的先驱。一战华工的故事是中西交流史上一段意义深远但很少为人所知的故事。我们可以通过一战华工的经历及故事来探讨中国国际史及中国国际化历程中的平民参与及其贡献，并通过一战华工同西方文明及其同世界其他地区人民、同中国的精英们的交往及密切接触的经历，分析中国人在国际社会中的地位并试图回答“何为中国，谁是中国人”这一百年来中国人及世界其他各国人民所共同探讨的世纪之问。

这本书讲述的就是这些华工的故事。这是文明交流的故事，同时也是1895—1919年期间包括华工在内的一代中国人为中国的国际化、为中国成为国际社会平等一员、为中华民族真正复兴以及同西方人民一起共创人类和平而奋斗的故事。华工虽然来自中国，但他们的历史属于世界。在我们同世界各国人民一起纪念一战100周年的今日，五洲传播出版社独具慧眼，出版这本小书，可谓意义重大，用心良苦。我们希望借这本小书再现被遗忘的一战华工的集体记忆，缅怀由他们为主角所创造的一段人类共享的历史。值此一战百年之际，我希望本书能为中国读者解读出不一样的历史，尤其是中国在一战中的历史和一战在中国近代发展中的影响及地位的历史。如果此书能够进一步启发读者就“何为中国，谁是中国人”这个五四运动以来的重大历史命题作出思考并得出自己的答案，对作者来说，则幸莫大焉！知我罪我，其惟春秋乎？

1

“大战争”和中国之大转变

a

b

c

1914年夏，人类历史上一场所谓“大战争”在欧洲打响。当这场美国人在自己参战后称其为“终结所有战争的战争”（the war to end all wars）的炮声在1918年11月11日11时终于沉寂时，有约200万美国人先后效力于一战疆场。其中5万余人身亡，20万人受伤。而美国只是36个卷入战火的国家之一。一战中，全世界共有6500万军人参加作战。每三个年龄在13—30岁之间的法国男人就有一个死于战火，死亡率占年龄在15—49岁之间的法国男人的13.3%。英国军人死逾72万，伤160万，死亡率占年龄在15—49岁之间的英国男人的6.3%以上。德国人死200万，伤420万。仅一战战俘到1917年底就达350万人。死于第一次世界大战的交战各方总人数高达900万，每8名士兵中至少有一人阵亡，即在4年多的战争中，每天的士兵死亡人数为6046人[21]。此外，这场战争还造成德意志帝国、奥斯曼帝国、俄罗斯帝国的烟消云灭，英、法老牌大国随之衰落，美国、日本在世界舞台上开始异军突起。这就是所谓的第一次世界大战。无论从何种角度上说，这场战争都是人类历史上一场影响深远的战争，是对西方文明的一次血与火的残酷考验。就在这场决定西方文明生死存亡的战争中，十几万中国农民在中国、法国、英国等国政府的安排下，背井离乡，来到法国支援协约国。

一战期间，中国为英、法两国提供了14万精壮青年华工。这14万青年实际上间接为英、法提供了14万大兵。因为这些人驰赴欧洲大陆，才让英、法两国腾出至少14万本国人走上战场。特别是，这些华工中至少有约3000人为此献出了生命，有的是在赴欧途中死于德国潜艇攻击，有的血染沙场，捐躯欧洲。然而，当华工同

d

e

组图：(a)陈独秀、(b)蔡元培、(c)李石曾、(d)晏阳初、(e)王宠惠

法国人民，同英、美军队一道在法国用不同的方式同德国军队浴血奋战时，他们不但未受到应有的尊重，反而被英国人、美国人和法国人叫作“苦力”(coolies)，蔑称为“中国佬”(Chinamen, Chinks)。笔者撰写本书的目的，就是要向中国人及曾在一战西线战场接受过华工服务的法国、英国、美国这些国家的人民，以及世界一切关注人类文明进程的人们，介绍这一群中国人如何用他们的“苦”和“力”参与了东西方文明的重建、谱写了人类文明历史的新篇章。要完整讲述他们的故事，我们必须从20世纪之交的中国与世界格局谈起。

1. 寻求国际化及新的国家认同

研究中国对一战的反应，我们必须考察当时中国及世界所处的环境。显而易见的是，公元1895年是中国及世界历史上重要的一年。甲午一战，中华帝国被日本打败，古老的中国文明在甲午战争的炮火下奄奄一息。虽然自鸦片战争以来，西方列强不断利用船坚炮利逼迫中国签订了一个又一个丧权辱国的条约，但中国人直到败于日本之手，才终于从“四千年一大梦”中惊醒[22]。面临“千年来未有之变局”的先进中国人，开始思索中国何以衰败到此种境地，如何可以拯救国家、民族于水火之中。换言之，1895年的中日甲午战争是中国人大规模思考中国国家认同及其国际地位的转折点。

从甲午战争到一战在欧洲爆发这20年间，中国社会政治、思想、文化、世界观等多方面均发生了天翻地覆的变化。一大批先进的中国人意识到“中学为体，西

学为用”已彻底失效，认识到坐井观天只能将中国进一步推入深渊。他们以“穷则变，变则通”的心态，寻找救国之道及新的国家认同。救亡图存成为20世纪前半叶中国社会变革的主旋律。向西方学习，加入西方主导的世界体系，一时成为部分中国精英阶层头脑中的救世良方。他们主张“保中国，不保大清”，[23] 主张西体西用，主张放弃落伍的“朝贡”制度，建立现代外交体系；主张放弃儒家文化，彻底向西方学习；主张打破“非我族类，其心必异”的心态，信奉“社会达尔文主义”及“德、赛”（民主、科学）二先生。在这一时期，中国社会经历了从封建专制到共和的更替、从农历到西历的转交、从黄袍马褂到西装革履的变化、从“不谈国事”到人人竞谈时务的转变。在变革的洪流之下，执掌中国意识形态牛耳两千年之久的儒家文化似乎毫无招架之力，随着从秦朝开始实行的帝王朝代制度的顷刻瓦解，1912年中国成为亚洲第一个共和国。中国从此进入了一个吐故纳新和寻求与世界接轨的时代。一战的爆发，为中国人书写这一崭新历史正好提供了良好开篇。

在我们进一步研究一战对中国的影响及中国对一战的反应之前，我们还需要首先界定什么是中国的国际化（internationalization）。本书所谓的中国“国际化”，实指中国作为一个政治实体，不但有积极参与国际社会及国际体系的动力及意愿，而且主动采取各种手段、方式及政策，为进一步推动中国成为国际社会平等一员，同国际社会间进行的广泛、多层次的接触及交流[24]。中国的国际化是中国人对自己的国家认同及国际地位严重关注的结果。一战的爆发则为其国际化注入了一剂强烈的催化剂。一战时的中国固然存在许多问题，如政治上分崩离析、一盘散沙，经济上积贫积弱、民不聊生；国际地位低微，处处受人制约；但不可否认的是，同一时期的中国恰有春秋战国时期的特征：学术上百花齐放、百家争鸣，一大批志士仁人以天下为己任，竞相奔走于历史舞台，为中国的复兴及国际化献计献策，身体力行。

在这样一个大动荡的历史时期，矢志变革、立意维新成为自甲午战争以来推动中国社会进步的巨大潜流。锐意进取、奋发图强、充满世界眼光及前瞻意识的一代新人，取代汲汲于“圣贤之书”的举人、进士，成为新社会的主导力量。由陈独秀（1879—1942）、蔡元培（1868—1940）、梁士诒（1869—1933）、李石曾（1881—1973）、晏阳初（1890—1990）、顾维钧（1888—1985）、王宠惠（1881—1958）、陈

a b c

“外交政策群体”代表人物：(a)梁启超、(b)梁士诒、(c)顾维钧。

锦涛（1870—1939）等组成的一大批社会精英，立志要一扫中国落后、贫弱之形象，推动中国成为国际社会的平等一员，并寻求建立一个全新的国家认同形象。正是在这种背景下，积极主动、充满创新意识的新的中国外交出笼问世。我们甚至可以进一步指出，正是中国当时的积贫积弱、无实力可凭，才使梁士诒、顾维钧、梁启超（1873—1929）等人利用一战爆发的契机，书写了一曲绝妙的民国外交乐章。长期以来，治北洋史的人大都认为弱国无外交。殊不知，只有弱国才懂得外交的重要，因为外交与它们的生存息息相关。对弱国而言，外交是它们在国际环境中赖以求生的唯一法宝。相反，倒是对大国、强国来说，外交的重要性则略逊一筹，因为它们有实力作后盾。如大革命后的法国在著名外交家塔列朗（Charles Maurice de Talleyrand）的精心策划下，虽战败却能出席维也纳会议，未蒙受重大损失，甚而继续跻身强国之列，正是弱国外交的经典案例。在北洋时期的中国，胸怀韬略的一代外交家、政治家及许多“外交政策群体”成员所唯一依赖的，是他们的胆识、学养及对国际事务的深刻理解，以及日益高涨的民族主义及民心。一战的爆发为他们展示才华、推动中国国际化提供了历史契机。

2.“外交政策群体”及民族主义的兴起

不过，这一时期的最大转变当推整个社会民族主义的兴起，及民族主义同国际主义的兼收并蓄和“外交政策群体”（foreign policy public）的形成。中国民族主义的高涨固然是甲午战后中国社会变革的一大特色，这是毋庸置疑的事实，但此民族主义决非排他性的、狭隘的，而是建立在中国人希望加入国际社会作为平等一员的强烈愿望之上的。用美国历史学者吕贝卡·科尔（Rebecca E. Karl）的研究成果来表述，就是近代中国民族主义的兴起实乃中国介入国际社会的标志（“marked a Chinese intervention in the world”），是中国“重新定位自己及世界”的结晶。[25] 换言之，一战时期中国的民族主义是国际化的民族主义（internationalist nationalism），是建立在“世界主义”之上的“国家主义”。[26] 用近代集政论家、学者及政治家于一身的杨度的词汇来说，就是“世界的国家主义”。[27]

所谓“外交政策群体”，是指当时一大批先进中国人因对国事的关心，从而对国际事务及中国的外交政策与国际地位产生超乎寻常的密切关注和关心，虽然他们的绝对人数并不是太多，但能量很大，颇有一个松散的团体之势，这里姑且将其称为“外交政策群体”。这一群体大致包括言论精英如梁启超、外交才俊如顾维钧等，部分工商业人士，一大批能够阅读的知识分子思考群，以及那些受环境、职业等因素的影响，在某些地区居住或从事某些职业而对那些有重大影响的外交事件及国际事务表示强烈关注的人群。一战期间，中国的这一“外交政策群体”已臻成熟。他们利用参与决策和控制舆论的优势，及利用国人对时务的普遍关注的背景，指点江山，以文字、决策、“罢工”、“抵制洋货”等多种形式影响外交政策。这一“外交政策群体”构成了一战期间影响中国外交及中国国际化的重要有生力量。顾维钧 1912 年从哥伦比亚大学国际法专业获得博士学位后，旋即回到中国，担任袁世凯的英文秘书。1915 年，顾维钧已是华盛顿最年轻的公使（在二战以前，中国与西方国家的外交关系还只是公使级而不是大使级）。王宠惠是耶鲁大学的博士，王正廷（1882—1961）先后在密歇根大学和耶鲁大学受过教育，梁启超虽然没有西方的学术背景，但他是享誉思想界、学术界的巨人，并在 1919 年以私人身份参加了巴黎和会，在为中国发挥软实力中扮演了重要角色。这时，不仅民族主义成为主宰中国政治外交的洪流，“外交政策群体”也在此洪流之中应运而生。

这个群体不仅包括精英，还有许多平民百姓。一战期间远赴法国的华工，由于他们的特殊经历，在相当大程度上成为这一外交政策群体的一部分。另外，一般平民百姓也通过罢工、罢市和其他个人手段，在中国的社会政治中发挥了重要作用。一战华工中有85%至90%的人来自山东，而山东的命运正是在巴黎和会上受到考验，他们为山东的命运主宰扮演了什么样的角色？从我个人看来，他们起到的作用至关重要。平民百姓成为外交政策群体非常重要的一部分，实际上是中国历史上一个非常特殊的现象，过去不曾有过。非常遗憾的是，这种影响在1919年之后也日渐式微。唯独这个时候，在北洋政府时期，至少在外交层面，是允许百姓发声的，百姓的声音是被倾听的。由于这一系列转变及"外交政策群体"的出现，"1914一代"的中国人与历史学家罗伯特·沃尔（Robert Wohl）所描绘的欧洲"1914一代"相比，更为老谋深算[28]。他们生于忧患，比起著名诗人T. S. Eliot笔下的欧洲那种"两个世界的彷徨者"（wanders between two worlds）来，陈独秀、梁启超、梁士诒等领导的新中国人更负使命感、危机感，他们敢于直面不利的国际国内环境，敢于并善于对旧文化、旧秩序、旧的国家认同宣战，力图改变中国多灾多难、积贫积弱的命运。他们的理念支柱是帮助中国的国际化及使中国成为国际社会的平等一员。

要将新的国家认同及国际化在中国付诸实施，需要两大国际国内条件。一是国人全面觉醒，并摒弃故步自封的封建机制；二是旧世界秩序的崩溃。辛亥革命顺时应势，一举推翻在中国绵延2000余年的君主体制，并促成中国追随法、美之后，一跃成为亚洲第一个共和国。在中华民国初期，儒家文明被西方思潮代替，西方的各种政治思想、流派相继进入中国人的视野。有人甚至响亮喊出"打倒孔家店"和只有"德、赛"二先生才能救中国的口号。国人的新世界观及新观念都为中国之国际化创造了有利的内部环境。

如果说辛亥革命的发生及随之而来的一大批优秀中国人世界观的进步为中国进入国际化社会提供了一个良好的内部环境，那么1914年6月巴尔干半岛的枪声则标志着一场"大战争"的来临及旧的国际秩序崩溃的开始，并为中国的国际化提供了国际平台。换言之，欧战的爆发为中国的国际化付诸实施提供了一个不可或缺的动力及前提，一战也由此介入中国，成为中国近代史上一个重要的里程碑及转折点。不幸于2015年去世的哈佛大学著名学者斯坦利·霍夫曼（Stanley Hoffmann）曾写道：纵览20世纪，法国有两大心结，一为法国之国际地位，一为如何处理其与

德国的关系[29]。笔者认为，20 世纪的中国，用心则更为专一，即如何成为国际社会的平等一员。一部 20 世纪的中国史，在相当大的程度上可以说是中国人寻求新的国家认同、走向世界及国际化的历史。

就在中国处于新旧交替、变革维新之际，西方社会也进入了空前的分化改组时期。由西方主宰的国际体系正面临巨大挑战。德国、美国及日本正以各自的方式挑战现存的世界秩序，并力图创造对其有利的新世界体系。19 世纪后半叶以奉行“铁血”政策异军突起的德意志帝国，开始不再满足于“幸分一杯羹”的现状，力争同主宰世界秩序的英、法等国分庭抗礼，争夺“阳光下的地盘”。到 19 世纪末 20 世纪初，以德国为首的一方和以英、法、俄为首的对立方互立山头，准备随时打一场围绕一方力求打碎但另一方鼎力保护的现存世界秩序的“大”战争。换言之，当中国的儒家文明在世纪之交正分崩离析之际，由英法列强主宰的西方文明体系也正处于崩溃的边缘。1914 年 6 月 28 日从后来的英国首相丘吉尔所谓“柔软的下腹部”的萨拉热窝传出的枪声，不仅标示着“大战争”的开始，也意味着西方旧世界体系的正式解体。西方文明能否生存，也因此成为人类特别是中国人思考的大问题。一个不可回避的事实是，在此东西方文明同时处于新旧交替之时，中国人的历史已经成为世界历史不可分割的一部分了。

3. 西方文明的内战和古老东方文明的反应

第一次世界大战从某种程度上讲，是西方文明的“内战”。但这场所谓的内战却在中国近现代史上占有不可替代的重要地位。一战的爆发不仅标志着旧世界体系的崩溃，同时也为中国人寻求新的国家认同及国际化提供了全新的平台。正当中国社会新旧交替、承前启后、天命维新之时，一战的爆发为学贯中西、深谙国际事务的新一代中国人如顾维钧、王正廷、梁启超、梁士诒等提供了在世界舞台折冲樽俎的大好机会。一战期间，国人在思想和学术上兼收并蓄、求同存异，放眼世界，在政治上大胆探索，不拘一格，在外交上大胆进取、灵活多变，书写了中国乃至世界外交史上壮丽的篇章，并由此正式宣告中国人彻底走出“天朝大国”唯我独尊的封闭状态。

在这一时期，以留学生为主体的中国社会精英富于进取，熟谙中外事务，并逐渐成为主持中国外交的中流砥柱。民族主义、自强图存成为这一时期的重要口号，并驱使一大批先进中国人寻找新的国家认同及国际社会的平等地位，从而第一次把中国的声音及理念系统纳入国际秩序蓝图之中。正是这种东西方文明的因缘际会，导致了近代中国首次有计划、有策略、有准备的主动参与国际事务之举。中国政府在 1914 年夏秋及 1915 年两度主动寻求加入世界大战，意欲乘此收复山东，进而收复自鸦片战争以来不断丧失的国家主权，使中国一跃成为国际大家庭中平等、受各国尊敬的一员。一战的爆发，从积极意义上说促使列强长期以来在中国营建的均势机制（balance of power）濒于瓦解，从而为中国寻求国际化、谋求平等待遇提供了有利的国际条件。更重要的是，旧的世界秩序虽已崩溃，但新的国际体系尚未建立，正为中国进一步参与创建世界新秩序提供了一个历史机遇。从消极的意义上来讲，由于交战列强在中国各有势力范围存在，一战的爆发，迟早会因此把中国卷入欧战的漩涡。更有甚者，新近兴起的日本视欧战的爆发为其进一步侵略中国的千载难逢之机，欲利用列强在欧洲互相厮杀、无暇他顾之际，使中国沦为其后院。1914 年 8 月，日本千方百计挤入协约国战团，并在很快夺取德国控制下的中国山东后，于 1915 年初旋即向中国提出“二十一条”，这正是日本野心的明证。

一战对中国来说是“危机”。在一战之前，中国之所以没有重蹈印度的覆辙，没有成为殖民地，是因为各国在华力量相互制衡，这样的均势机制使得中国在一战之前没有成为任何大国的殖民地。一战爆发后，西方的注意力转移，列强在华均势被打破，中国的命运就被控制在近邻日本手里。日本从 1895 年之后成为亚洲第一个近代意义上的帝国——帝国，意味着拥有殖民地：通过甲午战争打败中国后，日本强迫中国割让台湾，之后又把朝鲜变为其殖民地。中国由于在 1912—1919 年间处于转型时期，没有能力和日本背水一战。但是一战的爆发，对中国来说除了可能面临受制于日本的危险，还有机会，缘何如此？首先，一战打破了当时不利于中国的国际体系，这对于转型期的中国来说是一个机会。鸦片战争以来，中国人为所谓的“world order”即世界秩序付出了沉重的代价——1840 年以后西方列强与中国签订了一系列不平等条约。这对中国极为不利，而一战的爆发提供了一个改变现有机

制的机会。其次，当时的中国精英阶层认为，中国已经完成从传统封建儒家文明到西方意义上的 nation-state（民族国家）现代文明的转变，这是一个以民族国家身份平等加入西方主宰的世界秩序的机会。因而，如何对付日本和如何成为国际社会的平等一员这两个中国自 1895 年以来的政治外交史主题，需要国人借一战的爆发把握时机着手解决。

4.“大战争”作为中国的大“危机”

在中文里，“危机”一词包括“危”和“机”两个字。“危”者，危险也，“机”则可说是机会。第一次世界大战的爆发对中国来说，正呈现了巨大危险和无限机会。欧战的爆发对中国的“外交政策群体”而言，无疑是天赐良机。如梁启超称欧战的打响对中国来说是千载难逢之机遇，中国应善加把握[30]。后来成为《中国近代外交史》一书作者的刘彦（字式南，1881—1938）在欧战爆发后向外交部几次上书，力陈中国立即对德宣战的必要[31]。欧战伊始即在德国观察研究战争的张君劢（1887—1969）在 1916 年回国后预言德国必败。他认为，如果中国想要在战后寻求国际化及平等地位、修正列强在中国的一系列不平等条约，应争取利用欧战的机会“立功”，由此方可实现中国平等加入国际社会的长远目标[32]。事实上，梁启超、张君劢、刘彦等人的主张在当时的主要杂志如《东方杂志》《甲寅杂志》《大中华》《新青年》等中均有反映，绝非少数人之意见。刘文典（字叔雅，1889—1958）亦在《新青年》上载文呼吁中国的青年应认识到在当今的国际事务中强权即正义，一个国家只有凭勇气、实力才能赢得国际社会的尊重。他激励国人不怕牺牲，放手参战[33]。

除上述舆论精英外，决策层鼓吹中国抓住机会立即参战的也大有人在。如张国淦（1876—1959）、梁士诒等在一战之初即力主中国参战，其中梁士诒的主张尤具说服力。梁士诒在民国早期即大权在握，外人对其评价甚高，称其为“中国的马基雅维利”。梁氏虽在袁世凯帝制及财政等问题上授人以柄，但在中国参战问题上一直高瞻远瞩，立场坚定。他认为中国参战一可从德国人手里夺回青岛，二可提高中国的国际地位，三可在战后和会上占有一席之地，直接参与国际事务[34]。诚然，对日本的防范是“外交政策群体”主张加入欧战的另一主要原因。前文指出，要研究一战对中国的影响和意义，我们必须回溯到 20 年前的 1894 年打响的中日甲午战争。

1894 年初到中国时的莫理循。FOTOE 供图。

甲午战争使得日本成为东亚地区的主要力量并作为一个新兴帝国得到了第一个殖民地——中国被迫割让的台湾。这场战争也奠定了日本之后获得第二个殖民地的基础，即迫使中国放弃自己传统上的附属国朝鲜。随着中国的牺牲，日本似乎成了东亚地区稳步升起的新星。换句话说，正是甲午战争建立了日本展现野心并在机会出现时与世界主要大国竞争的舞台。当主要列强都投身于欧洲的战争时，日本作为亚洲的新兴势力，决心成为一支重要的国际力量并掌控中国。这就是为什么许多日本人将欧洲 1914 年 8 月爆发的战争看作一个很好的机会的原因。日本人一直在等待自己的机会，而伴随着欧洲的战争，他们所盼望的神奇的时刻终于来临了。

一战在欧洲甫一爆发，日本立即宣战，并于 1914 年 11 月迫使德国在青岛的军队投降，青岛同时落入日本之手。完成了其侵略中国的首要目标之后，日本参与一战的陆上军事行动实际上已经结束了。对于日本来说，得到青岛之后，下一步就是要成为中国的主人。日本于 1915 年 1 月 18 日对中国提出了臭名昭著的"二十一条"，它包括五个部分，共 21 项条款。最严重和苛刻的部分是它在第五部分中要求中国在政治、财政和军事事务方面聘请日本顾问，并由日本控制中国各个重要地区的警察部门。这些要求"比很多胜利者向被征服的敌人提出的条件还苛刻"[35]。很显然，日本意图将中国变成其附庸国。袁世凯的中国政府对欧战迅速作出反应，实首先出于防止日本夺取中国青岛的考虑。有顾维钧、梁士诒等辅佐的一代枭雄袁世凯，在欧战伊始亲自向英国驻华公使兼协约国驻京外交团首领朱尔典（John Jordan）试探，提议中国与英国共同对青岛出兵，攻打德国。换言之，一战甫一爆发，中国为了收复失地，避免日本在华野心得逞，即有参战之心。但朱尔典未接受袁氏之建议，导致中国 1914 年参战之举胎死腹中。[36] 前英国《泰晤士报》记者、后为袁世凯顾问的莫理循（George E. Morrison）称朱尔典未加仔细考虑，即贸然拒绝中国在 1914 年直接卷入战团的做法为“一大蠢举”。[37] 但中国人未因此放弃参战的努力，参战的决心反而因日本 1915 年初向中国提出“二十一条”而更加坚定。日本的公然欺凌让众多中国人认清了“日本是我国劲敌”，正如青年毛泽东在 1916 年 7 月 25 日写给朋友萧子升的信中所说。他预测，中国与日本必有一战，中国“二十年内，非一战不足以图存”[38]。中国民众 1915 年对“二十一条”的普遍反应及强烈反弹也为 1919 年的五四运动奠定了基础。

日本“二十一条”的提出，进一步增强了中国寻求利用国际论坛来解决日本侵略及收回丧失的国家主权的迫切性。力争参加战后和平会议是自欧战以来中国“外交政策群体”一直思考的问题。早在 1914 年 11 月 10 日，外交部参事伍朝枢即向外交部提出备忘录，认为中国最好避免直接同日本交涉包括山东问题在内的许多外交纠纷，应当力争将包括日本问题在内的一切事端提交战后和会讨论、裁决[39]。中国驻美公使夏偕复也强烈主张中国加入战后和会，呼吁当局早作筹备[40]。后来成为外交部代理部长的夏诒霆也在 1915 年 1 月 15 日就有关中国参加战后和会问题向外交部呈交了一份长篇备忘录，同样主张中国为了提高国际地位并成为国际事务中平等一员，为了有利于解决外交争端，应设法加入战后和平会议，并加紧遴选与会代表，未雨绸缪[41]。日本提出的要求对中国的根本生存以及成为一个完善的民族国家的愿望形成了巨大的挑战。如果说甲午战争的失败让中国面临了民族认知的危机，1915 年的“二十一条”则更是在唤醒中国民族意识的同时也帮助其找到了面对一战的第一个具体目标，即参加战后和平会议。

有识之士发起的种种议论、提出的种种办法，虽显稚嫩，而且缺乏实际操作考量，但个中良苦用心及高瞻远瞩，实乃显明。对此，中国外交部明显赞同并考虑设法将其建议付诸实施。早在日本提出“二十一条”当天，外交部即向中国驻外使团发出指令，要求他们群策群力，帮助政府寻找参加战后和会的机会，以利山东诸问题在战后得到有利解决[42]。外交部同时派特使协调各驻外使团促成中国参加和会的努力，并征求国外国际法专家的意见。1915 年 1 月 22 日，外交部成立高规格的参加和会问题研究小组，组员包括陆征祥（1871—1949）、副外长曹汝霖（1877—1966）、参事顾维钧等人。当然，中国参加和会的最终保证是参战。外长陆征祥与日本签署“二十一条”的相关协定后，即向总统袁世凯明确建议：解决山东问题的关键在于参战。甚至后来在五四运动期间被国人斥为卖国贼的曹汝霖也在 1915 年 10 月向袁世凯表示，阻止日本人进一步对华侵略的企图，关键在于中国直接参加欧战[43]。

基于上述考虑，尽管中国在 1914 年提出的参战动议遭到朱尔典的拒绝，但中国人加入战团之决心，在日本提出“二十一条”之后则变得更加强烈和迫切。1915 年，中国政府为参加协约国对德作战再次作出了尝试。11 月 1 日，袁世凯的心腹秘书蔡廷干通知总统府顾问莫理循：袁世凯参战之意已定，请莫立即找到一个中国可以参战的理由[44]。11 月 6 日，中国正式通知英国，表示中国准备向德国宣战，但为防日本从中作梗，要求英、法、俄出面邀请。为了增加参战筹码，除了派遣华工外，中国甚至秘密向英国提供军火，至少有 3 万支步枪通过梁士诒经香港秘密移交英国。曾任交通部总长的叶恭绰（1881—1968）在派遣华工到法国一事上扮演了重要角色。其长兄叶道绳在 1916 年受政府之命参加拨军械助英事宜。叶道绳于 1916 年春与赵庆华等四人分赴湖北、湖南、浙江、安徽、山东等省，会同地方军署检验枪械，分批运往香港，可惜因此积劳成疾，英年病逝，年仅 38 岁[45]。此时的英、法、俄等国对中国的参战转而表示欢迎，并表示愿意出面安排。但正如中国政府所预料的，日本极力反对中国参战。为阻止中国参战的图谋，日本甚至向协约国暗示，日本可能琵琶别抱，转与德国为友。对英、法、俄来说，日本的地位远较中国重要，他们最后放弃了对中国参战的支持，结果导致中国政府第二次参战的努力到 1916 年初再次付诸东流。

更让中国始料未及的是，此时日本不但打破了中国 1915 年参战的梦想，还进而迫使协约诸国为保证支持日本战后对中国山东的要求作出秘密承诺。这一秘密交易在 1917 年初以秘密条约形式固定下来。正是由于日本同英、法、俄、意等牺牲中国的秘密交易的达成，1917 年春天，当中国借美国参战之机第三次尝试进入战团时，日本一改初衷，对中国的参战未予反对。1917 年 8 月，中国在历经三年的奋斗之后，终于得以正式向德、奥宣战。但日本这些不可告人的秘密勾当，中国人当时被蒙在鼓里，而在 1915 年意识到中国何时正式参战尚无法预料的情况下，其“以工代兵”之策略就在这一背景下出笼。

约 1915 年，莫理循（二排右二）与袁世凯政府主要官员及外国顾问合影。其中有陆征祥（莫理循右上者）、孙宝琦（二排左二）、曹汝霖（二排右一）、梁士诒（孙宝琦后方者）、章宗祥（前左一）、美国顾问韦罗贝（前左二）、日本顾问有贺长雄（前右一）等。FOTOE 供图。

20 世纪初，莫理循（后左二）与好友朱尔典（前左二）、柏卓安（前右二：John Mcleavy Brown）等人合影。FOTOE 供图。

1914年8月，日本军舰开进青岛海域，在崂山湾登陆。FOTOE 供图。

围攻青岛的日本陆军炮兵。FOTOE 供图。

日军在青岛跑马场举行圣旨传达仪式。FOTOE 供图。

1914 年 9 月，日本陆军一部进入青岛。FOTOE 供图。

1915 年 5 月 25 日，签订“二十一条”时中日代表合影。左二为中国外交总长陆征祥，左一为外交次长曹汝霖。

一战爆发后中国设立的第一座俘虏收容所——南京俘虏收容所正门。1914 年 11 月，驻青岛的德军战败投降，但一艘鱼雷艇上的 61 名官兵不愿向日本投降，遂开到中国军队驻地请求收容。当时尚未对德宣战的中国政府特地在南京为他们开设了第一座俘虏收容所。FOTOE 供图。

1917 年 8 月 14 日中国正式对德奥宣战后，又相继设立了 7 个俘虏收容所，收容、关押了 1000 多名战俘。图为黑龙江海伦俘虏收容所里做礼拜的奥斯曼土耳其士兵。FOTOE 供图。

黑龙江龙江（今齐齐哈尔）俘虏收容所，俘虏们在举行文艺演出。FOTOE 供图。

北京西苑俘虏收容所新所（西苑新所）的全体俘虏合影。西苑新所开办于 1918 年 7 月 29 日，收容奥匈战俘共 82 名。FOTOE 供图。

2

中国的对策：“以工代兵”

如前所述，中国在1914年和1915年两次直接参战的图谋虽胎死腹中，但参战受阻只不过使中国加入国际社会的大战略暂时受挫，中国的决心并未因此而有稍许减退，反而因日本提出“二十一条”而更为坚定。因为中国知道，倘不如此，中国只能沦为日本的附属国，遑论成为国际社会的平等一员及收复国家主权了。主导中国外交的新一代政治家思考新的谋略来阻止日本阴谋得逞，并帮助中国同协约国事业密切相连起来，以实现中国参与国际社会及成为平等一员的外交大战略。

向协约国派出华工的策略就是在这种氛围中应运而出。按照首先提出此一计划的梁士诒的话说，这是中国的“以工代兵”战略。传统观点一向认为“以工代兵”计划“由协约国在1916年所提出”，面对协约国的招工计策，“事实证明，软弱的北京政府无法阻止协约国开发像中国这样的中立国家的人力资源”。[46] 然而，这种观点与历史事实并不相符。实际上，华工招募计划早在1915年就已经提出了，而且最早提出该项计划的是中国而不是协约国。华工出洋计划不仅在中国加入协约国方面参战的战略中起到关键作用，更是中国加入国际体系的重要手段。中国能够参加战后和平会议的关键还是因为中国的“以工代兵”战略。

1.“以工代兵”战略的出笼和法国招工团

为了帮助中国直接参战，梁士诒以其商人的精明、政治家的敏感及外交家的高瞻远瞩，第一个在1915年别出心裁地提出派遣华工支援协约国的构想。他称此为“以工代兵”之策，[47] 意图在中国正式参战之前能够同协约国建立更加密切的外交联系。梁氏的“以工代兵”的构思及将其成功付诸行动，实乃先进中国人寻求加入国际社会及国际化的一个创举。其意义远非单单以遣送14万华工赴法同英法美联军并肩奋斗所能概括。这是中国有胆识、有目的、有远见地加入国际社会的开始，是东方大国参与拯救西方文明的亲密合作的大事。

梁士诒之所以提出华工参战计划，其基本考虑是：既然中国政府渴望中国加入国际体系和协约国，那么中国派遣华工出洋助战就可以表明中国人有诚意、有能力支持协约国。此外，德国也没有理由指控中国破坏了中立条规，因为这些华工将受雇于“私营”公司。梁士诒与他的好友叶恭绰首先制订了华工参战的周密计划。[48]

叶恭绰在所撰“梁士诒神道碑”中写道，梁士诒在一战爆发后，就中国如何“藉增国际地位，解除一切束缚，曾数建大计。今灼知者，惟劳工参战一事。时我未与德决裂，不便显助。公乃承当局旨，舍公司任其事”。[49] 梁氏的“以工代兵”计划虽有其个人盈利之嫌，但在弥留之际，梁士诒告诉家人，虽其一生犯错不少，但为国为民之观念，无时不在心中[50]。到战争结束之时，为招募华工而成立的惠民公司不但没有赚钱，反而亏空 180000 元。[51]

让我们看一看为中国加入一战提出“以工代兵”绝妙策略的梁士诒究竟是怎样一个人。梁士诒，广东人，一生身居要职。一战期间，他作为袁世凯总统心腹，参与各种机密决策，在政坛纵横捭阖，同时手握财权，有“财神”之号。梁氏虽善弄权术，但目光远大、视野开阔、见解独到，并深得袁世凯的信任。一战爆发后，袁世凯下令，凡外交重要事件，“梁士诒参与一切”。[52] 叶恭绰声称，当时梁所控的“交通一部，实兼有外交、财政两部之执掌”。[53] 梁因此有“二总统”之称[54]。梁士诒对第一次世界大战的爆发颇为关注，并研究一战对世界格局及中国命运的影响。早在 1914 年 8 月，战争烽火在欧洲刚刚燃起之际，梁士诒便以其独到分析，预测一战对国际格局、中国前途影响深远，呼吁中国应当机立断，主动参战，并预言德国寡不敌众，绝不能久胜。中国因此可加入协约国一方，对德宣战，此举一可收复山东，二可帮助中国加入战后和会，分享国际论坛，参与国际新格局的建设，让国际社会听到中国的声音、中国的追求。概言之，参战有利中国的长远发展及大战略。当一战进入 1915 年，梁氏进一步认为协约国必胜，主张中国绝对应把握时机，毅然卷入。由此可见梁士诒的远见和韬略。

1915 年，梁士诒的“以工代兵”计划孕育成熟并正式提出，立即引起法国的兴趣。在第一次世界大战开始时，中国山东省当时的人口几乎同法国人口一样多，但其面积还不到法国的四分之一。而法国早在战前即面临劳工短缺，战争使这一问题更加严重。早在 1915 年 3 月，鉴于战争进展不利，法国国内人力资源严重匮乏，军方开始考虑寻求外援，使用华工便是方案之一。后因内部分歧，使用华工的动议被搁置。然而，时至 1915 年夏，随着战争形势越来越严峻，人力资源愈加紧张，法国国防部再次考虑招募华工的可行性。[55] 到了 1915 年 6 月，也就是梁士诒提出华工参战计划的当月，法国军方已经决定向中国求助。他们正式要求法国驻华公使康德（悌）（Alexandre R. Conty）调查招募华工的可行性。因此，梁士诒的以工代兵建议对法国来说可谓雪中送炭。经过与梁士诒的一番协商后，康德在 1915 年 6 月 9 日向法国政府报告说中国政府愿意提供帮助，但前提是华工只能在“理论上”受雇于法国私营公司，因为中国在“形式上”仍然是一个中立国家。11 月 11 日，法国国防部经过详细讨论，决定实施招募华工计划。12 月 1 日，法国军方任命退役上校陶履德（Georges Truptil）率领法国招工团来华招募华工。两周后，陶履德招工团正式启程来华，并于 1916 年 1 月 17 日抵达北京。[56]

为了配合法国在华招募工人的需求及避免予德国任何口实，梁士诒与中国实业银行行长王克敏设立惠民公司，具体承揽招募华工事宜。叶恭绰直接参与其中。惠民公司以梁汝成为经理，李兼善、王子祺等参加合同谈判[57]。陶履德招工团的公开性质为民间机构，陶履德本人也改称是农学技师。惠民公司与陶履德招工团几经谈判后，于 1916 年 5 月 14 日签订合同。主要条款如下：(1) 订明华工不参与战事。(2) 合同期 5 年。期满由法资遣回国。且首期期满，愿意在该地居留者听其自便。(3) 每日最少工资为 5 法郎，有专门技术者更高。工人每日做工以 10 个钟头为限。休息日期与法国工人一律，中国春节及国庆日也得休息一天。工人启程之际，每名给予安家费 50 法郎，交予家属。其在法期间，与法人一律平等。[58] 法国国防部最初计划招募 4 万名华工，但当谈判进入最后阶段时，法国打算增加华工的招募数量，最后决定至少要招够 5 万名华工，并将这一数字明确记载在招工合同里。[59] 法国方面所招华工分为两类：普通工人（travailleurs）和技术工人（spécialistes），其中技术工人能够从事复杂工作，并可以获得更多的薪酬。这份合同可以续订五年。然而，由于牵扯到在法华工的死亡赔偿等问题，这份工约合同后来又重新修订。[60] 惠民公司的招募范围主要集中在华北各省。

为确保华工利益，中国外交部在惠民公司同法方的合同签订之后照会法国驻华公使康德，要求法国政府以书面保证严格遵守合同重要三款：华工“不得干预战事”（第一条），“如中国官府视为需要，可派一外交官或领事官前往法国驻扎视察”华工做工情形（第十四条）。华工“在法国时期，当享有法国法律对于一切国民所保证之自由权。雇主应注意中国工人不受其他工人种种设法之恶待"（第十五条）。[61] 在法国公使馆以法国政府名义向中国外交部书面承诺遵守条款后，中国政府批准了惠民公司的合同[62]。中国政府强调这三条的重要性可谓英明之策。第一条可用来堵塞德国的外交抗议，同时保证华工生命安全。确实，德奥两国几次抗议中国派遣华工赴法是违背中立政策的做法。德国获悉法国的华工招募计划之后，便向中国政府再三抗议，指责中国违背了中立条约。中国外交部概答以华工赴欧是以私人的名义，为民间行为，而且是受雇于商业公司，[63] 并以法国书面保证华工不上前线为挡箭牌[64]。当然，在致各省地方长官的密函中，北京外交部承认实际上华工招募就是由政府负责的，并要求各省长官理解和支持政府的委曲求全之苦心。[65] 中方强调第二及第三各项更是高瞻远瞩、立意深远，其目的就是要建立中国人在国际上的平等地位。

尽管陶履德宣称自己是法国一家私营农业公司的商人，而法国政府也在表面上承诺所招华工只限于商业目的，但是陶履德招工团所具有的军方和官方背景是毫无疑问的。其团员均为法国军官及政府雇员，无一来自民间机构。陶履德招工团的招募工作启动后，在法华工的管理工作就归法国国防部下辖的殖民地劳工事务局负责。但法国政府如此管理华工的方式明显违背了中法两国所签署的工约合同。首先，中国不是法国殖民地；其次，中国政府安排华工出洋助战同法国的国家安全密切相关。法国驻华公使康德也亲口承认他对于将"殖民"（colonial）一词与在法华工联系在一起感到很不安，他甚至为此颇感惭愧。[66] 更何况，法国政府也承认华工是用来支援法国的"国防建设"[67]。中国政府完全清楚个中原委，但决定从大局出发，采取息事宁人的做法，对此不予追究。

应该指出的是，在陶履德招工团之外，还有其他机构参与赴法华工的招募事宜。比如，法国劳动部在 1916 年 1 月 31 日委托华法教育会（the Société Franco-Chinoise d'Education）参与华工招募工作。在 1917 年初，与华法教育会的招工计划有一定关联的格里特招工团（Louis Grillet Mission）也到达中国。[68] 格里特招工团也直接归法国军方管辖，并且在形式上隶属于陶履德招工团。然而，格里特招工团实际上是自行招募，它主要在华南地区，尤其是云南和四川等省招募华工。当陶履德返法后，格里特就接管了这两个招工团的招工事务。[69] 尽管在第一次世界大战期间有多个法

国招工团活跃在中国，但陶履德招工团却是其中最重要和最有影响的招工团。陶履德还与上海的一家中方公司签约招募技工。到 1917 年 1 月 23 日，陶履德已招募了 600 名技术工人。

首批法招华工于 1916 年 8 月 24 日抵达法国。法方开始时对大规模招募华工的前景颇为乐观，设想到 1917 年底可招募 10 万华工来法，甚至提出了如何分配这 10 万华工的方案。根据法国国家档案馆的一份文件，这 10 万华工的分配方案如下：军械部，2 万华工；陆军部，5 万华工；交通部门，3 万华工。法国显然过高估计了自己的招募能力。事实是，法国最终招募到的华工远远不足十万人。造成法国期望落空的一个主要原因是其外交部与国防部门在招募问题上相互扯皮、互不配合。特别是陶履德招工团与法国驻华公使康德之间存在芥蒂。康德从一开始就认为招募工作属于他的管辖范围，毕竟他是最先同梁士诒谈判华工事宜的人。因此康德对陆军部派遣招募团并由军方派人管理心怀不满，对招募团抱有戒心。他指责陶履德招工团及法国军方“完全漠视中国环境”，导致工作上错误百出。康德公开声称他对此不负责任。法国军方也不示弱，反驳康德的指责“缺乏事实依据”。但法国军方在招募问题上确有考虑不周之处，并造成其与法国外交部之间的摩擦。例如在 1918 年初，法国军方在没有预先和中国政府及惠民公司磋商的情况下，就擅自单方面停止招募华工，这使得法国军方和外交部的关系更加恶化。法国单方面提前终止华工招募工作，严重违反了中法两国达成的招工协议，因为法国驻北京公使馆当初是以法国政府的名义对合同作出担保的，法国外交部必须来收拾这个烂摊子。对此，法国驻华公使馆多次致电法国外交部，要求外交部注意军方在终止华工招募问题上的草率行为。[70] 公使馆警告说，法国陆军部提前终止华工招募将会造成“无法挽回的后果”。公使馆的报告指出，由于法国政府尚余 15000 名华工名额没有招满，那么法国单方面终止合同将使惠民公司有权要求法国赔偿因合同终止所造成的损失，法国政府没有理由拒绝赔偿。公使馆还担心法国国防部的决定将造成不良影响，可能危害法国今后的利益。比如，假如将来中国像法国那样单方面地废除合同的话，将会给法国对华贸易带来不利影响。更何况法国的这种单方行为会使其国际信誉受到损害，因为招工合同得到法国政府的担保，政府却言而无信。鉴于上述考虑，公使馆建议法国政府应该根据招工合同规定尽快地给予惠民公司应有的赔偿。[71] 根据公使馆的意见，法国外交部多次致函国防部，提醒其注意单方面毁约所造成的严重后果。然而，法国国防部对外交部的忠告不以为然，反驳说中国的许多赔偿要求是不合理的。不过，法国国防部承认单方毁约所造成的法律问题，并且愿意本着“精神抚慰”的方式与中方和解。[72] 此外，法国国防部甚至认为法国可以用华工素质低劣为借口来拒绝偿付所欠惠民公司的 200 万法郎。[73]

法国陆军部在招募方法上固然有严重缺陷，但招募受阻，法国外交部实际上也难辞其咎。法国驻华公使馆所犯的一个重大错误是其一手造成的天津“老西开事件”，该事件严重影响了法国在华北的华工招募工作。根据天津市志记载，1916 年 10 月 18 日，法国就天津老西开划入法租界向北京政府提出最后通牒，限 48 小时内答复，否则武力占领。北京政府没有屈服。10 月 20 日，法国悍然派兵占领老西开。天津人民奋起反抗。10 月 25 日，天津公民大会举行成立大会，各界 8000 余人参加。大会决议如下：(1) 通电全国，要求中国政府与法国断绝贸易往来。(2) 拒绝使用法国银行纸币。(3) 解散惠民公司等。大会后，天津市民开始罢课、罢市、罢工。在天津市民高涨的爱国热情感召下，新任外交总长伍廷芳（1842—1922）表示对于老西开案，中国决不退让[74]。在老西开事件之后，中国民众对法国的不满使得法国在华北的招工计划在一段时间内无法展开，法国招工团被迫转移到华南。然而，中国南方的公众舆论对法国招工团的态度也不是特别友好。1917 年 2 月 12 日，广东省长致电北京外交部说，由于广东人民一般对法国招工团没有好感，因此应该暂时终止法国招工团在广东的招募工作。北京外交部表示同意。[75] 由此可见，法国在老西开的阴谋不仅没有实现，其招募华工计划反而全面受到不利影响，可谓偷鸡不成反蚀把米。

一战期间，巴黎附近工厂中的女工正在组装炮弹。FOTOE 供图。

1915 年，英国，在兵工厂工作的妇女。FOTOE 供图。

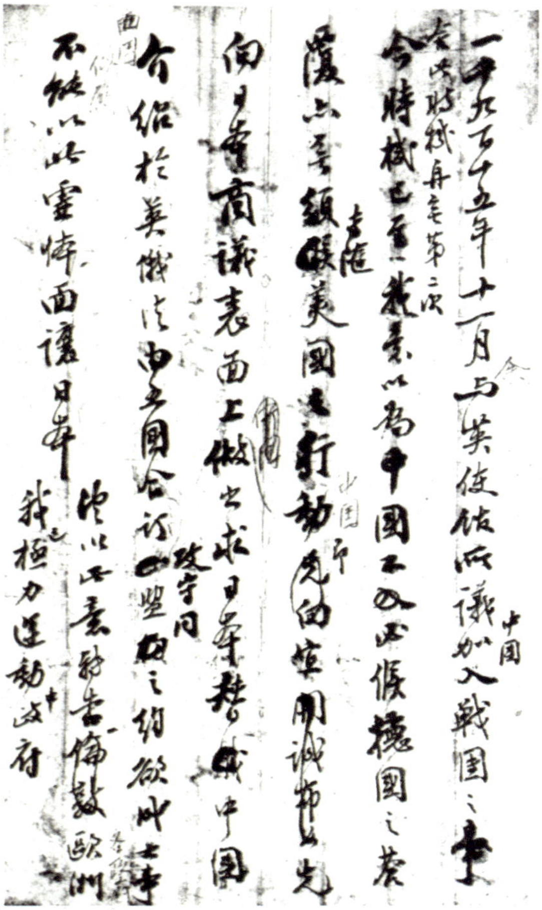

梁士诒主张加入欧洲战团的便条

陶履德上校

华工赴法前在天津、浦口办理领取安家费手续。

某批技工合影。威海市档案馆供图。

华工家属按月在招工局领取工资汇款。威海市档案馆供图。

上火车前发给路费。由于当时威海不通铁路，许多山东籍华工经胶济铁路至青岛，再乘船前往威海集中。到战争后期，青岛已经取代威海成为华工的主要出发地。威海市档案馆供图。

2. 英国招工团

尽管法国最先接受中国的“以工代兵”计划，但实际上梁士诒首先是向英国兜售其计划的。根据英国驻华公使馆武官罗伯逊（David S. Robertson）的报告，梁士诒在1915年6月同英国方面接触，提议中国向英国派出30万华工并装备十万步枪。这些华工将由英国军官指挥，驰援欧洲战场。必须指出的是，梁士诒对英国的提议中所提的华工实际上是指武装华工。换句话说，如果英国当初接受梁的计划的话，中国早在1915年便即军事介入大战了！遗憾的是，英国政府除了罗伯逊本人以外，无人对梁士诒的华工参战计划感兴趣。英国驻华公使朱尔典甚至认为协约国接受中国的军事援助“简直是天方夜谭”。[76] 英国陆军部也同意朱尔典的看法，认为“利用中国人作战或做工的提议”是“不可行的，因为无论选择哪一个都会导致中国加入协约国，并与同盟国为敌，这些后果从政治上说都是不可取的”。[77] 英国显然在一开始对寻求华工援助深具戒心，它不想求助中国来拯救西方文明，更不愿意看到中国因此而崛起。英国的心态在朱尔典发回英国外交部的报告中昭然若揭。朱尔典在评论梁士诒的华工计划时这样写道：“在我看来，中国新一代政治家致力于中国（在国际社会中的）平等地位及在战后拥有发言权。如果这一目标不能保证，他们是不会同意其同胞驰援欧洲战场的。”英国作为在中国拥有巨大不平等权利的国家，是不愿看到因中国国际地位上升而丧失这些不平等权利的。个中奥秘可以解释英国为什么一开始就对梁士诒的“以工代兵”计划缺乏热情。诚然，朱尔典的看法是正确的。如果英国没有准备好接受中国的条件，那么接受中国的援助并非良策。另外，担心英国国内劳工组织的反对，也是英国政府开始时不愿接受中国“以工代兵”提议的另一个原因。[78]

但是到了1916年夏，战争局势发生了巨大变化。英国之命运危在旦夕，大英帝国昔日的傲慢态度已为绝望的情绪所代替。仅在1916年7月，也就是索姆河战役的第一个月，英军伤亡或失踪的人数已高达18.7万人之多。到了8月中旬，英军伤亡总数更是高达22.3万人，因此英国劳动力出现严重短缺。历史学家保罗·福赛尔（Paul Fussell）写道，早在1914年11月中旬，巨大的人员伤亡“已经将英国最初的兵力消灭殆尽”。[79] 连陆军大臣劳合·乔治（Lloyd George）也在私下哀叹

说，“我们可能会战败。”[80] 英国人普遍认为战争将会是一场持久战。[81] 一名英国下议院议员在 1916 年致信劳合 · 乔治，要求他采取一切可能采取的措施补充人力资源，否则“等到明年春季，我们将无可用之兵。因为按照当前伤亡的规模和速度，在明年春天到来之前，英军就将全军覆没”。[82]《泰晤士报》宣称，“作战部门已紧急呼招所有适合兵役的男子……。（英国）没有剩余的人手去从事体力劳作。”[83]

战争造成的劳动力短缺是如此的严重，以至于英国政府根据战时军需法不允许任何一名工人罢工或擅离职守，哪怕仅仅是一天。有位议员提到：一名妇女因为旷工一天，就被像罪犯一样带上战时法庭接受审判并要罚款。法官助理询问时才得知，她的婴儿刚刚死去，她是因为埋葬家中死去的婴儿才误工一天的。可这名妇女的雇主竟不屑于花时间查询一下她旷工的原因就将她定罪。[84] 自从战争爆发以来，英国就一直面临着各种各样的挑战，人力资源匮乏则是所有的问题发生的根源。[85] 显然，英国需要来自外部的帮助，哪怕是来自中国的帮助也行。1916 年 7 月 24 日，温斯顿 · 丘吉尔（Winston Churchill）在英国国会下议院谈及如何寻求人力资源来支援英国的问题时说：“为了保证战争继续下去，我在‘中国人’这个词面前是不会退缩的。现在最不是我们应当顾及偏见的时候。无论如何，非洲和亚洲拥有丰富的人力资源，只要经过适当的训练，他们就可能会挽救成千上万英国人的性命，同时还将极大地有利于我们掌控战争的进程。请记住，德国拥有我们所没有的优势——他们在战争初期俘虏了大量的战俘，因而拥有充足的人力储备。”[86]

这种劳动力严重匮乏的局势迫使英国当局重新考虑他们当初对华工招募计划的态度。利用一切可资利用的力量来保证英国的生存、缓解人力资源的匮乏，成为英国的燃眉之急。至于如何看待中国的国际地位，大英帝国因求助于中国人而尊严受损等考虑，只好退居其次了。英国不得不一改初衷，在 1916 年夏接受招募华工的提议。正是在这种背景下，7 月 28 日，英国军事委员会（Army Council）作出决定：在英国之外的“法国及其他战区”使用华工。[87] 8 月 14 日，英国政府照会法国政府，在法国战区的英国远征军不久将雇佣华工。[88]

同法国一样，英国军方选派自己的代表布恩尼（Thomas J. Burne）具体负责招募华工事宜。布恩尼的正式头衔是“陆军部为英国在法远征军在华北招募华工代表”。

此人曾长期在中国工作，是个不折不扣的中国通。布恩尼于 1916 年 10 月 9 日离开伦敦，并于 10 月 28 日抵达北京。三天后，也就是 10 月 31 日，布恩尼与罗伯逊一同前往英国在中国的势力范围也就是英国的华工招募基地威海卫，当即开始华工的招募工作。必须指出，威海卫并非英国军方的首选。当英国陆军部决定招募华工时，最初是打算在香港招募广东人。但是此计划报知朱尔典后，遭到了后者的反对。朱尔典不赞成在南方招募华工，他认为南方人没有北方人强壮能干。军方最终同意朱尔典的分析，改为以威海卫作为英国在中国境内的华工招募基地。[89]

中国与英国签署的招工合同规定每个中国工人的工作期限为三年，但是英国军方经过半年的试用期，可以在一年后终止合同。若拿华工和法国人签订的招工合同与之相比较，则可以看出英国招工合同中的条件对中国工人来说相当苛刻。诚如一份英国政府报告所炫耀的那样，在与中国人签订的所有合同中，这份合同“在我们看来，是最令人满意的。按照合同规定，我们有权长时期地使用华工，并可以在相当短的时间内辞退他们”。[90] 但英方的招募工作并非一帆风顺，初期英国招工团的招工进展实际上很不顺利，他们甚至将其归咎于法国。英国驻华公使馆的艾斯敦（B. Alston）报告说“天津发生的法国事件是造成英国的华工招募工作遇挫的主要原因”。[91] 到 1916 年 11 月底，英国招募的第一批华工总人数尚不足 40 人。与法国不同，英国没有委托中国签约方来招募华工，相反，其招募工作是由英国政府在华代理人负责的。没有中国政府的合作，英国要在中国境内招募华工谈何容易。然而，诚如朱尔典早先所指出的那样，要中国帮助英国招募华工是有附加条件的。英国驻京代办在 1916 年底向英国外交部讲述了这种情形：“毫无疑问，如果英国要完成华工招募计划，我们必须立刻采取一些更积极的行动。我们正准备向中国政府作出必要的保证，也就是说，如果中国因为在华工出洋问题上违反中立条约而遭到同盟国的攻击，那么中国将受到协约国保护。”[92]

当时，中国也正准备着在条件允许的情况下给予英国的华工招募工作以必要的支持。在 1916 年 12 月英国政府因华工招募工作仍然无法顺利进行而一筹莫展之际，中国外交总长告诉英国招工团说，中国政府只当暗中尽力，“不便明助也”。[93] 就中国的国际关系而言，中国向协约国提供劳工堪称“意义重大”，因为这有助于中国实

现参加战后和平会议的愿望以及获得其他外交上的便利。[94] 出于上述考虑，中国政府向英国提出一系列要求，以此作为中国向英国提供劳工援助的交换条件。[95]1917 年 1 月 25 日，在致驻伦敦公使施肇基的电文中，中国外交部明确地把华工参战计划与其他更重要的外交目标正式地联系起来。外交部在这封电报中要求施肇基告知英国方面，如果英国想在华工招募问题上得到中国政府的支持，那么英国政府必须先接受中国政府的下列条件：

（1）英国同意中国延缓偿付庚子赔款 50 年，而且不得增加利率；

（2）英国立即允许中国增加关税。这是列强长期反对的中国关税自主行为；

（3）英国愿意支持中国参加战后和平会议。

在上述三条中，中国要求参加和平会议是最重要的一条，该电还指示中国驻英公使施肇基要格外向英国政府强调这一点。[96] 中国还要求英国说服其他协约国成员接受中国的这些要求。尽管英国并没有立即全盘接纳这些条件，但中国政府在正式参战以前提出这些要求，为中国在战后外交上取得成功打下了良好基础。

英法两国政府的招工团所面临的共同问题都是军方的明显参与。对此，朱尔典明确指出：“根据我对中国人的了解，我敢说现在军方负责的招募计划有太强的军事色彩，而且我担心这样下去会妨碍英国的华工招募工作。如果要确保我们招募计划的顺利完成，我们现在必须尽力清除英国招工团的军方色彩。”[97] 尽管英国在华工招募之初存在许多问题，但由于英国积极调整其招募策略及外交政策，加上中国政府的大力合作，其招募工作很快走上正轨。到 1917 年 4 月底，3.5 万名中华健儿已被英国送到法国前线。这一数字远远超过了当时法国招募的华工人数。[98]1917 年 6 月 1 日，法国驻伦敦海军武官报告说，据了解英国陆军部甚至招募藏人到前线为英军服务。[99]

同法国相比，英国招募华工明显比较成功的另一个主要原因在于英国外交部与国防部在招募华工问题上配合得比法方好，不像法方那样两个部门之间互扯后腿。英国驻北京公使馆与国防部代表之间的沟通很有成效。[100] 首先，英国国防部及时告诉朱尔典华工招募的进展情况。英国国防部在给朱尔典的一封电文里说道，国防部交给布恩尼的拟定招工条款必须得到朱尔典的认可。该电还告诉朱尔典，布恩尼会按照国防部的指示与他密切协商。国防部甚至还向朱尔典解释，“尽管山东的华工招募工作由英国驻京公使馆负责，然而国防部有必要在威海卫安排自己的军方代理来负责华工的接待、体检、登记和行装等，对于已招募的华工安排（我们）将听从您的任何不同意见，军方代理将一直驻守威海卫，而威海卫以外的所有在华招工事宜都要按照您的吩咐进行。”在这封电报里，英国国防部还表达了如下希望，“为了使英国招工团尽快执行招工计划”，请求朱尔典“立即按计划行事”。[101] 当然，英国在华拥有广大的势力范围以及朱尔典公使的丰富阅历对于英国华工招募的成功也起到了一定的作用。

随着英法两国开始在中国境内招募华工，两国之间的竞争和利益冲突便接踵而至。由于英国在中国拥有庞大的势力范围及其他优势，英国通常在华工招募上更胜法国一筹。法国人对此感到非常不爽。此外，让法国感到无法接受的还有，英国所招募的华工的目的地是法国，英国人是要送他们到法国境内工作，这让法国政府处境很尴尬。为了防止因招募华工而与英国发生竞争以及由别国在法国境内指挥华工情况的出现，法国当局在 1917 年 2 月要求英国停止招募华工，还向英国建议说，如果在法英军需要帮助的话，他们可以使用由法国人所招募的华工。[102] 对此，英国人答复说，招募是军事需要。英方反而向法方提议说，为了避免不必要的竞争，英法两国应当在中国境内划分不同的招工区。[103]

尽管要求英国人停止招工受到英国人的拒绝，法国仍决心改变这种不利的招工局面。1917 年 2 月 21 日，法国政府再次照会英国政府，建议英法两国的华工招募工作都归由陶履德上校负责，并由陶履德分配一定数量的华工给英国军队。对此，英国外交部的人私下讥讽说：“难道我们现在的招募工作做得不是比法国更成功吗？而且我们有能力给法国军队提供他们所需要的华工人数，只要他们有本事把这些华工运送回国。”[104] 就法国的上述建议，英国外交部的一位官员在一份手写的评论中气愤地说道，“法国这样做，真是居心叵测”，他还指责法国“想破坏英国的整个招工计划”。[105] 最终结果是，英国人对法国的建议不置可否，同时按自己的计划继续招募华工。[106]

既然法国意识到英国不愿意在招工方式上妥协而且英国继续在中国境内单独招

工，法国必须重新考虑英国所提出的分区招募华工的建议。1917 年 9 月 7 日，法国告诉英国说，分区招工的主张很好，但是希望英国同意华北是法国的招募区，而英国招募区可以转移到华南。当然，法国的这一建议注定是不会被英国人接受的，因为英国早在招工之初就已放弃招募中国南方人的想法。此外，英国在中国山东有一个规模庞大且运作良好的招工机构，根据英国官方所言，其在华北的招募工作“已经取得很大的成功，乃至现在平均每月有 1 万名华工运到法国战区”。华工“在法国军界享有良好的口碑，而且也深得英国军方的赏识，所以英国政府绝不允许任何有可能影响到英国华工招募工作的行为发生”。[107] 英法两国关于协调华工招募方式的谈判无果而终。

英法两国在华工招募问题上持续相互指责和竞争。法国甚至到英国在中国的招募基地附近地区——青岛去招募华工。法国此举着实令英国人很恼火。英国驻华公使馆代办艾斯敦宣称，“所有在中国境内的招工事务都是为了打败同盟国，因此协约国之间似乎不应该有竞争发生。”[108] 英国外交大臣贝尔福在给法国的照会中责备法国应该“认识到所有的华工招募工作都是为了一个共同的目的”。贝尔福警告法国说：“对任何旨在妨碍协约国作战的行动都必须予以严厉的谴责。”贝尔福在这份照会中还说，英国招募的华工对在法英军的援助已经证明是“一个巨大的成功”，要求法国政府“不要插手英国选定的华工招募区”。[109] 英法之间类似的争吵一直持续到 1918 年 1 月才停止，当时英国外交部与国防部门都在考虑是否有必要向法国政府提出抗议并要求法国政府的招工机构撤出山东省。[110]

英国在华工招募上与法国的竞争并不是两国之间唯一使他们感到头痛的问题。如何运输华工到法国去，也对两国构成一个严重的挑战。早在 1916 年 12 月 3 日，英法两国便已达成一项协议，特别载明法国可以要求英国帮助运输来自亚洲的劳工。但两国在运输华工的问题上基本上是各自为政。然而到了 1917 年底，法国在华工运输问题上遇到了严重的困难，不得不要求英国支援。但英国的援助往往不能及时到位，[111] 这在很大程度上导致法国的华工招募因运输问题而受到英国的牵制。运输的重要性还体现在英国在第一次世界大战之后利用自己的远洋运输优势来影响美国的外交政策。《第一次世界大战与美国社会》（*Over Here*）一书的作者戴维 · 肯尼迪

（David Kennedy）写道，“如果英国拒绝向美国提供运输船只的话，那么 200 万美国在法远征军就将在欧洲沦为孤立无援的人质。”[112] 运输问题经常导致英法两国发生摩擦。德国在 1917 年实施的无限制潜艇战进一步加剧了法国政府在华工运输问题上的困难。随着美国的参战，华工运输问题变得更加棘手，因为协约国需要更多的吨位来运输美军。鉴此，协约国在 1917 年底协商成立了远洋运输委员会。但法国此后再三要求英国增加运输吨位，经常遭到英国的拒绝。[113] 法国在迫不得已的情况下，甚至请求日本帮助运送华工，然而，日本政府对此不感兴趣。于是，到 1918 年 1 月中旬，法国军方鉴于运输上的困难，决定完全终止法国招工团在中国境内的工作。[114] 同年 2 月 10 日，法国政府正式停止了在中国境内招募华工的计划。[115]

平心而论，在帮助法国运送华工方面，英国也确实有点爱莫能助。英国远洋运输调度员（shipping controller）约瑟夫·麦克莱（Joseph Maclay）在他的备忘录里明确指出了英国在华工运输问题上遇到的巨大困难。他在 1918 年 1 月 17 日的备忘录里写道，“鉴于当前运输吨位的紧张，我们应该考虑立即停止引进所有的外国劳工”，以便腾出吨位运送美军 [116]。吨位的不足同样最终迫使英国停止招募华工。[117]1918 年 4 月 14 日，大致在法国终止华工招募两个月以后，英国正式停止招募华工。[118] 英法两国的一战华工招募工作到此告一段落。

英国驻华公使朱尔典。FOTOE 供图。

英国军方负责招募华工的代表托马斯·布恩尼

英国租借下的威海卫港。威海卫于 1898 年被英国强租，1930 年收回。期间，从 1917 年初到 1918 年底，先后有 54000 多名华工从这里登船奔赴法国。威海市档案馆供图。

威海卫的华工待发处及管理华工的中国籍巡捕。华工待发处又称苦力营，1904 年为招募华工赴南非开矿而建。威海市档案馆供图。

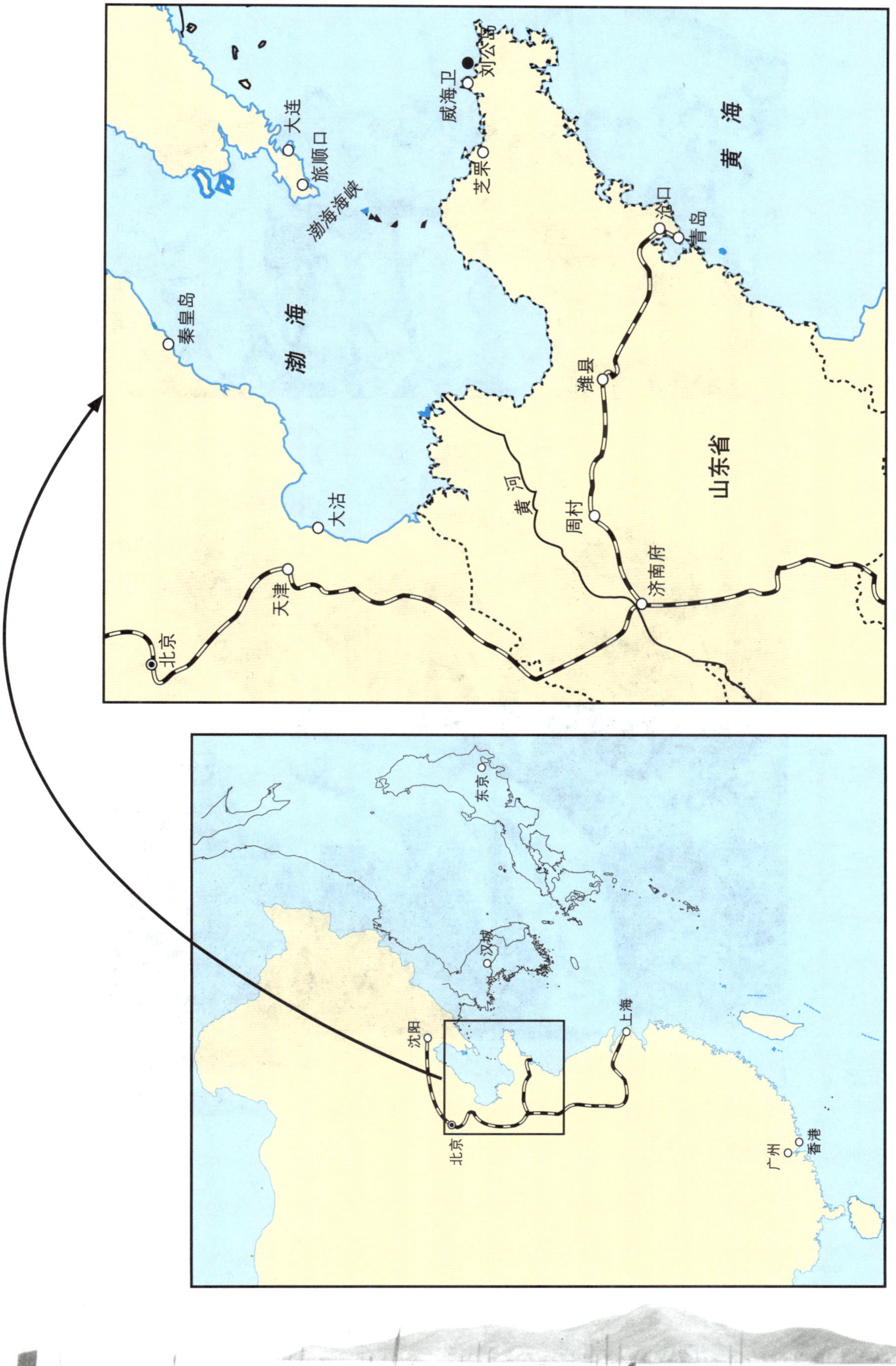

华工主要来源地——山东省位置图

刚刚报到的华工。威海市档案馆供图。

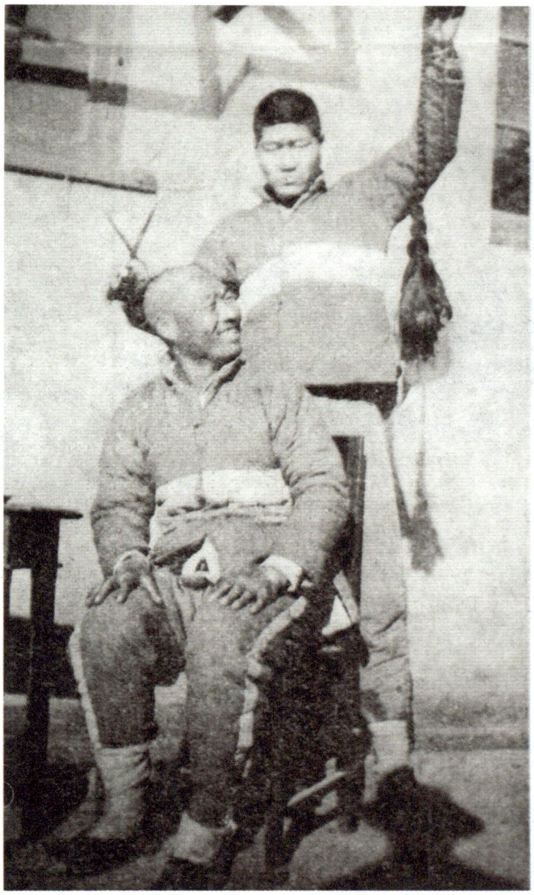

体检合格的华工，陆续剪辫子、理发、洗澡、穿上统一配发的衣裤。David Livingston、威海市档案馆供图。

华工接受招募训练：队列训练、做操、绕单杠。威海市档案馆供图。

大英威海卫招工局附设的卫生队。威海市档案馆供图。

军医为华工作例行体检。右上图中军医就是 Harry Livingston 上尉，时年 29 岁。David Livingston 供图。

许多来自山东、河北的华工有一定的功夫。David Livingston 供图。

华工换装前后与英国军官的合影。David Livingston 供图。

英国军官与华工一起表演锣鼓。最下面图中敲鼓者是 Harry Livingston 上尉。
David Livingston 供图。

华工排队等待注射疫苗。David Livingston 供图。

华工在吃饭。David Livingston、威海市档案馆供图。

在威海等待出发的华工。此时他们对自己的前途还一片迷茫。David Livingston 供图。

华工在检修驳船。David Livingston 供图。

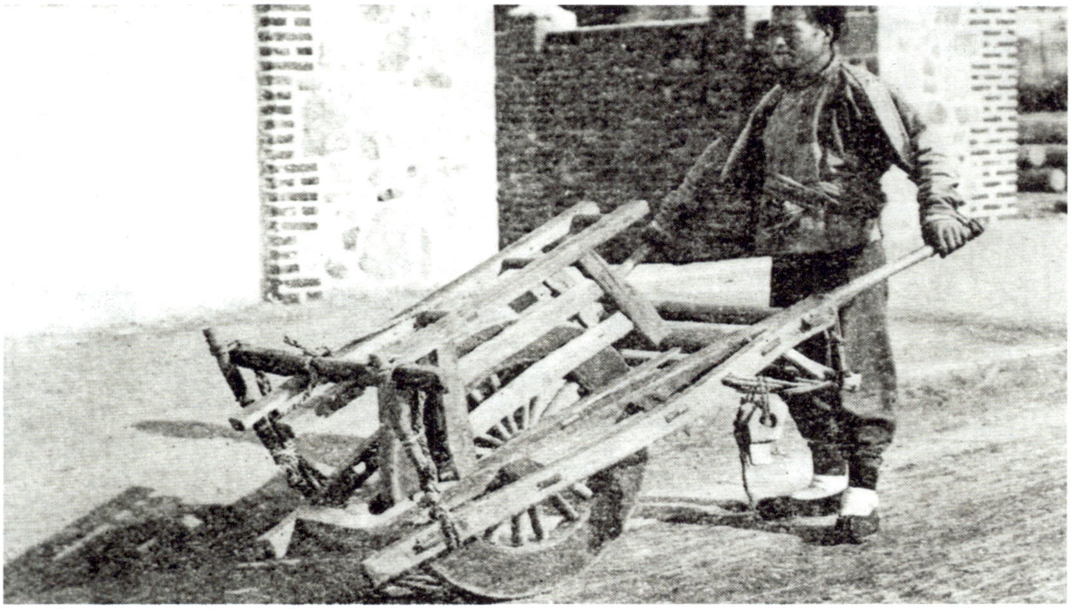

将与华工一起运往法国的独轮车和架子车。根据招工合同，华工"作工时所用器具等件，均由工局自备"，因此威海卫招工局在中国置备了这些华工们用得顺手的运输工具。威海市档案馆供图。

华工待发处的翻译在自己的住处。威海市档案馆供图。

从华工中挑选的卫生员。David Livingston 供图。

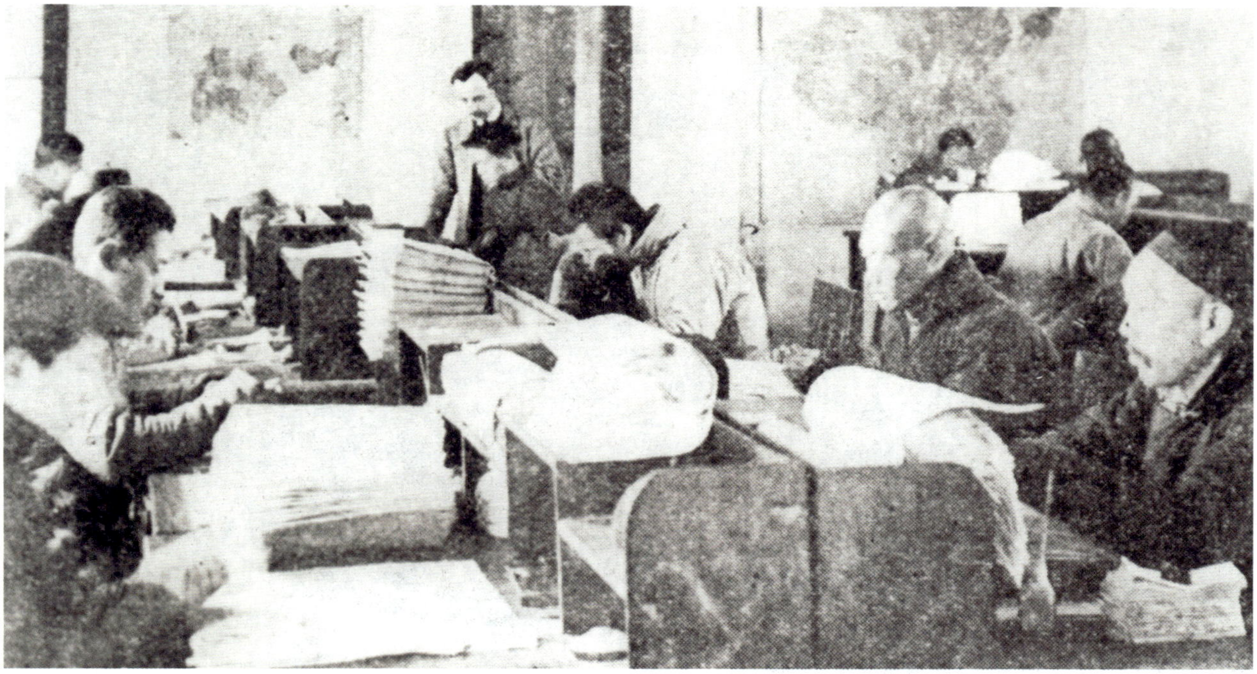

威海卫招工局掌管着几万华工的账户。威海市档案馆供图。

华工展示身份牌，上面有每个人的编号。威海市档案馆供图。

临出发前，华工们请人代笔给家里写信。威海市档案馆供图。

整装待发的华工。左上图正中系华工待发处总管查理·马奎尔（Charles R. Maguire, 爱尔兰裔）。威海市档案馆供图。

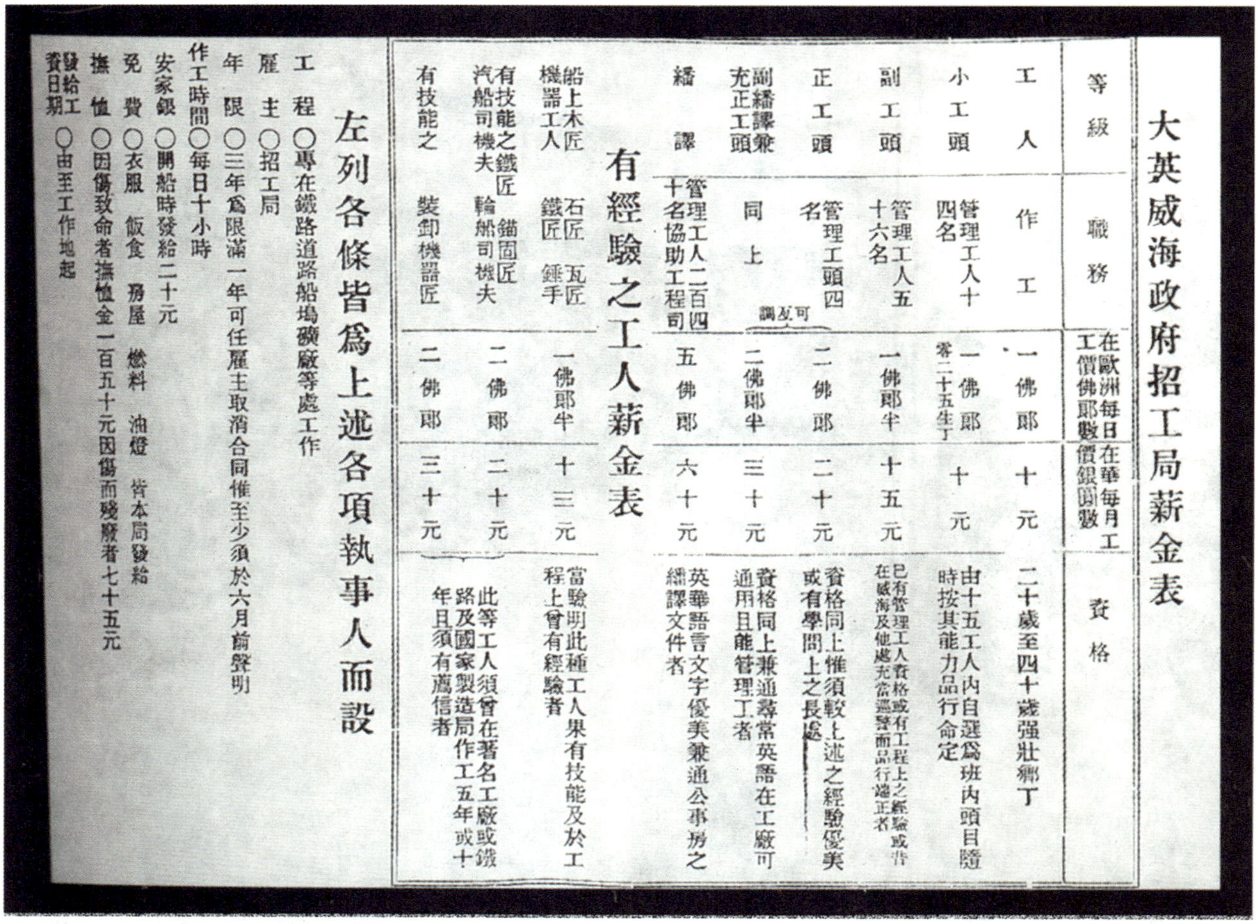

大英威海政府招工局薪金表

等級	職務	在歐洲每日工價佛郎數	在華每月工價銀圓數	資格
工人	作工	一佛郎	十元	二十歲至四十歲强壯鄉丁
小工頭	管理工人十四名	一佛郎零二十五生丁	十元	由十五工人內自選爲班內頭目隨時按其能力品行命定
副工頭	管理工人五十六名	一佛郎半	十五元	已有管理工人資格或有工程上之經驗或昔在威海及他處充當巡警而品行端正者
正工頭	管理工頭四名	二佛郎	二十元	資格同上惟須較上述之經驗優美或有學問上之長處
副繙譯兼充正工頭	同上（可互調）	二佛郎半	三十元	資格同上兼通尋常英語在工廠可通用且能管理工者
繙譯	管理工人二百四十名協助工程司	五佛郎	六十元	英華語言文字優美兼通公事務之繙譯文件者

有經驗之工人薪金表

職務		在歐洲每日工價佛郎數	在華每月工價銀圓數	資格
船上木匠 機器工人	石匠 瓦匠 鐵匠 錘手	一佛郎半	十三元	當驗明此種工人果有技能及於工程上曾有經驗者
有技能之鐵匠 汽船司機夫	錨固匠 輪船司機夫	二佛郎	二十元	此等工人須曾在著名工廠或鐵路及國家製造局作工五年或十年且須有薦信者
有技能之	裝卸機器匠	二佛郎	三十元	

左列各條皆爲上述各項執事人而設

工　程〇專在鐵路道路船塢礦廠等處工作
雇　主〇招工局
年　限〇三年爲限滿一年可任雇主取消合同惟至少須於六月前聲明
作工時間〇每日十小時
安家銀〇開船時發給二十元
免　費〇衣服　飯食　房屋　燃料　油燈　皆本局發給
撫　恤〇因傷致命者撫恤金一百五十元因傷而殘廢者七十五元
發給工資日期〇由至工作地起

大英威海卫政府招工局薪金表。威海市档案馆供图。

华工列队走向码头。威海市档案馆供图。

经过最后一道检查，华工们走上码头，翘首以待驳船的到来。威海市档案馆供图。

华工准备从驳船登上大船。David Livingston供图。

3. 华工数字问题

究竟有多少中华健儿在一战期间受英、法之召到法国为协约国效力，很长时间内并无确切答案。涉及华工的各种数字可谓众说纷纭，莫衷一是。国外出版的《第一次世界大战辞典》中认为英国在第一次世界大战期间总共招募的华工数字为 32 万。[119] 中国学者陈三井认为英法两国招募的华工总人数约为 20 万人。[120] 曾担任华工营翻译员的顾杏卿则认为英法两国共招募 17.5 万华工（包括熟练工人）。[121] 美国国务卿、巴黎和会美国代表团成员兰辛（Robert Lansing）在巴黎和会上宣称“中国为协约国提供了 20 万华工”。[122] 美国国家档案馆所藏国防部文件里保存着一封日期为 1918 年 6 月 1 日的电报，这封电报指出由英国政府招募至西线的华工有 9.7 万人；法国政府招募华工 4 万人，技术工人 1500 人。[123] 中国一份官方文件认为在法华工总数达 15 万人[124]。法国影视导演奥列维 · 纪顿的纪录片《一战中的 14 万中国人》声称一战期间来到法国的华工数目是 14 万人。

究竟哪一种华工数字较为接近实际情况？不同数字之间的差异呼唤学术界深入研究华工课题，解决此疑案。显然，数字问题颇为复杂难解。这一问题从华工招募初期就存在。英法两国不同的招募方式、缺乏中心协调管理机构、多部门插手及管理紊乱等因素都导致了统计数字上的出入。本书试图利用接触到的各国档案资料，鉴别各种数字，去伪存真，得出比较可靠的大概数字。

让我们先从中国的华工招募档案开始。早在 1917 年，北京政府为解决华工统一管理问题，特别成立国务院侨工事务局，并设立侨工事务员。但此举对于解决统计数字的问题帮助不大。中国政府本身甚至也不清楚法国到底招募了多少华工。早在 1918 年 12 月，众议院即提出议案，责成政府关注在法华工的确切人数及伤亡数字。该议案写道，“大总统前提交本院对德宣战一案内载赴英法华工约数万人，死约三千人。旋由侨工局函达本院内详在法一国人数已达十五万，而英俄各国侨工人数并未提及”，责成政府澄清。该议案同时责问教育部是否为华工设立相关教育条件。教育部答复如下：“以前华工多由外人招募，赴欧之后本部以经济困难交通阻塞未能设法施以相当之教育。现正由本部编辑《侨工须知》印刷万本寄往欧洲散布，以资劝勉藉图补救。”[125] 国务院在 1919 年 1 月答复道，“查自欧战发生，各国因工人缺乏，既有招募华工之意。民国五年俄国首先招募前后计四万五千余人。惠民公司次之，招数原定五万人；威海卫政府又次之，招数定十万人。此外如志利洋行、利民公司等私招出洋，事前均经先后禁阻，旋在香港等处私招出洋，人数约有万余人。该埠为我国法权所不及，无法扣留[126]。”有关死亡人数，国务院答复称：华工在海上死于德国潜水艇者，为713人。侨工事务局均将死者姓名籍贯、死亡日期登记在册，以备将来索赔之需。英招华工在欧洲直接死于德军炮火之下的为160人[127]。在欧战中众华工在英船服役因战事牺牲的为448人[128]。国务院在1919年4月提交的一份报告显示，法国政府至1918年10月16日招募的华工数字是36925人。[129]这份报告还说，至1918年10月19日法国招募的华工人数为36965人。

公正地说，主管单位侨工事务局很早就意识到数字问题的重要性，曾委派在法国专门管理华工事务的侨工事务员李骏加以调查。但由李骏从法国发给北京外交部的几份报告里，我们可以看出他对法国的华工营人数也是不清楚的。李骏在其第三次报告中详细报告了华工数字，此报告写于1918年下半年，时间在法国停止在华招募华工之后。李骏称：截止于1918年5月，法国陆军部管理之在法华工总数为53109人。在法身故华工281人。受罚惩戒华工905名。此类数字只限法招华工，不包括英招在法华工[130]。李骏在其第四次报告（1918年11月）中写道，到1918年10月16日，在法身故华工达413名。到法华工总数为36925名[131]。他在以后的报告中又写道：惠民公司招募人数为35000人[132]。当侨工事务局向李骏质问其华工人数差异时，李骏坦承由于法国在招募和管理华工的方式上造成的混乱，法国招募的华工人数实在无法统计清楚。[133]李骏指出，许多华工在招募时姓名不实，年龄不符，籍贯不合。还有人上船前逃脱。到了法国之后也常有冒名做工之事。凡此种种，李骏称要弄清华工实在数目很是困难，“断非骏一人之能力所及也”。[134]迟至1919年4月2日，侨工事务局仍对华工数目不清表示遗憾，希望驻巴黎领馆增派人员协助继续调查[135]。但鉴于上述李骏提到的困难，主管部门最终仍无法得到法招华工的确切数字[136]。

也许法国档案能够帮助澄清法国招募华工数目的困扰。在法国国家档案馆、外交部档案馆、陆军部档案馆（包括海军）均藏有相当数量的华工资料，并提供了相关华工数字。问题是如何鉴定各种数字的可靠性。法国驻京代办玛德在1918年2月18日的报告中说，惠民公司已为法国招募3.5万名华工。[137]1919年9月25日，主管华工事务的殖民地劳工局在法国海军部门的要求下准备了一份华工招募报告，这份报告不仅明确指出36939名由法国招募的华工已经抵达法国，而且还列出法国每年招募的华工人数。这份报告说在1916年有5979名华工到法国；1917年招募的华工人数是18117名；1918年是12839名；而在1919年，仍然有四名中国工人来法。[138]这一数字同中国官方一组数字相近。据北京政府签署日期为1919年4月的一份报告，法国截至1918年10月29日共招募36965名华工到法国。然而，这是否代表为法国所雇华工的全部人数呢？笔者的答案是否定的。第一，中法双方提供的数字只包括实际抵达法国的华工，可能并不包括赴法途中因受到德国潜艇攻击等原因而死亡的华工。第二，上述数字似乎只包括法国军方即陶履德招工团招募来法的华工数字，至于其他机构如法华教育会等招募的华工看来并不包括在内。第三，甚至陶履德招工团或惠民公司招募的数字似乎也存可疑之处，因为上述法方数字同其他资料并不完全吻合。例如，法国驻华公使柏卜（Auguste Boppe，1862—1921）在1918年10月22日的报告中确认，惠民公司共为法国招募华工40429人。[139]

问题在于，要解释究竟哪一个数字更为准确，我们需要对这些记录进一步加以鉴别。笔者认为，柏卜的数字更为可靠。根据如下：第一，柏卜的数字是在为解决惠民公司就法国单方面终止合同要求赔偿损失、引起争端的情况下精心调查所得的结果，可信度较高。第二，柏卜的数字比前面所引军方数字更晚一些出现，因此可能更接近实际的数字。第三，如果我们换一个角度分析，其实柏卜的数字与国防部的数字之间并无多大出入。前者可能是惠民公司实际招募的人数，后者也许为实际抵达法国者。

前文指出，除陶履德招工团外，法国其他一些机构也插手在华招工。究竟多少华工因此来到法国，目前尚无确切资料。但根据笔者的估计，其数字应超过两千，低于一万。如果这一判断正确，我们至此可以得出这样的结论：在一战期间，大约有四至五万华工在法国的召唤下来到法国，为法国的胜利作出宝贵贡献。

解决了法国招募华工的数字问题后，让我们来分析英国招募的华工数字。英国国防部的一份文件显示，在1917年1月18日到1918年3月2日期间，英国共输送94458名华工到法国前线服务[140]。鉴于此一数字不包括1917年1月18日之前和

1918 年 3 月 2 日之后英国所输送华工数字，我们有理由相信实际数字比该数目更大一些。例如，1919 年 12 月 10 日，在回答国会议员威廉斯（Aneurin Williams）的质询时，国防大臣丘吉尔答称在一战期间约有十万华工在法国前线效力。[141] 北京政府的资料显示，英国政府招募的华工人数为 11 万。[142] 英国国防部在 1922 年发行的官方刊物《战时英国军方统计资料》（*Statistics of the Military Efforts of the British Empire During the War*）认为，英国招募的华工人数最多为 92129 人[143]。

从上述这些不同的统计数据看，英国招募华工人数似乎也有出入。我们还是需要通过其他档案来核实、鉴别英国招募的华工人数。法国驻伦敦武官密切关注英国招募的外国劳工（包括华工在内）的消息，并经常向法国政府报告。在 1918 年 5 月 21 日的一份报告里，法国武官说英国计划中招募的 15 万华工现在已经招募了 94458 人。但是，这位法国武官前后报告的华工人数也不一致。比如，他在 1918 年 4 月 8 日的报告中说，英国已经招募了 98928 名华工。到了 5 月份，这位法国武官报告的华工人数则又略有减少。[144] 在 1918 年 6 月 22 日的报告中，法国武官又说英国招募的华工人数是 94458 人。[145] 经过对来自各方面的证据的鉴别，笔者认为在法国战区为英国军队服务的华工人数不超过 10 万，而 94458 这个数字也许是准确的。然而，这一数字并不是英国在第一次世界大战期间招募的所有华工人数，因为英国还将华工派往其他地方，比如美索不达米亚和埃及。根据英国官方主编的第一次世界大战历史记载，在美索不达米亚的华工有将近 6000 人。[146]

根据上述分析，我们可以得出的结论是，第一次世界大战期间在法国战区的英法两国所招募的华工总人数保守数字大约为 14 万人，而中国政府的一个统计数字似乎也支持这一估计。[147] 值得一提的是，美国在 1917 年参战以后，也曾一度考虑招募华工。根据《纽约时报》记载，"一般认为，华工与美国资本家搭配将是最佳组合，因为他们能迅速地完成任务。"[148] 然而，由于交通运输的极度困难，使得美国招募华工的计划未能得到任何机会实施。美国远征军最终从法国借调了 1 万名华工。美国同华工在欧洲战场直接产生联系，正可以说明一战华工成为国际史的重要组成部分。通过华工，不仅中国同一战密不可分，中国同英国、法国、美国以及整个世界进一步的联系，也都是通过一战华工的派遣而产生的。此外还需要指出的是，华工还同另一个国家产生了密切关系，这个国家就是加拿大。下一章讲述的就是华工的加拿大故事。

在青岛集结整装待发的华工

3

征途漫漫

一战期间，从中国到法国的旅途充满挑战。一部分华工的赴欧路线是途经苏伊士运河或者好望角到达法国，但是大多数华工则是跨越太平洋，穿过加拿大，再横跨大西洋前往法国的。在漫长的旅途中，不少华工因为遭遇德国潜艇的攻击而丧命。德国潜艇的攻击导致至少有 700 名华工在他们抵达法国之前就已经献出了生命。

除了德国潜艇的威胁，华工还要穿越波涛汹涌的大海。在 20 世纪初期，横跨太平洋和大西洋对任何人甚至军人而言都是一项艰巨挑战。一位被委派到华工团工作的加拿大军医塞尔伯特（L. J. Serbert）在他的私人日记中多次写道，“波涛汹涌的大海，令人厌恶！”“波涛更加汹涌，令人倍感厌恶”，“波涛汹涌到极致，厌恶无以复加”，“太热了，睡眠糟糕透顶”，“浪涛比昨天还凶恶，没有任何好转的迹象。”[149]其实，作为一名军官，塞尔伯特在船上的生活待遇要比华工们好得多。此外，许多华工以前从未见过大海或坐过远洋轮船，因此可以想象这趟旅途对他们而言该有多么的艰辛。罗伊 · 道格拉斯 · 伍德（Royal Douglas Wood）是一名负责护送这些华工从山东前往法国的英国官员，他在战争日记中写到，在旅途的开始阶段，四分之三的华工都遭受到晕船的折磨。[150]一位为赴法华工服务的基督教青年会美国牧师兼翻译也提到，用来运送华工的交通工具“甚至连满足生物最低限度的生存需要都做不到”。[151]华工所在的船舱，通风极差，拥挤不堪，每个人所占的空间只有一个衣橱大小，甚至很多时候比这还要小。有时，华工甚至得不到足够的食物供应。一位英军后勤部队士官回忆，由于华工们经常要忍饥挨饿，所以无论何时，只要看到有食物供应，他们就会暴饮暴食，以至于有时吃得太多而只能平躺在甲板上。[152]

有位华工以前从未见过轮船，他说，“当有一天我们被命令作好一切准备前往法国时，想到所有将要面临的危险即将开始，我被惊住了”，“我想过过度拥挤和翻船的危险……在我走近一艘大船的时候，我又惊又怕地看到船上已经人满为患，并因此而心跳加速，恐惧不已。我爬上甲板，并被人带着下了许多级楼梯，直到我确定我们已经接近海底为止。……然而，当我再次爬上甲板的时候，我已经看不到陆地了，我已经离开家了。”他既紧张又害怕。“我几乎失去了勇气。我怎么走上这样一趟未知的旅程的？对于这场重大的冒险，我怎么这样没有准备！”但是，不久之后，尽管他还在船上，他已变得对任何西方事物都兴趣盎然，对西方技术也愈加尊重。“巨轮可以自行驱动，在海面上日夜不停地航行。”“我看见和听说了洋人能做的许多新奇美妙的事情，我对所听到的一切深信不疑。他们一定是上等民族。我经常自我思忖，如果大家彼此之间没有畏惧、没有猜疑、没有保留，我们能够请他们到中国对我们进行帮助，那对我们来说该是多么美好的恩赐啊。”[153]遗憾的是，这位华工在加拿大的境遇会让他及其他华工大失所望的。

1. 加拿大的排华与一战华工在“枫叶之国”的不自由旅程

尽管这些纯朴的华工实际上肩负拯救西方文明的使命而来，然而，他们中的大多数人获得对于西方的第一印象的地方并不是在法国，而是加拿大。大多数英国雇佣的华工都是经由加拿大前往法国的，并在战后经同一路线返回中国。英国之所以选择加拿大路线，主要有两个原因：一是加拿大属大英联邦成员，理应为大英帝国分忧解难。二是借道加拿大在降低成本和保密及安全效果方面较为理想。从 1917 年 3 月上旬至 1918 年 3 月下旬，共有 84244 名华工途经加拿大登上开往法国的轮船。华工假道加拿大的远征实可谓空前壮举。首先，如此大规模的外国人口从西向东横穿整个加拿大国土的迁移活动，对加拿大来说是史无前例的。其次，许多华工对于西方世界的第一印象都来自他们在加拿大的体验。第三，华工们在加拿大所受待遇及加方对他们的管制，为我们观察那一时期加拿大人的民族特性及其对华工的态度打开了一扇独特的窗口。换言之，华工们在加拿大的经历，可以作为我们研究中、英、加三国互动的一个极好案例。然而时至今日，包括加拿大人在内，一战华工的加拿大经历仍然是一个不为人所知晓的故事。正如一位加拿大历史学家所言，华工在加拿大的经历“在加拿大学术界有关一战的研究中，从未被提及一个字，而有关那一时期的政治史也同样忽略了这一点”。[154]

自从英军开始招募华工为在法国的英国远征军服务后，如何把他们送到法国就成为一个严峻挑战。一是船位不足，二是当德国开始了无限制潜艇战后，安全问题更是难以保证。华工假道加拿大的构想便是在这种情形下应运而生。1917 年 3 月，加拿大政府收到了英国政府一份公函，要求加拿大为大英帝国运送华工提供便利，一切费用将由大英帝国政府承担。加拿大军方及移民局因而卷入这一亘古未有的壮举。运送华工横穿加拿大的具体任务则被委托给了加拿大太平洋铁路公司。[155]当时美国也已参战，并要求加方在运输美军到法国方面予以协助。但加拿大和英国方面

显然把运输华工作为当务之急，优先于美军。[156]

遗憾的是，加拿大在为华工提供的待遇方面可谓乏善可陈，甚至百般刁难。事实上，华工在假道加拿大时完全失去了行动自由。当时加拿大人对在加国的华人充满歧视。为了阻止华人入境，加拿大政府曾连续多年对华人移民课以沉重的人头税。时至赴法华工途经加拿大的时候，加拿大向华人移民征收的人头税已高达每人 500 加元，这在当时对任何人来说都是一笔巨款，更何况对华人移民了。尽管经过磋商，加拿大移民当局允许这些华工不需缴纳人头税就可以过境加拿大，但前提条件是旅行途中不准他们离开火车并限制其活动自由，因此华工一路上处处都必须受到严厉看管。加拿大移民事务主管（The immigration superintendent）在给军方负责人的信中坦承：“我们对此次行动有兴趣是因为如果华人想入境加拿大，每人就必须缴纳 500 加元的人头税，所以必须非常小心地管控和检查他们的进出。那些没有交税的中国苦力过境加拿大时实际上是欠了加拿大政府的债。”[157] 为了确保这些人待在火车上，加拿大政府专门设计了一套铁路警卫系统。每节华工乘坐的车厢都会有四名警卫把守，每辆列车还另外配有两名机动警卫、两名士官、两名中尉和一名上尉。这一专为看管一战华工的特殊警卫部队由 19 名军官和 600 名士兵组成。华工们同时还受他们各自所属组别的军官和士官的管辖。加拿大政府派出的警卫之职责很简单：监督华工，不许他们自由行动。即使华工生病，病人也必须由一个守卫来陪同，或是在指定地点由当地的相关人员接管之后方可下火车，[158] 以此确保无人能够逃亡。华工即使在加拿大驻扎等待搭乘赴欧或回中国的船只期间，也被安置在被高墙和铁丝网包围着、如同监狱般的临时华工营地。[159]

华工不准下车和被隔离的另一个原因是，加拿大政府担心他们与当地华人社区发生联系而走漏军事消息。加拿大首任新闻检查官钱伯斯（Ernest Chambers）在一封写给军方的信中说道：“我认为，我有责任在第一时间将这些信件发送给您，因为它们是来自于那些居住在加拿大的中国佬，……根据信中的内容，负责护送苦力穿越加拿大前往法国的军方警卫需要特别注意，防止苦力们与居住在加拿大的中国佬之间发生联系。”[160]1917 年 4 月 20 日，军方发出如下命令：“应特别注意，防止华工苦力以任何方式与居住在加拿大的华人联系。已有证据表明，某些加拿大华人正在散布虚假消息恐吓这些过境加拿大的华工，以诱使他们逃跑。”[161]

战后，华工们在途经加拿大回国时，同样受到了完全相同方式的严苛对待。军方依然特别规定，“除非得到列车上主管军医的许可，中国佬一律不准下车。”只要患病华工的病情好转能够出院，便“立刻被押送至（华工营驻地）威廉角”。华工们再一次处于卫兵们全天候的看管之下，而每一位负责看管华工的警卫都配有左轮手枪。[162] 许多英招华工在乘船经加拿大回国途中，需乘火车到另一港口，遇火车停站时，加方竟不许华工下车散步，以防其逃脱。在如此严密的监控之下，华工实际上形同囚犯。中国外交部当即同英方交涉，要求给予华工人道待遇[163]。考虑到哈利法克斯（Halifax）与温哥华之间漫长而艰苦的旅程，途中火车有多次的停留，加拿大政府不准华工离开火车以偶尔舒展一下身体的做法是极其不人道的，甚至可以说是犯罪。英国政府也曾不止一次对加方虐待华工的行为表示反对，然而加拿大人对之并没有加以理会。

1919 年，当英国外交部收到华工营的指挥官们有关加拿大方面虐待华工的报告后，英国外交大臣随即致电加拿大总督，明确表示应该允许华工在长途跋涉中进行身体锻炼活动，特别是在炎热的夏季，因为他们已经被困在车内超过六周不能动弹。[164] 但是，加拿大人没有作出丝毫让步。华工们当然不会无限度地容忍加拿大人的虐待。1920 年 3 月 11 日，一大批华工举行暴动，试图逃离威廉角的华工团营地。最终，警卫们在动用武力的情况下，才将几百名逃脱的华工抓住并押回营地。当时在威廉角驻扎着超过 8000 名华工，据估计，当暴乱发生时，大约有 2000 人成功地突破了坚固的围栏路障[165]。

部分英国军官也觉得如此对待华工未免过于残酷，并将这一情况向英国政府作了汇报。在 1917 年 8 月 31 日的一份报告中，第 36 华工团的军医写道：“不幸的是，在如此漫长的旅途中，那些苦力必须被全程禁闭在各自的车厢里。”[166] 医疗用品也不够用。“离开蒙特利尔后不久，三名苦力就被发现患上疥疮，由于行程延误得不到必需的药物，我们无法及时接受治疗，导致这种病在华工中迅速蔓延。”[167] 这些报告最终被送达英国驻华招工代表布恩尼处，而他又将其转交给了渥太华的加国国防部长，提请加方注意这些问题。[168] 另外，根据英国上尉伍德的日记，有一次，一个警卫营的加拿大士官殴打一名华人翻译。负责的军官认为只需要对打人者进行一次简单训诫便可了事，但是伍德对此表示反对。由于伍德的坚持，这名打人的加拿大士官最终受到了更严厉的惩戒[169]。

2. 加拿大的惊人保密之举

尽管存在种种问题，一战华工的加拿大之旅仍然是人类历史上一个重要篇章——加拿大毕竟成功地完成了这项前所未有的跨大陆运输计划。这里要特别指出的，加拿大方面将华工过境这件事的保密工作做得可谓天衣无缝。欧战刚一爆发，加拿大便通过了《战争措施法案》(the War Measures Act)，该法案授权政府可以对新闻舆论加以管制。为此，一个新的名为加拿大首席新闻检查官（the Chief Press Censor of Canada）办公室的机构应运而生。记者兼编辑出身的欧内斯特·钱伯斯上校被任命为首任首席新闻检查官。当英国政府要求加拿大政府对从中国运送华工赴欧一事保密时，加拿大总理罗伯特·博登（Robert Borden）表示同意。

为了确保无人知晓加拿大为了英国而将华工经由加拿大国土转运至欧洲，钱伯斯办公室殚精竭虑并且极具创造性。为了保密，加拿大的华人社区被监控，华人的很多通信都受到了审查，以确保没有任何有关华工运输的消息泄露出去[170]。钱伯斯甚至命令加拿大电报公司（Canadian Telegraph Companies）“密切监视”那些居住在加拿大的华人的电报往来。尽管大部分工作人员都遵守钱伯斯的命令，但也有人对此表示有所保留。例如，加拿大大西北电报公司（the Great North Western Telegraph Company of Canada）的总经理对钱伯斯说，“我觉得您的命令执行起来会有相当大的难度。您应当明白，这种举措意味着对加拿大华人的歧视。您是否考虑过它可能带来的政治上的问题？当然，无论如何，我们都将会遵照您的指示行事。”[171] 对此，钱伯斯的答复是，“鉴于这件事情的严重性……如果您能为贵公司员工的利益着想，责令各级下属要求中国人将电文中的密码、暗号或中文翻译成简单的英文再发报，我将不胜感激。”[172] 不久之后，为了信息审查，所有的邮局、电报公司以及相关机构都与钱伯斯办公室展开了密切合作。甚至连中国驻温哥华领事都受到监视，他的每一封电报和信件首先都要经过加拿大检察官的秘密审阅。

新闻审查尤其严格。1917 年 3 月 14 日，钱伯斯向加拿大所有报纸杂志发布新闻禁令，严禁泄露任何有关华工过境加拿大行动的消息。他要求每一位知晓此事的人都要绝对保守秘密。他写道：“不惜一切代价，严禁任何通过加拿大运送华工的计划被泄露给公众。”[173] 同年 3 月 17 日，为了同样的目的，官方下发了一份秘密通知。通知命令各出版机构扣发任何有关华工的新闻，还要求“国内新闻界与境外报纸的

驻地记者们合作，阻止与此次行动有关的任何消息公布”。[174]

钱伯斯自己似乎也不太清楚他究竟为什么要如此严格地命令媒体保持缄默。1917 年 4 月 7 日，他在给一位编辑的信中写道 :“如果您能对您的雇员们进行善意的提醒，让他们注意遵守近期对有关途经加拿大运送中国苦力行动的消息保守秘密的规定，我将不胜感激。看起来这些来自于英国政府的命令，即对欧洲雇佣苦力和把他们从中国运往法国保守绝对的秘密，有着重要的军事和外交方面的考虑。然而，由英国政府发出的保密要求非常具体，可见他们把这件事看得极其重要。”[175] 当渥太华的《市民早报》(*Morning Citizen*) 在 1917 年 8 月 7 日的新闻中简要提及华工的运输线路后，钱伯斯办公室立刻通知该报更正自己的错误。他还借用军方渠道致信提供这则新闻报道的金斯敦（Kingston）地区情报办公室，要求军方机构要特别注意在运送华工一事上保守秘密的重要性。[176]

钱伯斯甚至网罗教堂牧师作为自己的眼线。1917 年 4 月 9 日，加拿大基督教长老会（Presbyterian Church of Canada）的萨默维尔牧师（Rev. J. Somerville）报告:“恐怕我们试图控制信息的努力有点迟了。但无论如何，我们仍然应当致密函给我们所有在家休假的传教士，不要以任何方式泄露有关华工的任何消息，这些消息有可能来自那些在华传教士。我十分清楚，这类消息一旦通过海外公共媒介流传开来，将会令我们陷入窘境。……我们会在暗中竭尽所能，避免通过回国传教士们或是其他有可能收到来自中国教区信件的人引发进一步的消息外泄。很遗憾，为了帝国政府的利益您被迫提出这样的要求，我们将会竭尽所能在这件事情上协助您。”[177]

对钱伯斯最大的挑战是确保美国的媒体对运送华工一事不作报道。不过，钱伯斯高兴地发现，美国的一些新闻记者也愿意与他合作。例如，1918 年 3 月 20 日，《基督教科学箴言报》(*Christian Science Monitor*) 驻加拿大办事处的编辑写了如下一封信给钱伯斯 :“按照您昨天的要求，我随函附上您所需的信息，即一篇我们驻维多利亚的通讯员撰写的关于华工奔赴前线报道的副本。为了公正对待这位通讯员，并表明他比人们一开始所能想象的要更加小心谨慎，我引述一段他给我的信中的内容。他说，‘您应该已经收到一份我关于运送华工团途经太平洋口岸前往法国的报道。我原本打算在近两天之内将它刊登在我们的报纸上，但转而意识到这可能与审查制度相违背。因此，我想告诉您我们已决定不刊登它了，我想，您对此应该也会采取同

样的处理方法，或是在这样处理之前先与渥太华的新闻检察官进行商议。'”[178]

然而，并非所有的美国编辑都愿意与钱伯斯合作。《西雅图星期日时报》（*The Seattle Sunday Time*）和《旧金山观察家报》（*San Francisco Examiner*）都刊登过有关运送华工前往法国的零星报道。钱伯斯对如何阻止这些报道的发表颇感头痛。由于钱伯斯在加拿大的国境之外并没有任何法定权力，因此外交手段就成为他制止泄密唯一可用的工具。他为此特别致信美国驻温哥华总领事，请求后者提供帮助，使他能够就“在美国贯彻战时对报纸、电报、电话和电影的审查制度”与美国人直接对话。钱伯斯告诉这位美国总领事，“我一天比一天更强烈地意识到，我们有必要毫不拖延地达成一些简单的合作协议，……我们为对运输华工一事保密已经作出了极大努力。然而，尽管我们防止泄密的努力在加拿大取得了成功，但我已注意到贵国太平洋沿岸各州的一些出版物，包括 8 月 4 日的《西雅图时报》和 4 月 11 日的《旧金山观察家报》都刊登有涉及这类事件的报道。”为了换取美国对审查工作的协助，钱伯斯承诺他的办公室也会给美国人以同样的回报：“就像我已经私下向您允诺的那样，如果华盛顿的审查当局需要加拿大新闻审查机构的帮助和合作，他们唯一所要做的就是把他们的要求通知我们。”[179]

钱伯斯手下的新闻审查官有时因热情有余、准备不足，以至于干出让人啼笑皆非的蠢事。例如，钱伯斯有一次接到特工马尔科姆·里德（Malcolm Reid）的密报，说截获了一封电报：“我附上今天大西北电讯公司送来的电报副本。电报是发给中国威海卫的一位名叫布恩尼（Bourne）的人的。电文署名坎南（Cannan），没有标明日期，其中内容明显是关于运送华工的。”[180] 显然，这名特工不知道电文所提及的“名叫布恩尼的人”实际上是英国驻华招工代表，正是他在全权负责英国在华所有招工事宜，而坎南（A. M. Cannan）则是第 32 和 38 华工团的指挥官。里德的驻地在温哥华，他有些过于急切地想在对新闻更为严格的审查方面表现自己了。另一个例子也很好地揭示了这一点。里德曾报告称：“请允许我随信附上三张华工照片，它们是由一位当时正好站在布拉德街（Burrard St.）高架桥头的行人拍摄的，当时‘太尔西比士’（Talthybus）号轮船正载着这些苦力停靠在那里。”他报告说，除了这些被没收的照片，据他所知，还有一名车牌号为 569 的汽车车主也拍摄了一些华工照片。他告诉钱伯斯，他的办公室正在努力追查这辆车的车主，以便没收他所拍照片的底片和所有可能印出来的照片。里德承认，人们拍这些照片只是即兴而为，没收它们并非意

味着它们有重要的政治或军事意义，但他仍称，“看来防范措施过于松弛，我们正加紧采取措施防止这些苦力在这个港口被普通民众看到。”[181] 然而，维多利亚警方在进一步调查之后发现，里德的报告是错误的，因为他所提到的那辆车当天根本就不在温哥华。[182] 钱伯斯对里德没收底片和相片的做法深表赞赏，他还告诉里德，他会将此事上报给总参谋长，“在这件事情上，我相信总参谋长会对你的行为表示赞赏，……此为收到你的信和附件的通知，最后我不能不对你为防止这些照片的传播而采取迅疾且有效的措施表示敬意”。[183]

如果说上述照片事件还不算太离谱的话，接下来的这个故事则清楚地揭示了加拿大新闻审查制度的离奇之处。这个故事也是因英国驻华招工代表布恩尼而引起。1918 年 1 月 10 日，布恩尼发往伦敦英国陆军部的一封电报被转送给加拿大军方。电文指出：“一名驻温哥华医院的华人翻译为当地的报纸撰写了极具诽谤性和不真实的评论，这可能严重影响我们在中国的招工工作。这名翻译在报纸上写道，在医院治疗的白人士兵说，华工在法国是被当作士兵使用的。”布恩尼要求加拿大方面严密防范类似信件的邮寄，并要求把信都集中起来送给他本人。[184] 这封电报引发了连锁反应，钱伯斯办公室立即向其派驻温哥华的特工里德发送了一封加密电报，要求他立即确认这位翻译的身份并找到其住所，并就如何对这位翻译所有的电报通信记录进行严密审查作了指示。不幸的是，里德无法解码钱伯斯的加密电报。情急之下，里德不得不回电钱伯斯：“您所发的密码电报无法解码。请用舍伍德码重发。”[185] 钱伯斯还与兼任加拿大首席邮件审查官的邮政局副局长进行沟通，希望在加国国内截取这位翻译全部的邮政通信，在它们被寄往中国之前对之进行审查。[186]

1918 年 1 月 18 日，里德在一份密电中向钱伯斯报告，他终于找到了那位翻译：他叫梁守逸（英文名 Julian Leon），受官方委派为生病的华工做翻译。[187] 他的身份被确认之后，其全部通信立即被扣押审查。事后发现，梁守逸受过良好的教育，在中国有很好的工作，他之所以会接受这份翻译工作，是为了能去亲眼看看欧洲。[188] 里德办公室的人员还发现，梁守逸很孤独，在温哥华也没有朋友。显然，他对自己的工资待遇也不太满意，但并非居心叵测地有意破坏英国政府的华工招募工作。对他的结论很快也得到英国陆军部的认可。同年 3 月 8 日，英国陆军部通知钱伯斯：“仅凭现有的证据并不足以采取行动。建议对这个人的信件进行严格审查是预防意外最好的方法，以防止有害的言论进一步传到中国；同时，如果他再次行动，则会为我们成功控告他提供机会。”在信后手写的附言中，陆军部官员评论说，“如果收到进一步的消息，我们将会通知您。”[189] 根据里德 1918 年 4 月 3 日的报告，梁守逸在 3 月 31 日离开温哥华，他的目的地应该是法国。[190] 加拿大军方决定不对梁个人采取惩罚措施，但会继续监视他的通信。也正是得益于这个决定，我们才能在加拿大政府档案中发现这些一直被加拿大扣留的诸多梁守逸个人的通信资料。

由于钱伯斯的孜孜不倦和执着，他的保密工作做得极其成功，以至于无论是在加拿大还是在其他地方，几乎没人知道有关华工过境加拿大的任何消息。绝对保密的成功，固然与当时加拿大人对华人的态度有很大关系，但其他部门的配合对钱伯斯的成功也很重要。例如，加拿大国防部就非常认同在高度敌对状态下对如此大规模行动进行保密的必要，并向受委派组建并负责铁路保卫工作的“铁路卫队”发出详细的指令，确保他们不对任何人提及转运华工一事。根据一位加拿大学者的研究，为了保密，军方与铁路部门间大量的往来电报都是经过加密才发出的。[191]

不过，加拿大政府对华人如此敌视和不友好，导致一些加拿大有良心人士的反感和反弹。例如，一批来自新斯科舍省（Nova Scotia）的哈利法克斯的妇女自发为假道加拿大的归国华工们组织了一次欢迎会。因为她们发现，加拿大人都在热情地欢迎自己的战士回国，却无人关心从战场上返回的华工，当他们途经加拿大时，甚至连“给他们一句问候或祝他们在漫长旅途中一路平安的话”都没有。这些善良的加拿大妇女决定筹集一笔资金来欢迎华工从欧洲战场上归来。在她们看来，华工“是我们忠实的、尽责的盟友”。这些女士最终为大约 2 万名华工举行了欢迎仪式，她们为每位华工都准备了一份上面印有中文欢迎词的纪念卡和苹果作为礼物。[192] 两名华工翻译写了一封感谢信给这场欢迎仪式的组织者克拉拉·阿奇博尔德·丹尼斯（Clara Archibald Dennis）女士：“非常感谢贵方对我们的欢迎，感谢贵方在我们到达此地时，给我们每个人准备的贺卡和两个苹果……我们全体人员都衷心感谢贵方的这种友好之举。”这封信是用中文写的，随即立刻被刊登在《哈利法克斯先驱报》（*Halifax Herald*）上。[193] 华工们在收到为他们准备的水果与贺卡的同时，也表达了自己的感谢，一些华工还尝试着用英语说谢谢；另一些人则用法语说“谢谢”（Merci），不过更多的人还是直接用中文说了“谢谢你”。他们似乎很享受被人关注的感觉，尤其是当他们在码头上无聊等待的时候。作为对当地居民热情招待的报答，华工们特别举办了一场临时音乐会，这成为欢迎委员会的成员们消磨时间的极好娱乐。[194]

尽管有部分加拿大人作出了这种友好姿态，但总的来说，途经加拿大回国的华工是受忽视的。一篇加拿大报纸的报道用“被忽视的大事件”（Great Events Which Pass Unnoticed）作标题，形容公众对于华工过境一事的普遍漠视。报道指出，如此大批的华工过境，却“几乎没有引起丝毫的关注，简直匪夷所思”。[195] 报道还指出：“随着时间的推移，我们在回首往事的时候会发现，在战争中创造历史的想法变得越来越不切实际，取而代之的是逐渐孕育出一套真正的价值观。从公正的角度看，华工营同那些最好最高尚的营地是相等的。归国的华工战士们的诙谐的面孔，那些永恒的微笑，那些奇装异服和那些怪异的歌曲，无疑为漫长而乏味的旅途平添了几分乐趣，而正是这种乐趣支撑着他们完成使命。在埃尔桑库皮尼（Hersin Coupigny）、讷莱米讷（Noeux）、欧比尼（Aubigny）和埃特兰（Etrun）前线最大的几个华工营地每天都要遭受德军的远距离炮击，并经常会在月光明朗的晚上遭遇飞机轰炸。原本中立的东方社会，在面对这种‘野蛮的行径’时所表现出来的勇气，丝毫不比那些直接参战的军队差，……他们是道路的建设者，在维护后勤补给线方面发挥了不可低估的作用；在交通条件恶劣的战场上，他们为各个部门提供运输服务。总之，无论从何种角度，华工对战争的贡献，如同大炮，战壕里的士兵，以及红、蓝、黑、青等（战线）目标的标识对战争的获胜一样至关重要。”然而，“当在西方的战场上进行过光荣而尽职的服务后”，华工在加拿大却得不到任何民众团体的欢迎和感谢。“那些组织，当我们自己的战士们归来时，他们会敲锣打鼓地欢迎，而此刻却毫无表示。”报道最后总结说，“至少新斯科舍有理由为这一小群热心女士们的主动精神与努力而自豪，她们自发承担起这项重任，对这些到达加拿大的华工进行欢迎。”但是，穿越加拿大要坐约4000英里的火车，对华工而言，这又将是一趟郁闷的旅程。他们再次“像牲口一样被赶进车厢，被禁止离开火车，并将受到像对待罪犯一样的看管”。[196]

不过，尽管华工受到的待遇如同囚犯，并遭到当地人极度冷漠的对待，但他们依然保持着乐观。一名英国船长讲述了一个故事：华工在温哥华和哈利法克斯的火车旅程中，仍然会与车上的警察互致敬礼，对这些警察来说，这是极大的意外。当火车到站的时候，华工们会将脑袋探出窗外，戏谑地对着站台上巡逻的士兵们大喊大叫或开玩笑地发布命令：“解散！”[197]

3. 从山东走向世界

加拿大军医哈利 · 利文斯敦（Harry Livingstone）见证了这些华工在加拿大旅途中的全程。1917 年，利文斯敦曾一直陪伴一群华工从中国抵达加拿大，并横穿加拿大前往法国，他在旅途中写下了详细的日记。他的这本没有公开出版的日记为我们近距离深入了解华工们在加拿大和大洋上的旅程经历提供了丰富的资料。让我们通过这位加拿大人的观察和目光来透视一下华工的加拿大经历。1917 年 4 月 2 日，随着“俄罗斯皇后”号（Empress of Russia）远洋运输轮的到来，华工开启了途经加拿大的赴欧之旅，这条运输航线的运行一直保持了三年多的时间。当轮船抵达加拿大码头，在华工们上岸转乘火车之前，他们在加拿大移民局的监督下要再接受一次全面的体格检查。他们最终将会在加拿大东部的某个港口登船前往欧洲，夏天通常是在蒙特利尔，秋天和冬天则会是圣约翰或哈利法克斯。

利文斯敦的旅途始于威海卫，1917 年 10 月 29 日，华工们在那里登上了“俄罗斯皇后”号轮船。根据利文斯敦的记录，这些华工全都接种了疫苗。他们列队依次进入浴盆中进行快速的消毒清洗，然后换上了全新的内衣、外套、鞋袜、帽子，并领取发给他们的装有铝罐、毛毯、铺盖卷等物品的背包。利文斯敦惊奇地发现，当他们从另一个门出来的时候，立即焕然一新，完全变了一个模样，“看起来相当不错”。他们中的大多数人早早地就穿上了棕色的雨衣。当看到华工们为了找到一双合脚的鞋子而相互之间换来换去时，利文斯敦觉得很有趣。华工被分成不同的小组，每个人都佩戴着一个刻有号码的铜牌。然后，他们依次进入位于一座小房子附近的薪酬处，在那里，每个人可以领到一笔预支的津贴。

随后，华工们一字排开依次走出大门，来到外面的空地上，与在此等候的亲朋好友道别。为了驱魔辟邪，确保一路平安，人们点起一串串鞭炮。伴随着噼噼啪啪的爆竹声，华工们沿路径直走上码头，登上一艘足有上千甚至更多人挤在一起的轮船。当轮船缓缓离岸朝大海驶去时，华工们被允许站在甲板上一块指定的地方。他们挤在栏杆边张望，许多人眼含泪水，看着熟悉的山川景物和家乡土地逐渐从视野中消失，前面等待着他们的将是一个新奇的陌生世界。不久，晕船的折磨就开始考验着他们中的大多数人。[198]

1917 年 11 月 14 日，这些华工抵达温哥华，随即登上一列驶往哈利法克斯的火车，整趟列车每节车厢的门口都有警卫把守。每节车厢都有饮用水供应，还有一个小炉子供华工烹煮食物。木制的座椅在晚上可以被改装成床铺（上下铺）。上下铺位各睡两人，但是有时为了取暖，一张下铺也会挤上三人甚至是四人。车厢里极冷，因此华工们都将鼻子深深埋进他们的袖管中；由于他们都没有手套，所以只能将两只手抄进袖管里取暖。

每天下午 3 点左右，会有六名来自不同车厢的工头前去领取定量供应并足够 24 小时所需的食物。然后，他们会组织人手将这些食物在各自的车厢内煮熟，再分到华工们盛饭的小碗里或装热水的铝罐里。晚饭后，华工们要么睡觉，要么躺在铺位上听年长的同伴讲故事来打发时间。这时，有些人肯定在想他们远在祖国的亲友们正在做什么，什么时候他们能与亲人重逢。每天晚上，利文斯敦都会去各车厢巡视，看看他们是否舒服，身体有没有问题。每当这个时候，华工们都会邀请他坐下来聊天。他有时会作短暂的逗留，每当这时，华工们就会围上来问他各种各样的问题。他们总是会问："这里还是加拿大吗？""我们还要多少天才可以下火车？"也有华工盘腿坐在下铺的暗处，用中国的小提琴——二胡拉奏情歌。躺在周围铺位的华工便伴随着他的琴声进入梦乡，旁边也有人会伴随着二胡的曲调唱上两句。利文斯敦有时也会驻足几分钟来欣赏这极富中国韵味的音乐，并送上赞美之词。听到他的评论，演奏者通常会非常高兴。有时，利文斯敦还会接过二胡试上两手，他那蹩脚的演奏技术总会引来车厢里华工们的阵阵笑声。大多数人还会在纸板做的棋盘上下象棋，只有极少数会用他们从家里带来的正规棋盘下棋。

白天，华工们欣赏沿途风景来消磨时光。当火车经过落基山脉时，他们沉醉于被白雪覆盖的巍峨山峰，经常会听到有人惊叹："看那座大山！"每当火车停下来时，所有的车窗都被向上推开，只要窗口容得下，许多人的脑袋都伸出窗外，欣赏这异域风景。白人军官在月台上走来走去，华工们会把钱递出去要他们帮忙买糖果或是苹果来吃。利文斯敦与他的同事们确实帮华工买过东西，例如苹果，都是华工自己付的钱。有时，利文斯敦会在车站买许多果条，并通过车窗递给华工们。每当火车停站的间隔，利文斯敦都会去站内的商店，拿一些小广告卡片或电影广告、海报，并在走过月台的时候将它们递给华工们。当利文斯敦从商店里出来的时候，华工们总是翘首以盼，想看看他有没有为他们带些什么来。

利文斯敦在他的日记中写到，有一名"外貌俊朗、心地善良"、铺位靠近车厢角落的华工，每当利文斯敦走过时都对他微笑，并高声叫出"威海卫"三个字。利

文斯敦猜想，这名华工大概听他说过这个词，觉得他说得很好笑（才模仿他），所以，不管利文斯敦与这名华工在哪里相遇，无论是在车站的月台，还是任何其他地方，他都会故意向利文斯敦喊出这三个字来逗趣——通常在船上，不过也有一次甚至在法国的诺耶勒斯（Noyelles），当利文斯敦从一群华工旁走过时，他突然听到那个声音高喊出“威海卫”三个字，随后就看到人群中那名华工的笑脸。另有一名华工，“同样外貌英俊”，从“俄罗斯皇后”号的乘务员那里买了顶嫩绿色的鲜艳的英式无边便帽，还学会了用英文说“早上好”，每当他看见利文斯敦的时候，无论早晚昼夜，他都会对后者用英文说“早上好”。当利文斯敦回应时，他会咧开嘴笑，露出一排整洁漂亮的牙齿。

根据利文斯敦的记述，在横跨加拿大的旅途中，大约有两三次因为机车故障而需要更换火车的情况发生。每当这时，车内如同囚徒般的华工们就得捆起行李列队下车。有一次，华工们被允许换乘一等车厢，这显然是因为在那个交接点一等车厢是唯一空着的车厢。一等车厢的座席全部都用丝绒包着，车厢里铺着地毯。为了试验这些软座席的弹力，并感受它们的豪华，华工们站在上面不停地蹦跳。一个小伙子不小心将烟灰弹在地毯上，他立刻双膝跪地，小心翼翼地将它们都扫到自己的手上。华工们被禁止走到自己所在车厢之外的任何其他车厢，也不许在任何车站下车去到月台上。利文斯敦在日记中写到，一名曾经陪伴着大多数华工营横跨过北美大陆的军官说，这些华工是他所见过的最守规矩、最优秀的一群人。到了哈利法克斯，在军官的指挥下，所有的华工带着各自的装备和行李迅速依次排队，秩序井然地下车了。他们为再次脚踩坚实的土地而高兴地呼喊着，军官们则在他们通过时依次检查他们的号牌。有六个病号被留了下来，他们被停在火车旁边的一辆救护车送走。

在前往欧洲的海上航程中，船上每一寸可供利用的空间都被利用上了。二等舱、吸烟室与餐厅里可以说都塞满了华工。晚上，他们就把桌面当作床，更有甚者面对面坐在扶手椅上，蜷成一团裹在毛毯里和衣而睡。他们在椅子上的睡姿可笑而千奇百怪。利文斯敦不明白他们这样怎么能睡得着。有天晚上，每人配发了一个吊床，然而不少华工却在仓促之间将床装反了。大多数华工都不喜欢吊床，因为他们在家里睡惯了硬板床。晚上睡觉前，华工们常常要先在底舱举行一场小型戏剧表演。因为观看的人太多了，以至于空气变得混浊难闻。只要利文斯敦与他的军官同僚们露面，华工们就让他们坐在前排欣赏，通常他们都会欣然接受。紧接着，在一两位乐师的伴奏，或者有时是一群普通华工的敲锣打鼓、吹笛奏乐之下，利文斯敦与他的同僚们就会听到演唱者正式开唱。演唱者会诉说一个很长的故事，据利文斯敦揣测，情节似乎是关于一个绿林强盗或海盗与一位皇帝的妻子私奔的故事；表演者边走边唱，并像中国舞台上的专业演员一样，不时舞动胳膊和双手，脸上做出各种扮相和表情。观众们聚精会神地聆听，沉浸其中，但也有不少人会注意观察人群中的白人军官，看他们是否也喜欢这个表演。每隔一会儿，利文斯敦和他的同事就会说："很好，很好！"这时，华工们的脸上都会露出笑容。

一名 20 岁的华工邀请利文斯敦在战后访问他的家乡曲阜。他说，他可以给利文斯敦一匹马骑；还要请他吃花生、糖果、螃蟹和甘薯，大米饭管够。另有一名华工因为弄丢了袜子，到哪儿都只穿着一双拖鞋，冻得特别难受。利文斯敦在哈利法克斯给他买了一双羊毛袜，这名华工激动地在甲板上磕头以表感激之情，差点磕破了脑袋。当他们驶入公海后的一天晚上，利文斯敦观看了华工与白人军官联合举办的联欢会。联欢会以一首中国管弦乐选段开始。由于乐鼓和铜锣表演时会发出巨大的声响，很可能引来附近海域的德国潜艇，因而被禁止了。所有的华工都全神贯注地听白人唱歌和弹奏钢琴。

当华工们最后抵达法国时，利文斯敦在他的私人日记中写道："我为离开他们而感到难过，而他们也是一样……我始终觉得他们是一群快乐有趣、心地善良并容易管理的人。……总是对你给予他们的善意感激不尽，不断地想尽各种方法来回报你。"[199] 尽管历尽千辛万苦，但是华工们最终经受住了考验。抵达法国时，不少华工热情高涨。英国军官马尼克 · 顾勒回忆了 1000 名华工抵达法国北部一处港口时的情形："他们的脸是古铜色的，有的好似一动不动的木雕，有的不时发出欢声笑语；他们头戴棕色毡帽，毡帽上有两瓣灰色毛皮耳护……背着鼓鼓的暗红色帆布背包，身穿蓝色的棉外套和长裤，这些都为近三年来千篇一律的战争场景增添了一抹新的亮色。"[200]

这些华工在欧洲的生活究竟如何，他们又面临怎样的环境条件？下一章的主题就是关于他们在欧洲的故事。

a

华工从青岛、威海登船前往法国。

(b)、(d) 威海市档案馆供图。

b

c

d

在船上的华工。威海市档案馆供图。

a b c

华工在前往法国途中经停香港。(a) 在船舱中、(b) 领行装、(c) 寄安家费。

华工行至苏伊士运河，在埃及例营休息。前期的华工运输路线主要是穿越印度洋、红海、苏伊士运河和地中海，在法国马赛登岸。

华工从加拿大西海岸的温哥华登上火车，前往东海岸的哈利法克斯港。由于德国发动无限制潜艇战，后期的华工运输路线主要是横跨北太平洋、北美大陆和北大西洋。华工们由此几乎环游地球，但途中的艰辛更是令人难以想象的。David Livingston 供图。

美国派拉蒙电影公司 1918 年所拍纪录片《与华工一起到前线》（On the Way to the Front with the Chinese Labor Corps）海报

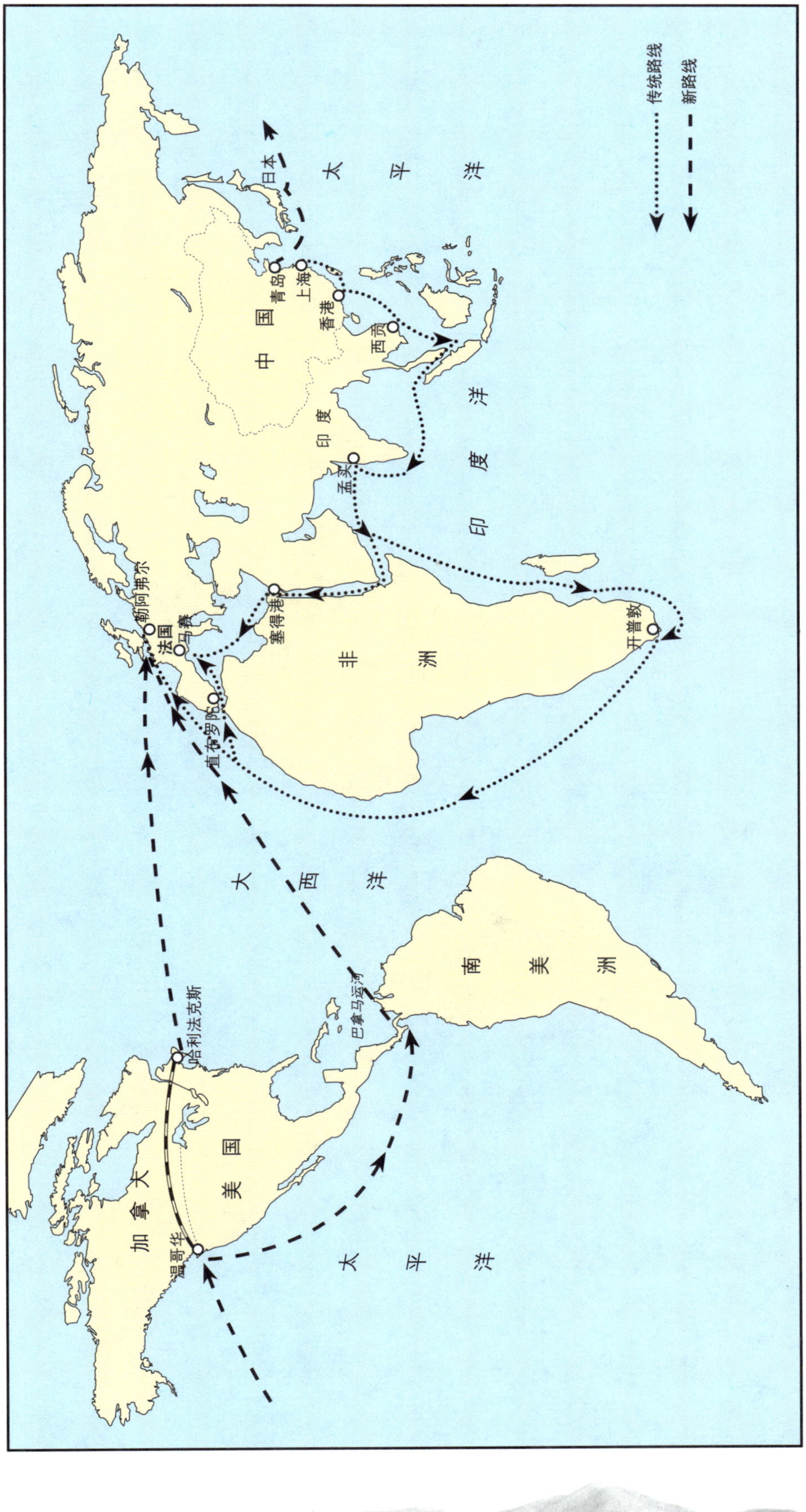
传统路线
新路线
太平洋
日本
中国
青岛
上海
香港
西贡
印度
孟买
印度洋
非洲
开普敦
塞得港
马赛
法国
勒阿弗尔
直布罗陀
大西洋
南美洲
巴拿马运河
哈利法克斯
加拿大
美国
温哥华
太平洋

华工前往法国路线图

4

西线战场陌生客

华工出国由来已久，但在一战期间有组织、有计划且大规模地来到欧洲心脏的文明大国——法国，还是第一次。单就这件事本身来说，其意义已经十分深远。这些大多目不识丁的农民，许多甚至从未离开过自己的村庄，现在突然离开故土和祖国，远涉重洋，历经艰险，来到所谓世界文明中心，其心理落差当然很大，比“刘姥姥进大观园”有过之而无不及。即使有所准备的留学生初来乍到异国他乡，也都要有一段适应过程，更何况这些未受过教育、未出过远门的农民。何况他们是来到饱经战火的法国，为英、法国防事业服务，没有过渡期，也没有什么跨文化教育。他们一踏上法国国土，便直接投身到繁重甚至危险的工作中。华工们在法国的生活究竟如何呢?

1. 华工之管理

虽然华工被招募时被告知不会上战场，但英法两国从他们受雇之初即用军事方式管理他们。如果比较英法两国的招工团，则它们之间既有相同之处，也存在差异性。首先，两者主要都在中国华北地区招募，特别是在山东招募。其次，两者的主要目的是相同的。对英法两国而言，招募华工是为军事目的、为帮助他们赢得战争服务的。英法两国的军事部门负责华工招募，华工通常按照军事编制生活，并有军官指挥。甚至在抵达法国之前，英国招募的所有华工都得按指模，并且佩戴一个上面镌刻有中英文号码的铜牌或手镯。这些号码成为华工唯一的身份标志，对西方管理者来说，他们叫什么名字是不重要的。到达欧洲以后，所有华工还要再按几次指模。一位亲历者写道，“当华工们排队‘按指模’时，每一个手指头都要单独按指模，接着五个手指头再一起按下去，一式按两次，然后另一只手五个手指头再同样按两次指模。”[201] 军事化管理是华工在法国生活的一个重要组成部分，对在英军中服务的华工尤其如此。英国方面管理华工的军官是费尔法克斯（B. C. Fairfax）少校。华工，特别是那些为英国军队效劳的华工，通常在战场附近工作。他们每天列队上班，而且步伐整齐，这通常给路人留下深刻的印象。根据一则报道，在 1917 年 4 月初，当英国招募的第一批华工抵达法国时，当地华工营附近的法国村民“欢呼雀跃，全村男女老幼 200 多人都出来欢迎‘中国人’”。如果华工在法国期间违反纪律，他们将受到英国的军法处置。[202] 实际上，在第一次世界大战期间，至少有 10 名英国招募的华工

按照军法被处死[203]。甚至华工的通信也受到英国军方的管制。英国华工营的邮政机构准许每个华工每月写两封信。所有华工的信件都必须经过法国战区英军总部的华工邮局的检查，然后被打包寄到英国国防部在中国的招工代理处。同样，英国在威海卫的招工代理处把华工家人的信件打包后直接寄往法国战区的华工邮局，然后再把这些家书交给华工本人。

虽然英法两国的根本目标大致相同，法国招募的大多数华工在法国军方的安排下在战线后方的军工企业上班。[204]但是在 1917 年中国正式参战以后，法国当局甚至也开始经常公开地派遣华工到战场附近工作。然而，英法两国在华工的工作安排上略有不同。就英国而言，几乎所有的华工都在前线工作。法国招募的部分华工则在平民区的民营企业上班，尽管这些企业是为法国军方效力的。两国政府在华工的管理方面也有很大差别。法国招募的华工所受到的待遇要比英国招募的华工受到的待遇好。比如，法国付给华工的工资一般比较高，而且对工人的管理也比较宽松。一般说来，英国华工营的待遇较差，管理严格。例如，英国不准华工进入各种咖啡馆或酒吧，而法国则没有任何这样的限制。[205]而且英国当局也不讳言他们对待华工的恶劣态度，甚至以此为荣。英国人吹嘘说，在英国华工营的华工“纪律最严格，并且他们受到的限制远比在法国华工营的华工受到的约束多”。[206]由于两国对华工的态度和待遇有差别，一些不满英国粗暴管理的华工有时私自跑到法国华工营工作。笔者发现的英国一份文件这样写道：“（华工）54857 号自 1919 年 3 月到同年 5 月（未经允许）跑到法方 9 号华工营。苦力 68211 号在失踪的六个多月期间，曾在好几个法方华工营逗留过。英方第 149 号华工营的两个华工不久前因逃跑未遂而被抓住，他们供认曾在里特（Litte）附近的法国华工营生活过。”[207]

针对华工逃跑等一系列问题，英方不思改进管理方式，反而抱怨法国民众对华工太友好了。法国战区英军司令部的一位军官抱怨说，法国当地“居民对华工的友善行为致使英国军方对华工进行严格的管制非常困难”。[208]为了防止华工逃到法方华工营，英国军方建议法国也采取同样严格的管理措施。1919 年 7 月，英国军方在给法国军方的信中“强烈建议”法国对华工应同样实施严格管理并要时刻禁止当地居民与华工往来。同时，英军变本加厉，对华工采取更为严格的管理手段。其严厉程度从战争结束后的 1919 年英国对华工实施的如下条例中可见一斑：

(1) 华工出入要出示通行证，而且要标明日期，盖章并签字。每日收工后，带队的华工工头应出示写有该营队番号的集体通行证。华工在晚间不得离开华工营地。

(2) 要经常对华工进行突击式点名，同时还要检查华工营是否窝藏有潜逃的华工。

(3) 华工营的警卫要及时报告任何来访的其他华工营的华工。

(4) 如华工在出勤方面犯有过失，直接负责华工出勤及其行为的工头要受到惩罚。

(5) 工头与华工都不得拥有除帽子外的其他平民制服，因为这类衣装容易被华工用来化装出逃。[209]

此类视华工如囚犯的条规出笼，充分反映了英国管理华工的方式存在严重问题。华工固然有许多不是之处，甚至违法乱纪，但主要根源在于双方在文化、风俗及语言上存在巨大鸿沟。翻译人手欠缺使问题变得更加严重，许多误解的产生是因为双方无法沟通和缺乏相互理解，结果造成华工逃跑甚至犯法等悲剧。事实上，华工营里的绝大多数军官不懂中文，翻译人员也严重短缺。例如，在一个有 4200 名华工的华工营里，只有 5 位译员、13 位军官和一位护士[210]。一般而言，每个华工营中仅有两三个白人军官，而且他们大多不懂中文，更缺乏可靠的译员。有时英国华工营的指挥官必须借助下级军官提供的一个日常用语手册发号施令，手册上面标有中英文对照的习惯用语发音注释。由于缺乏有效、及时的沟通，导致许多本可避免的事故发生。例如，1917 年 10 月 10 日，这天是当时中国的国庆节，本来应该是华工的假日，但一个华工营被迫照常上班，于是发生骚乱，最后该华工营的英国指挥官命令武装士兵向反抗的华工开枪，造成华工 5 人死亡、14 人受伤。事后调查认为，“这次华工骚乱也许是因为他们误解了英国指挥官的命令……英国军官和英国士兵在关于对待华工的方式上还没有形成严格的纪律规范。”1917 年 12 月，在法国枫蒂奈斯(Fontinettes) 的一个华工营再次发生暴乱，在 4 个华工被枪杀以及多个华工受伤的情况下，这个华工营才被制服。[211] 根据基督教青年会的报告，华工营发生的许多误解甚至冲突大多源于缺乏正确和及时的语言沟通。[212]

双方文化上的隔膜和误解更是酿成华工营管理上出现问题的症结所在。在上述事件中，大多数华工的“犯规”都是源于误解。[213]1918 年 1 月 1 日，曾参与华工管理工作的格雷（C. D. Gray）上校在一封密函里一语道破了英国华工营管理上的各种问题所在。他认为，华工营管理工作出现的许多问题，责任不在华工而在军官。许

多管理华工营的英国军官根本就不称职。他们不懂如何管理华工，也不知如何处理因语言沟通或误解而产生的问题，只知一味采取高压手段，结果不但不能解决问题，反而使问题进一步恶化。格雷抱怨说，任何一点纠纷出现后，军官经常不分青红皂白，在未弄清楚华工问题之前，便开枪弹压。格雷指出，许多军官因为不了解华工，便对他们严加防范，经常诉诸严厉措施，并限制华工自由。他在该函的最后写道，华工如管理得法，工作会十分出色，但英国人的管理方法亟须改进。格雷在信中还说到，有些英国军官似乎害怕华工，所以在收工后便把华工的自由限制在铁丝网范围内。更为可笑的是，有一次，一名军官按照军法审问一个华工时拿来许多盘子，因为他认为中国人起誓时是要摔盘子的，然后才会说出实情。对中国人的不了解和语言上的障碍，使得英国军官无法了解华工的真实想法。

如果说不懂中文、不熟悉中国文化的军官可能对华工实行粗暴的管理方法，那些因传教士背景曾在中国生活过的英法军官对华工的管理甚至更糟。这些人有中国生活经历，自以为熟悉中国下层生活。如有类似出身背景的一名叫 Tom Bryson 的英国军官管理华工的理念就是对华工要凶要狠，不能善待。此人在天津生活多年，出身传教士家庭。他声称中国的普通苦力甚至不能像样走路，你对这些中国佬越好，他们越不买你的账[214]。有些英国军官认为中国人是“吃人族”（cannibals），因此管理华工的态度极其恶劣，动不动就使用暴力手段[215]。当然，不是所有军官都是如此无知和无人性，也有些军官比较公正，态度较好。

2. 种族歧视

英法两国的华工合同均系民事招募合约而来，但到法国后对华工实行的却是军事管理，合约和管理之间存在明显矛盾。除了这种矛盾必然造成冲突外，英国人的种族主义也是促成管理问题的一个重要因素。其实，管理方法是与管理态度密切相关的。英国之所以采取粗暴严厉的管理措施来对付华工，往往是他们强烈的种族主义情结在作怪。在英国人心里，华工只不过是低人一等的苦力，是不成熟的儿童。出于这一心理，他们对华工棍棒相加，要求华工“尊重及服从”，同时并不倾听华工的需求。英国当局从来不认为华工与英国人在人格上是平等的。英国军方坚持严厉的管理政策，禁止华工与欧洲军人或平民往来，多是与这种种族主义有关。

也许最能反映英人对华工的种族歧视态度的是当事人所写的一首诗，作者克兰（Daryl Klein）是英国华工营的军官。此人的战时日记被保存了下来。这首诗就记录在他的日记里，题目叫“幸福的华工”，内容如下：

其在中国出生，
一生孤独、凄凉，生活艰辛。……
伟大的白人突然降临，
为其空白的人生找到指路的星辰，
帮其负笈海外，
跻身十万华工之中。
在战火纷飞的法兰西寻找新的生命及命运……

显然，在这首诗的作者看来，华工并非来拯救英国，而是受白人开化启蒙的。这位军官甚至认为，华工营的理想的英国军官不必懂中文，关键是必须具有洞察华工心理的能力[216]。

当然，华人也有种族歧视现象。在西线战场，华工有大量机会同世界各地的人一起工作。华工似乎对非洲人有一种天生的歧视。如一位华工在第一次看到南非黑人时非常震惊，他后来写道，“一日余在外工作，于路旁忽来运输大车一大队。在车上御车之人，其面黑而放光，其目白者雪白，睛则漆黑，其唇与舌鲜红，而牙亦雪白，乍见其凶恶之状，无异食人之兽。不止一人如是，大队之人个个如是。初余以为印度人，问之英人，英人言为阿斐利喀（African，非洲人）也，印度人以红巾缠头，而此斐人无之也。余闻此之后，遂怏然曰，不加入欧战，何克至此以见斐人之真如火烧耶。”[217] 华工在工厂常与法国及他国工人一起共事。李骏在其报告中写道，“所不幸者，华人与黑人极不能容，彼此嫉视之心甚大，不知起源何故。”华工和黑人经常械斗，“两方常有死伤”，“安南（越南）人与华工则转能和洽，华工与黑人争斗之际，安南人必与华人齐心抵御”。可是，法国政府担心安南人受华人爱国之言词影响，尽量将他们分厂工作[218]。当然，不仅华工，就是中国的精英们也存在这种歧视。如康有为在其《大同书》中就写道，黑人“铁面银牙，斜颌若猪，直视若牛……望之生畏”。[219]

整体说来，法方管理下的华工待遇较好，工资较高，行动也比较自由。中国驻法公使胡惟德在1918年3月4日给外交部的报告中写道，华工在法待遇与合同

蒋廷黻

“大旨并无不合，自法国招募华工以来，其合同已屡加改正，足见法政府善善从长之意”。[220] 根据李骏的调查，法招华工所在工厂大都属法国军械部管辖之军械、枪、炮及火药等工厂，陆军部管辖之各军区粮台及军衣工程等地，以及海军部所属之造船厂等。其中亦有商办工厂，但均与法国国防有直接或间接关系 [221]。英招华工只能享受中国传统节日，如春节、国庆节等，不享受一些西方的节日。理论上，在法华工与法国本地工人平等地受到法律的保护。法招华工应享之休息日除与同工厂工人一样外，尚享中国国庆日、春节放假各一天（但因战时管理，法定休息日并非经常兑现，故而成为华工不满之一）。比如，每逢春节和国庆节（10 月 10 日）等中国节日，华工们可以改善伙食，通常还可以享有几天假日。[222] 法国人对华工独特的风俗习惯的体谅可谓无微不至，法国当局还拟定详细的大纲来让管理者了解如何才能容纳中国人的民族文化和生活习俗。[223] 法国政府甚至设立一个跨部会联席会议专门负责处理外籍工人事务。[224]

法国华工营的种族歧视跟英国比要轻得多。中国现代著名教育家和历史学家蒋廷黻（1895—1965）第一次世界大战期间曾在法国战区的华工营服务过，他观察到“英国军官呆板而严格，除了公务，官长与工人间简直没来往”，但“法国官员和工人们往来多，甚至和工人们开玩笑，给他们讲故事，有时与他们共食” [225]。蒋廷黻后来写道，“根据我的观察，华工与法国人的关系要比他们与英国人的关系融洽得多。除了双方纪律的不同之外，法国军官对待华工的不同态度也是一个重要因素。法国人的种族意识要淡薄得多。他们的态度比较民主，对手下的华工也更关心”，而英国军官“总是爱显示军官的架子以及白人的优越感”。[226] 因为较少高人一等的心理，

法国人对华工一般比较公道。如《时事新报》在1920年12月26日的报道中写道，有一次两个华工与一法国小工头冲突，小工头头部受重伤，提起诉讼，法国华工总办为当事华工代请律师辩护，结果判决小工头是误伤，华工没有错。又有一次，几个华工在酒馆喝酒，有两个法国妇女与他们打情骂俏，旁边一个法国人吃醋，动起武来，导致一华工头部受伤，后者提起诉讼，结果那个法国人被判坐牢数月。

当然，法国人对华工的种族歧视事件也不是完全没有。1917年5月，来自法国哈维尔港（Le Havre，今译勒阿弗尔）的一份治安报告里指出，当地部分法国人对华工不友好，他们甚至聚众反对当地的华工，因为这些法国人担心，“如果法军继续伤亡的话，法国就没有男人了。因此，我们继续打仗还有何意义？其结果只会使中国人、阿拉伯人和西班牙人娶走我们的妻子和女儿，并瓜分我们迟早要在前线为之献身的法国领土”。[227] 法国男人的担心也不完全是空穴来风。一战期间，许多法国妇女参加工作，有多种机会同华工接触并产生感情。在相当大的程度上，华工在法国颇受法国女人青睐。华工赵山林后来回忆说，一位教他法语的法国老太太有意撮合他同其女儿结婚，他因在国内已有未婚妻而谢绝了她的美意[228]。蒋廷黻于1918年7月来到法国，作为基督教青年会的工作人员为法招华工服务。他在回忆录里提到，有一天当他在青年会华工服务中心工作时，一位法国女子跑进来告诉他，她想同该地区的杨姓华工结婚，请他帮忙促成此事。蒋廷黻提醒她中法生活习惯不同，问她是否考虑到未来成为中国人媳妇后生活上的挑战。该女子回答说，她一切都考虑过了，甚至准备婚后回到中国。该女子在向蒋廷黻解释为什么她的态度如此坚定时说：“如果我待在法国，我可能永远也结不了婚，即使我能幸运地嫁了人，对方也可能是个莫名其妙的家伙，把赚来的钱都喝了酒，醉后发脾气打我骂我。我认识杨某已经一年，他从未喝过酒，我认为他永远也不会打我。我认为嫁给他一定很好。”[229] 因为华工的声誉如此之好，华工中的许多人的确同法国女人之间有浪漫故事。一些法国妇女甚至来到巴黎的中国公使馆请愿，希望他们的华工丈夫或者未婚夫能被允许再回到法国。这些妇女抱怨说，她们的男人们被负责劳工的军官送到马赛去了，要在那里被遣返回中国——这是法国政府旨在阻止跨种族婚姻所采取的措施。她们要求中国公使馆能够对此进行干预。[230] 究竟有多少华工同法妇结婚或有同居关系，我们今天不得而知，但我们知道，活到106岁的华工朱桂生在1922年同一位法国姑

娘结婚，后入法国籍并长期居住法国。我们还知道，另一位华工刘德胜同样同他心爱的法国姑娘永结同心，并共同生育了 15 个孩子[231]。

为了更好地解释华工的浪漫故事，这里请允许我介绍一位名叫张长松的华工。张长松于 1897 年出生于江苏省，1917 年 6 月离开中国前往法国，在一家矿厂工作。在他的大部分同胞都返回中国后，他作为一名矿工留了下来。他只能说一点点法语。1920 年的一天，23 岁的张长松由于朋友的工资被算错而与出纳员发生纠纷，他要求对方立即改正错误。可能很大程度上是由于意见不一致，或许也因为张长松的语言能力有限，冲突很快升级，张长松拽着可怜的法国出纳员来到了上级的办公室。张长松的行动给一位 16 岁的法国姑娘留下了深刻的印象，当这一幕发生时，这个姑娘正在打扫办公室。她也许就是因为这件事爱上了张长松。不管丘比特之箭是怎样射中的，结果是他们两人走到了一起，最终一起生养了十几个孩子，白头到老。[232]

华工与法国女子结婚者不少，并引起了法国政府的注意。其内政部曾出一通告，谓华工缺乏经济实力，中法习惯不同，劝告法国女人在嫁给华工时要特别小心。中国政府对华工同法女结婚也表示关注，并由顾维钧公使发布声明表示，中国政府可代负相当责任（如证明未婚及发给结婚证等）。有趣的是，对华工出洋非常看重的李石曾当时在法国报章发表文章，略谓吾人极端赞成中法或中欧美人之联婚，盖人类进化之途径，人种调和亦其最要者。“一时华工婚娶法妇女问题，竟成为中法间问题之一重要论点[233]。”

应该指出的是，虽然法国人总体来说对华工的态度比英国人好，但法国的华工管理也有问题。李骏称“法人管理华工，多不得其法，而又不得其人”。[234] 李骏在其报告中写道，华工到法习惯不同，又文化不高，对于法人每多怀疑，法人则不谙华人性质，立规繁多，做事毫不通融，因此彼此很容易产生误会并导致冲突，小事演变成大事。“华人持棍携石，法人开枪集兵，地方法警实行干预。而华人为自卫计，不计利害。”[235] 在管理方面，一般而言，法国华工营地有总管一人、翻译数人，华工一切问题均由法人翻译传达，华人翻译不能指挥治安人员。而法人翻译在华多年，熟悉中国下层社会的恶习，对华工时常严加责骂。华工对其怨恨不已[236]。

如前所述，美国在法远征军没有自己招募华工，而是向法国华工营转借了大约 1 万名华工。这些华工从事为美军运输弹药、挖掘战壕等工作[237]。根据劳工转借协议，从法国华工营借来的华工理应遵守法国的规定，然而美国人一般不遵守协议，而是按照他们自己的意愿来管理华工，有时还蛮不讲理地处罚华工。[238] 华工大多不愿为美军工作。美军士兵也常有同华工发生斗殴之事。天津华工陈宝玉后来回忆说，他所属的英招华工与驻地附近的美国兵曾发生严重肢体冲突。他提到，在 1917 年 3 月的一个休息日，二十几个路过华工驻地的美国兵侮辱几个在街头散步的华工，双方发生冲突。结果引发附近许多赶来支援的华工同美国兵的集体斗殴事件，最终导致 20 余名华工和 10 多个美国兵受伤。陈本人就是打架受伤者之一。在华工的强烈抗议下，美军派员到医院慰问受伤华工，并保证美军侮辱华工事件不再发生。自此群架事件后，美国大兵知道华工敢回击，不是好欺负的，肆意侮辱华工的行为也就收敛多了[239]。根据李骏的分析，美军管理下的华工处境恶劣的原因如下：(1) 旅美华侨不见重于美国人。美军对在法华工也是如此。(2) 美军部分士兵教养差，对华工有高人一等之感。(3) 美国人性情刚烈，体格魁大，性情暴躁，对华工稍不如意，即举拳相向，甚至体罚。(4) 美国人办事固执，不给华工以合同之外的任何奖励，让华工失望。凡此种种，导致了有些华工自动逃离美军管辖的行为。例如，1918 年 7 月 10 日夜曾有 160 名美军管辖的华工集体大逃亡[240]。

同英法两国在管理华工中存在的问题一样，华工与美军管理者之间亦缺乏有效的交流渠道。白焦转引一家报纸报道说，华工与美军存在很深的沟通问题，“惟美人欲解华工之所言，或欲使其了解，乃一极困难之事。例如有某华工操作甚勤，一日因其眼有疾病，故为妥置暗室，以保其目，乃送入卫兵所，俾其调摄，彼不解美人之说明，而疑为嫌其工作惰劣，因情意隔阂，而激起冲突。”[241] 下面谈到的一个典型事件可以说明当时美国军官与华工在语言沟通上是多么的困难。有一天，当带队的美国军官下达华工上班“出发（Let’s go!）”的命令时，差点酿成华工的一场暴乱。“Go”的发音和汉语里“狗”的发音相近，对许多中国人而言，尤其对中国的北方人来说，被称为狗是一种严重的侮辱[242]。华工们错误地认为美国人以狗称呼他们，故而愤怒地拒绝前往工作。

3. 北京政府的“保侨”政策

北京政府在 1915 年提出的“以工代兵”计划，不仅标志着中国在国际化和寻求东西方文明交融方面迈出的巨大一步，同时也是中国政府渴望参加一战并把中国人命运同协约国连在一起的具体表现。正因为如此，与清朝不一样，民国政府奉行保护华工的政策。为了确保中国的国家利益和华工权益得到切实保护，中国政府在幕后作出了许多努力。陶履德招工团拟定的招工协议草案经过了中国外交部的事先审核与批准。[243] 虽然说起来惠民公司和陶履德招工团签订的是私人商业合同，但在某种意义上，它也是一份政府间的协议。法国政府和中国政府都参与了惠民公司与陶履德招工团之间的招工谈判。当北京政府询问中国驻法公使馆对这份协议的意见时，驻法公使胡惟德给出了详细的建议。他强调，必须保证华工与法国公民在法律上享有同等权利，华工与法国工人要同工同酬。他还建议中国政府有必要确保所招募到的华工具备良好的素质。他认为，如果有坏人掺杂其中，不仅会将好人带坏，还会在法国当地造成恶劣影响，并损害中国的声誉。遗憾的是，这种情况最终并没有能够完全避免，有一些品行不端的华工混杂其间并被派往海外。之所以会出现这种情况，部分要归咎于法英两国在招工时更为看重华工的身体素质而不是个人品性。胡惟德还建议政府派专员赴法以保护华工的权益。北京政府外交部在收到胡惟德的备忘录后，将其转发给了农商部，要求农商部与外交部相互合作，将这些建议付诸实施。[244]

北京政府外交部要求法国政府严格遵守它与惠民公司之间的协定。中国政府特别强调，法国政府应当承诺华工将不会被用于直接的军事行动（协定的第一款）。中国政府还要求法国政府保证允许中国派外交官或领事前往法国华工营地，视察华工在法国工厂里的工作条件和各项待遇（协定第十四款）；法国政府必须保证赴法华工享有与法国公民同等的地位与同样的自由；法国政府与华工的雇主应当保证华工不会受到其他工人的虐待（协定第十五款）。[245] 直到法国政府同意这些条款之后，中国政府才批准了陶履德招工团与惠民公司之间的招工协定。[246] 中国政府与英国政府之间也签订有类似的旨在保护华工权益的协定。根据笔者在中国第二历史档案馆发现的一份重要文件，英国政府与中国政府就华工招募事宜达成了一项有效期为三年的招工协定。协定载明，在特殊情况下，如果英国政府想对协定条款进行修改，必须事先得到中国政府的许可；在华工并无不当行为的情况下，如果英国政府想提前解除合约并将其遣返回国，就必须额外向该名华工支付六个月工资以为补偿。协定还规定，华工可以在每周日和中国国庆日享受一天的假期。英国政府必须像对待所

有其他工人一样对待华工。中国政府有权派出一名专员处理华工事务。华工只能被派往法国；如果英国想要在其他任何地方使用华工，必须事先通知中国政府。[247]

中国政府坚持要求法国政府对协定内容作出书面保证无疑是精明之举。这些书面保证一方面可以作为驳斥德国抗议中国违反中立条约的依据，另一方面也保护了赴法华工的安全和利益。德国政府就华工赴法曾多次向中国政府提出抗议，但中国政府每次都以英法招募华工是私营机构而非军事机构所安排的活动为由驳回。[248] 法国政府作出的华工不会被用于军事行动的书面保证，也使得德国政府很难进一步找中国政府的麻烦。[249] 德国的抗议准确地指出协约国的实力将因华工的支援而得到加强。德国人争辩说，在法华工每增加一人，就意味着他们的敌人新增一名士兵。[250] 德国的外交官们因而试图阻止华工招募工作。1917 年 2 月 2 日，德国驻济南领事在一封给山东省政府的信中说，他已经“得到可靠消息”，有英国传教士正在山东招募华工，他要求当地政府“严格阻止所有诸如此类的行为”。[251] 但是德国人的举动似乎也仅限于此。北京政府秘密通知山东省政府并授以应对之策。在给山东的电文中，北京政府明确表示中国政府实际上是华工招募工作的幕后支持者，山东省政府应当对此进行协助，因为“以工代兵”计划是宏伟的国家战略的一个组成部分。[252] 正因为“以工代兵”计划实际上是政府行为，中国政府一方面对德国坚称法英在中国招募华工纯属私人商业行为，另一方面却又竭力不让纯粹个人或私人团体插手招工事宜。例如，一些得到风声的中国人迅速意识到，招募华工或许是一笔有利可图的生意，因此纷纷跃跃欲试地想要参与进来。1917 年初，有两位名叫詹幼谷和周来昌的中国市民假借保护华工权益之名上书请愿，要求政府准许设立一家中介公司来协助外国公司的在华招工事宜。对此，北京政府拒不批准。[253]

为了保障一战华工的合法权益，早在 1916 年，当华工启程远赴法国之际，北京政府农商部和外交部就共同审核制定了一项旨在保护这些出国华工的新法令，[254] 决定“凡侨工所在地方得因必要情形设管理侨工委员”，“管理侨工委员由外交部内务部农商部会同呈请任命”。[255] 这个新法令不久获得通过。随着大量华工被派到欧洲援战，北京政府国务院在 1917 年 9 月设立了侨工事务局，[256] 直属国务院管辖 [257]。张弧被任命为首任局长 [258]。中国政府也认真采纳了有关中国应该派遣外交人员检查赴法华工的利益和待遇是否得到保证的建议。中国政府采取的第一个重要举措是委

派劳工事务官，一旦遇有同劳工事务相关的纠纷，就由劳工事务官负责与英法两国政府进行交涉。当时的中国政府对于在欧华工的生存状况不但不是不闻不问，而且在很多情况下对协约国虐待华工事件提出强烈的抗议，并要求协约国尊重华工的人权，不得有所歧视。[259]

为了保护华工并帮助他们尽快适应当地生活，早在 1916 年 11 月底，李骏即被驻法公使馆选派专门负责在法国的法招华工事务，他的官方头衔为“保工委员”，“专办注册、查案、劝晓、保护事务”，专职保护赴法华工的权益。李骏系 1912 年由交通部派送的留法学生。他是法国中等商校毕业生，1916 于学成时被任命为华工事务员。他办事干练，忠于职守。[260] 中国驻英公使馆派去负责英国华工营华工事务的官员是潘连茹。尽管绝大多数在法华工是被英方所招，但中国驻英公使馆对英招华工的管理远不如驻法公使馆对法招华工的管理得力。驻英公使馆未能派出一位有能力的外交官前往法国照料驻法英国远征军（British Expeditionary Forces，简称 BEF）中的华工事务。该馆称“馆中员少事繁，无从遣派”得力人员“常查”，最终才找到山西官派留学瑞士的在校学生潘连茹[261]。而潘在工作未完时于 1919 年 11 月底即辞职回国，随后驻英使馆只好改派一陈姓秘书代理[262]。潘连茹远不如李骏能干，其上交的报告虽不乏有益信息，但大多敷衍了事，语焉不详，不得要领，没有多少价值。[263] 与李骏的工作和所写报告相比，潘连茹的工作只能说是马马虎虎，其华工报告也大多空洞无物。[264]

李骏在他给华工的第一份通告中说，他将巡视各华工驻地，“迟早必到。凡关于我工界旅法同胞一切幸福，一切痛苦，无不尽心协力，谋之去之。惟工界同胞务知吾国与法国习惯不同，法律有别”，“凡我同胞，愈宜格外自爱，处人处己均当立于有理地位，尤宜尊重法律习惯，不愧我文明人格，则凡事交涉乃易得手。倘有屈抑，骏虽无不尽心竭力为我工界同胞伸之，倘若故意生事，自作自受，骏虽有力亦无可如何。”可谓言之衷衷，苦口婆心[265]。李骏在其给华工的第二份通告中则比较关注具体事宜。他告诫华工，不要擅自停工罢工，有问题通过法律解决；要戒赌戒斗；要听从作息安排，不要擅自行动、自由散漫[266]。在以后的多次通告中，李骏均对华工予以告诫，并帮助华工解决实际问题。他提醒华工注意中法两国之间的文化和习俗差异，努力接受文明教化。[267] 李骏在这些报告中记录和报告了华工的工作条件、饮食起居以及许多其他相关问题。例如，1917 年 10 月 1 日，李骏报告说华工抱怨法国为他们提供的食物中有马肉。李骏通知法方中国人不吃马肉，如果他们坚持要华工吃马肉的话，劳工们可能会起来制造麻烦。法方立即答应了李骏的要求，不再供应马肉。[268]

4. 西方文明中心的华工

华工构成了西线战场一道特殊的风景线。有一些华工特别喜欢军大衣，他们经常穿着各国军大衣。一些华工还养成了戴瑞士手表的习惯。[269] 有些华工甚至模仿“纯正的伦敦风尚”——在休闲时穿西服，配圆顶礼帽。他们有着孩童般的好奇心。[270] 一位法国记者注意到，一些华工的制服袖子上装饰有代表各个兵种不同军衔的条纹和徽章。他们有时像英国绅士那样，即使天气晴朗、阳光明媚，手中也会拿着一把伞。鲁昂（Rouen）的华工有时表现得好像他们生活在一个被征服的国家里，就像巴黎人到了乡下，或者法国人到了中国一样，他们嘲笑所看到的一切。当这位记者参观华工团营地时，他发现营中中国国旗招展。这位记者还感觉到中国人“十分确信他们比所有的西方人都更优越”。访问华工营后，他甚至得出了这样的结论：“他们看不起我们！”[271] 最令劳工们沮丧的事情就是他们无法向西方人表达自己的想法。一位英国军官写道，当华工与他交谈时，他们掺杂着说一点法语、一点英语，还有一点中文，“我们忍不住要笑话他们”。[272] 另一个英国人也观察到，“所有的劳工都学会了说几句英语、几个法语词汇，讲话结束时总要加上中国式的结束语‘啦’”。[273]

一战期间，“正是因为人类历史上从未有过的全新的却又是极其可怕的经历，产生出战壕艺术之美丽花朵”。这次大战，“由于它以迄今为止仍无法想象的大规模伤亡所带来的矛盾和讽刺”，“在我们共同的历史记忆中占据了独一无二的地位……正是在这样的背景下，每一件可以被称为战壕艺术的物品都为我们讲述了一段它的制作者的当时经历。”[274] 战壕艺术在各个不同的方面成为所有参与过这场大战的人们所共享的艺术形式。在一战前沿和西方文明中心，华工同样参与并创造了许多后来被称之为“战壕艺术”的作品。不少战壕艺术作品出自华工之手，这些作品告诉了我们许多华工们对自己、对战争和对世界的看法。的确，华工们留下了许多既富有光彩又含义深刻的作品。事实上，华工们通过战壕艺术，为他们的群体在中国之外整个外部世界中的身影留下了存在的标志。战争结束后，华工们因要清扫战场、帮助掩埋尸体而继续留在那里，就是在这种令人悲伤的环境下，“他们在战争后期的这一阶段，继续制作出令人惊叹的精致的战壕艺术品，把它们卖给当地居民，卖给来到战场的旅行者和游客，卖给管理他们的军队人员，以及参与扩建联邦战争公墓的人们”。[275] 一位专门研究一战战壕艺术的西方学者写道，“东方人创作的战壕艺术品中更为可信的是中国劳工用弹壳制作的花瓶。与其他弹壳花瓶的战壕艺术不同，他们所做的这类纪念品不仅避免出现人物（不管是普通东方人还是西方人）形象，也不带有任何同他们所亲身参加的这场战争相联系的标记。”[276] 桑德斯（Nicholas J. Saunders）称，华工加工金属的技艺“完美地体现在了一件奇特而美丽的由德国弹壳雕出的花瓶上。有趣的是，弹壳本身是 1904 年在卡尔斯鲁厄的一家军火工厂里生产出来的，据推测炮弹于 1914 年战争初期被发射出去。然后，废弃的弹壳就一直被丢在后来为德国所占领的地方，无人理会，直到 1918 年 11 月之后被清理整个战场的华工发现。用这枚弹壳所做的战壕艺术品是花瓶的形式，弹壳的边缘巧妙地向外张开，弹壳主体精致地刻着一条华美的中国龙，侧面是一棵缀满含苞待放的花朵的树，而就在这些花朵中央，栖息着一只啼唱的鸟儿。最不寻常的是华工最后给完成的弹壳花瓶镀了一层铬，使人们今后永远不再需要对它进行抛光护理。这意味着，这件可能是在 1919—1922 年间完成的雕刻设计，在今天仍然完全保持着如当初刚刚制作完成时的样子。”[277]

华工在创造战壕艺术的同时，也充分展示了他们赚钱的本领。如华工将炮弹壳镌刻成各种艺术品后，出售赚钱。[278] 有几份资料显示，一些华工先专门去弄清楚究竟有哪些部队驻扎在当地，然后从驻军那里弄来代表其部队的标志徽章和小像章，他们用这些来装饰自己制作的战壕艺术品，之后再把完成的作品当作纪念品卖给相同部队的人。[279]1919 年初，十几名都柏林女孩作为志愿者来到法国北部，代替那些男性司机开车，使那些男人可以回家。贝蒂讷（Bethune）营地过去曾是飞机场，她们发现驻扎在这里的华工能用加热后滚烫的工具在从战场上捡回的废弃炮弹壳上打出不同的花纹图案。这些奇异的饰品在爱尔兰女孩中大受欢迎。[280] 美国牧师约瑟夫 · 伍兹（Joseph M. Woods）买了四枚华工用黄铜炮弹壳加工而成的战壕艺术品，弹壳的“表面是设计最为精美的龙和菊花图案蚀刻画”。他经常用华工的这些艺术品来说明不好或坏的东西是如何可以被化废为宝而转变成赏心悦目的艺术品。[281] 一名英国指挥官也注意到，“在闲暇时间，他们（华工）用废弃的材料制作成纪念品，卖得快极了”。[282]

因为身处欧洲文明中心，一些华工不仅有机会同欧洲人包括妇女一起工作，还有目的地对西方社会进行直接观察，并同中国情形作出比较。如一位华工思索到，“法国妇女眉目之清秀、神气之态度活泼，令人见之而不致轻易视之者，不独遍都大邑者如是，而偏僻村庄亦莫不如是。若以此与吾祖国之妇女较之，是其教育之有素欤？抑种族之特殊欤？望以后之研究教育者尚留意焉。”[283] 不少华工对西方夫妇之感情自然流露也印象极深。一位华工写道，“余在欧战时，协约于法国，常见法人之街市有夫妇之偕行者，莫不牵手扪肩，齐步前行。倘有从两方而至邂逅相遇者，则为夫者，速速向前用力紧抱其妇，然后深深恳切与之接吻，而表显其夫妇爱情之深厚也。在当时，吾侪之中国人，虽学识浅薄者，骤见亦辄非笑之，常谓之畜类。余则以为东亚古人之立言，取敬意也。西欧信神之主义，取爱人也。取敬意者，习其既久，有矫枉过正之习；想彼爱人者，亦不能免使人讥诮无礼也，惟取敬与爱彬彬然行之，而致中和者，为吾侪之所当效法也。”[284] 华工孙干观察到，“余在欧战时，不独尝见法之妇女，相率成群往野外耘田，而大城市之工厂中，工人动辄数千，妇女常居大半也。余在喀黎灌煤油场作工时，见场中之妇女做工，个个敏捷，观其管理立法，亦将全厂之工人分为数部分，每部分有一老媪，执行管理监视，或点名领款进退等事。虽是妇女，做工极有秩序。不但毫无喧哗习气，更是异常仔细。虽与吾中之平常农家之妇女，同是劳力，但毫无卑鄙之举现于声色，卒不失其高尚之态度。此亦受教育有程度之故欤！以吾国妇女，深居闺阁之内者较之，谁为有益于其国耶。”[285]

华工在法国对当时的高科技也有深切感受和了解。如孙干在其日记中对当时的坦克车这样写道，“当欧战时论车辆战争之效用，莫如坦克车。坦克车之形如一蛤螺蚍，所以亦有人谓之蛤螺蚍车。其构造法，车身自带铁轨，行时随到随铺，过后随去随带；外为钢甲皮，虽以小炮击之而弹不易入，内虽仅容数人，而钢炮之猛烈异常，亦可想而知。况无论行于山林，无论入于沟渠，无不驾驶自如也。吾在战时见英之坦克车，动辄数十辆为一群，其行时之威武可想见矣。”[286] 一些华工甚至有机会观察研究飞机。一位华工通过在飞机场上之工作观察到，“凡飞机场，宜于面积空旷而平坦，动辄用十余华工修理垫平坎坷。余在其中做工数月，常见飞机之开行或停止。余有时亦登机之上而览其中之设备与构造。其中设有驾驶员之座位，座位对面有天文图，其下面足踏处排列脚踏磴数块，座旁有或开或停或升或降，及左右旋转之机关把柄数根，观其大概与摩托车上之设备大略相似，不过较繁难而已也。其下二足为二轮，盖取其便于前进耳。虽然，英人常禁吾人参观也。一日余在飞机场上见英之机工向一飞机之气缸灌油，遂询其所用者为何种油，彼答云：盆嗤儿（即英文 petrol——引者注），为石油中之挥发极快者，并解篇倾出少许，以手掌一覆反间，其手立干矣。于此可见，其油挥发性之快矣。”[287] 华工在法国还有大量机会接触武器和枪支。如孙干就在工作之余学习打靶。他在日记中写道，“余于欧战，战线后防，工作之暇，有时散步野外。常见英人以饮罢之空酒瓶为的，练习打靶。一日，余亦持路旁之枪，作数次练习，始知虽距三四十步之近，而亦不易取中也。然非亲手经过者，乌知其难也。”[288]

不少华工还意识到在法国工作机会难得，不仅可以赚钱，甚至可以学习一技之长。孙干就告诉华工同胞，“中国众位同胞弟兄知悉，我们大家既由祖国平安来到此地，亦为极可庆幸、极不容易之事。至于我们做工，那是我们的本分。凡我们当做之事，我们就尽上力量好好去做，因为将来我们的工价是靠做工得来也。将来我们要想多得工钱，现在大家都应当好好做工，不特此也，我们现在不但好好做本分以内之工，即本分以外之技能艺术，我们也当处处留心，处处学习。”[289]

一些有前瞻意识的华工甚至抓住机会学习外语。如孙干就告诫“中华众位同胞知悉”：“敬启者，人生于世，当上念先祖之恩爱，下顾子孙之荣辱，务期后世子孙，日见发达，方不失其为人之道也。然为人之道又当如何？即《书》云作善降祥，作不善降殃，及尔惟德罔小，万邦惟庆。尔惟不德罔大，坠厥宗。亦曰，天道福善祸淫是也。弟今想，吾在此人人于尽职务之余，做些何事，方能使后日有益，其非学习英语乎？譬如大家就吾现在组织之研究英语班，若将各人学习赌博之心思，不学习赌博而学习英语，将赌博后日之累累欠债，而不赌博，能为后日无债，将作不善之工夫，易为作善。若果如此，不但现在被队长高看，即对祖国之同胞，亦必落一好名誉也。对学习英语一事，或因无书本而不学习者，或因不识字而难以学习，或因学之有限竟不学习者。以我观之，无论有何难处，均能学习也。”[290] 对孙干来说，“余来欧西，非抱功名富贵之心，乃以共和国民之资格，藉助协约以观察太西之文明也”。[291]

华工虽然出国前大多不知天下为何物，但经过几年在西线战场的工作，不知不觉地与国际事务产生接触和共鸣。一位英国士兵在其 1918 年 10 月 1 日的日记中记录道，当保加利亚向协约国投降的消息传来时，华工们加入了英国军官为庆祝胜利举行的三呼“万岁”的高喊，“这令德国战俘大吃一惊”。[292] 华工们也对这场他们亲身参与其中的战争作出了自己的思考，他们中的一些人甚至渴望成为战争双方的调解人。如一名华工甚至打算直接给德国皇帝写信呼吁世界和平，他特别为此拟了一份草稿。笔者在伦敦帝国博物馆所藏的一个华工笔记本中发现了这封信的草稿，落款日期为 1918 年 8 月，写信人是为英军工作的华工，他的编号是 3902。信的内容大致如下：他也许无力与陛下讨论欧战起源的问题，因为关于这个问题，世界上有更多聪明绝伦的睿智之士，他们的意见想必陛下早已获悉。但这位华工想告诉德皇，和平比战争重要且更有价值。作为来自遥远中国的工人，他呼吁德国尽快结束战争，弘扬人道主义精神，和大家一起为永久的和平打下基础。[293]

除一位华工打算给德皇写信外，华工营第 188 团甚至在 1918 年 12 月 4 日向英国国王发去一封贺信，用中文向乔治五世祝贺英国取得一战胜利。[294] 说起英国国王，华工营第 58 团的华工们更是格外幸运，甚至有机会亲自接待他。乔治五世要在 1918 年年末的某个星期五来法国检阅凯旋的部队，庆祝一战胜利。在这一天，他需要找一个安静的地方用午餐。负责安排的人发现“第 58 华工团的营地是个合适的地方”。当国王即将来访的消息传到华工那里时，离国王到达日期只剩下几天时间了。华工们非常激动。有人问，“我们可以接待皇帝吗？”其他人问，“我们应该怎么做？”有人正确地意识到，国王来临时，华工们应“向国王敬礼，并且欢呼”。英文里欢呼一词为“Hurrah”，但华工们就是学不会正确说出“Hurrah”。因此，一位基督教青年会干事决定用汉语“好哇”来代替。华工们反复练习，直到三声“好哇”听起来像英国式“Hurrah”的欢呼。华工们也使劲练习把手敏捷地举到头侧敬礼的动作。负责华工团接待国王的基督教青年会干事告诫华工，一定要等到国王回礼了才可以把手放下。华工们吃惊了：“什么？皇帝会回礼吗？”这位基督教青年会干事表示“国王会的”，并要求华工在敬礼之后立即“用你们最大的声音喊出”欢呼声“好哇！”一名华工问道，“那不会吓到国王陛下吗？”“不会的，他已经习惯了，”基督教青年会的干事答道。

除了练习欢呼，华工们还发挥积极主动性，自发为迎接仪式添加了一些具有自己风格的内容。他们悄悄地拿出自己的钱，凑起一笔资金，到附近的法国小镇上买来色彩鲜艳的布料，用这些彩布在大门上方搭起一条奇特但很漂亮的拱廊，直通国王用餐的餐厅。为了表达对国王的敬意，他们还竖起一座真正中国式的凯旋门。墙壁上装饰着歌颂胜利曙光的中国名言，以及对国王和大臣们美德的赞誉之辞。营地内随处可见迎风招展的彩旗。华工营里文章写得最好的人用汉字写了一段欢迎致辞，表达普天同庆胜利之意。

在国王到达的当天，480 名华工整齐列队，从路口排到餐厅。他们容光焕发、望眼欲穿地等待国王的到来。国王似乎对这些华工们漂亮潇洒的阵容感到惊讶，对他们整齐划一的站立敬礼，国王以微笑表达他的肯定。对华工们震耳欲聋的“好哇！好哇！好哇！”三声欢呼，国王更是表示惊奇。午餐后，国王在上车之前稍作停顿，询问了几个与华工有关的问题，并与华工团领队握手。显然，国王对华工的接待十分满意。事后，国王对华工的热烈欢迎表示感谢，对华工们的精心布置及良好祝愿表示欣赏。华工们当然更是为有幸接待国王而兴奋莫名，“难以言表”。目睹了整个事情经过的基督教青年会的干事报告道，“这些从遥远地方而来的中国小伙子非常感激国王的关怀，对国王对他们的敬礼的致意感到万分欣喜。”这位干事在其事后发表的长篇报道中继续写道：当国王的轿车疾驰而去之后，我们走进国王用过的餐厅，发现皇家午餐是牛肉和奶酪三明治。我们拿了一块奶酪三明治给站在外面的华工们看。“看，这就是国王陛下吃的东西！”他们盯着三明治看了好久，简直不敢相信他们所听到的话。“这是面包和奶酪，跟你们自己吃到的东西一模一样。尝尝看。”在战时紧张的物资配给条件下，华工们发现国王和平民所吃的食物没什么两样。青年会的干事把为国王准备的剩下的三明治分成小小的十几块，给华工品尝。“吃到皇家食品可不容易，”一个小伙子把一小块三明治放进嘴里，并且努力想象其中可能的特别滋味。他边吃边评论说，“嗯！这里面有国王的味道。”[295]

当然，华工到一战西线战场，其使命远比接待国王或做艺术品要有挑战得多，他们的真正任务是为协约国获胜而努力工作和流血流汗。下一章就是关于他们在欧洲的血染的风采。

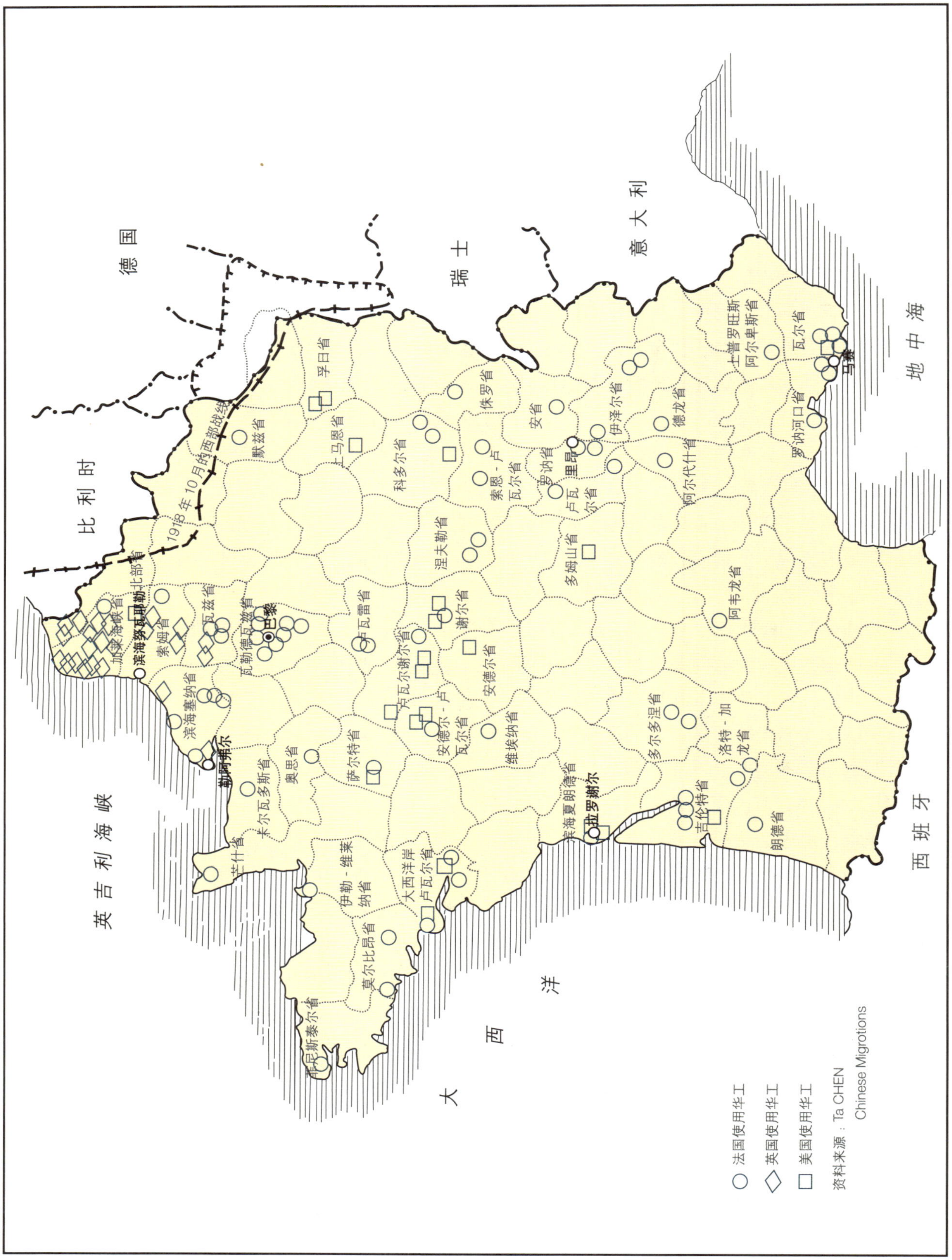

英吉利海峡
比利时
德国
瑞士
意大利
地中海
西班牙
大西洋
1918年10月的西部战线
巴黎
马赛
里昂
勒阿弗尔
圣纳泽尔
○ 法国使用华工
◇ 英国使用华工
□ 美国使用华工
资料来源：Ta CHEN
Chinese Migrotions

法国华工营分布图

在法国的一处英军华工营

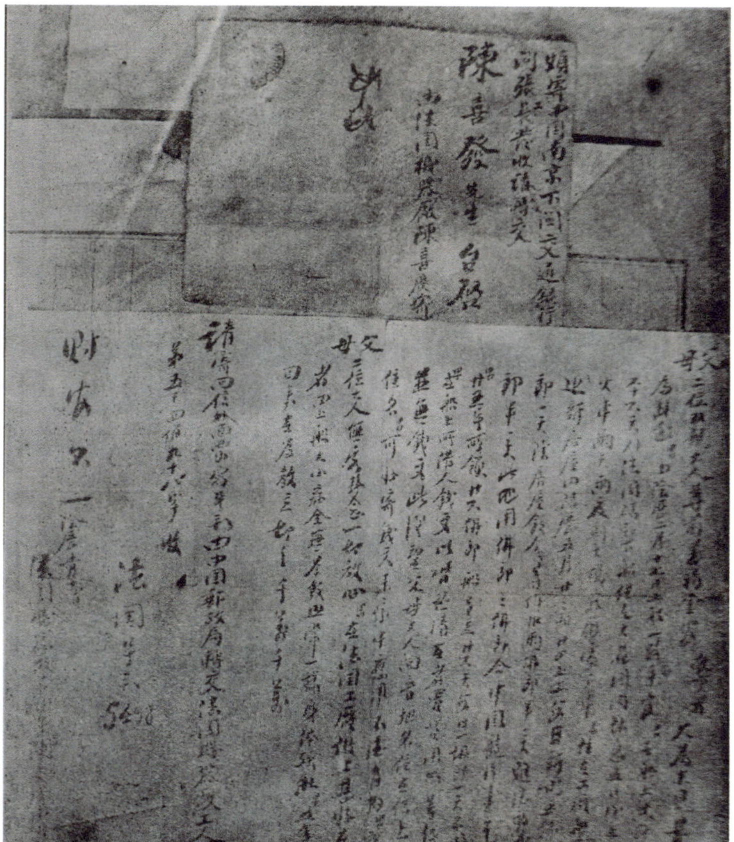

华工由法国寄回的平安家信

英国军官检查华工佩戴的作为身份标志的手镯。

住在大厂房里的华工。上海市档案馆藏幻灯片。

华工在帐篷外干活。英国帝国战争博物馆（IWM）供图，编号 5894。

在造船厂工作的华工。英国帝国战争博物馆（IWM）供图，编号 24546。

挑水的华工。英国帝国战争博物馆（IWM）供图，编号 8154。

华工与法国人在河边干活。上海市档案馆藏幻灯片。

华工用独轮车运送物资。上海市档案馆藏幻灯片。

在煤厂工作的华工。上海市档案馆藏幻灯片。

华工用轨道车运送木材。上海市档案馆藏幻灯片。

在营地里做厨师的华工。上海市档案馆藏幻灯片。

操作机床的华工。上海市档案馆藏幻灯片。

在货轮上工作的华工。
上海市档案馆藏幻灯片。

华工参与水上巡逻。
上海市档案馆藏幻灯片。

吹号指挥列队的华工。上海市档案馆藏幻灯片。

华工准备用餐。上海市档案馆藏幻灯片。

华工营的卫生员。上海市档案馆藏幻灯片。

爱好音乐的华工。威海市档案馆供图。

a

b

c

d

华工们在异国他乡欢度春节。(a)、(b)、(c) 英国帝国战争博物馆（IWM）供图，编号 8494、8856、9848；(d) 基督教青年会（Y.M.C.A）供图。

华工与法国妇女一起在后方的军工厂工作。Gettyimages 供图。

华工在法国军工厂领取工资。Gettyimages 供图。

基督教青年会设立的服务中心

基督教青年会组织的华工乐队

圣诞节的聚餐。威海市档案馆供图。

做机师的华工

穿军装的华工。1917 年中国对德宣战后，部分华工参加了英法军队。

闲暇时间，施展一下拳脚，娱乐大家。英国帝国战争博物馆（IWM）供图，编号 8515、8516。

华工们送给队长的礼物。英国帝国战争博物馆（IWM）供图，编号 8815。

华工在基督教青年会设立的服务中心门口。

华工工作场面组照。(a)、(b)、(c) 上海市档案馆藏幻灯片；(d) 英国帝国战争博物馆（IWM）供图，编号 hu_68094。

华工与法国指挥官在宿舍里。上海市档案馆藏幻灯片。

华工在修建房屋。上海市档案馆藏幻灯片。

华工休闲场景。英国利兹大学图书馆供图。

a

b

c

华工生活照。(a)、(b) 上海市档案馆藏幻灯片；(c) David Livingston 供图。

华工在装填沙袋。英国帝国战争博物馆（IWM）供图，编号7898。

踩高跷的华工

华工表演“旱船”，引起同胞和英军的围观。

一位华工在查看德军留下的标语。

英军观看华工踩高跷表演。

5 血染的风采

耶鲁大学历史学家保罗·肯尼迪（Paul Kennedy）曾经写道，美国对第一次世界大战的主要贡献并不在军事上。“美国的参战并不能立即改变交战双方的军事力量对比。”美国的主要贡献是在经济方面：美国参战使协约国在作战时不必担心“国内经济会有破产之虞”。[296] 在这里，我们也可以同样指出，中国输送 14 万华工到法国及最终宣战，也许对协约国在军事上没有直接的贡献，但意义重大。古老的东方文明主动参与拯救西方文明于水火，不仅为协约国提供了道义上的支持，更重要的是，有源源不断的中国人力资源的支援，协约国可免于人力破产之忧。显然，充足的人力资源是打赢现代战争的重要因素。第一次世界大战是全方位的现代战争，战争能否取胜，不仅取决于战场上的一决雌雄，更重要的是取决于经济后盾及人力资源优势。诚如伦敦《泰晤士报》所言，“现代战争本质上是一种现代工业，它具有一个明确而单一的目标。一方面军队用枪炮弹药在前线与敌人作战，另一方面在战线的后方还有另一支队伍，他们的武器则是镐、铁橇、铁锹和滑轮车。”[297] 而一战华工就是这样一支队伍。

1. 华工对大战的贡献

在巴黎和会上，英国外相贝尔福声称一战期间中国为战争“未花一先令，未死一个人”这是明显违背史实之论。如前所述，一战期间中国为英、法提供了 14 万精壮青年劳工，实际上等于间接为英、法提供了 14 万大兵——正因为这些人驰赴欧洲大陆，英、法才得以从自己的公民中腾出 14 万人走上战场。不能忘记的是，这些华工中有约五千人牺牲了生命。更应指出的是，贝尔福等人应该清楚，中国早在 1914 年即有出兵参加欧战之意。梁士诒“以工代兵”的最初版本实是提供“带枪华工”。当 1917 年中国终于挤入战团时，出兵似乎更是情理之中的事。顾维钧当时指出，对中国来说，参战并出兵是中国的一大“妙着”。出兵欧洲一举，不仅能提高中国言而有信、实际参与的信誉，并因此增强中国的国际地位，而且能在实战中提高中国士兵的素质和斗志，为中国的富国强兵打下基础。对主张出兵的段祺瑞来说，中国甚至可以趁机以出兵来练兵、增兵，以此增加自己的资本及实力。正是基于此一考虑，段祺瑞内阁甫一宣战，即表示中国愿意向欧洲出兵，但需要美国及协约国等为中国出兵提供运输及资金。但参战大国中，只有法国真诚希望中国出兵欧洲，并为此积极奔走。但英国暗拖后腿，日本则竭力反对，美国人不感兴趣，最终导致中国人出兵到欧洲同列强并肩作战的宏伟计划搁浅。出席巴黎和会的列强代表们对这些事实视而不见，反怪中国参战不力，实乃有欠公正。现在，该是还中国与一战关系之真实面目的时候了[298]。

一战中，英法两国对所招华工的体检很严格。例如，要成为英国华工营的一员，必须通过21项身体指标的鉴定，凡有皮肤病、沙眼、性病、肺结核、结膜炎、痔疮以及牙齿不好者皆不合格。法国招工团也有类似的健康指标。凡是不符合健康指标的，都不得录用。符合标准而被招募的华工十之八九系山东省人，年龄多在20岁以上、40岁以下。[299]他们个个身强力壮，能吃苦耐劳，一周工作七天，每天十小时，很少放假。第一次世界大战期间的英国国防大臣、首相劳合·乔治（Lloyd George）在他的《战争回忆录》（*War Memoirs*）里写到，华工“个个强壮如牛，你会吃惊地发现有些华工夹起重达三四百磅的一大块木材或一捆卷铁板仍能健步如飞，好像这些重物轻如普通的石块一般！”[300]华工的到来至少可以帮助相同数目的英、法青年走上前线，直接参战。诚如一家英国报纸评论的那样：“华工来到法国之后，使我们的劳动力得以从后方各种沉重烦琐的工作中解脱出来，而且还给我们节省出大量的人员去走上前线参加作战。没有华工的话，凡此种种，都是不可能的。华工不仅在各种场所出色地完成了各种类型的任务，比如在轮船和火车上从事装运和卸载工作，建筑铁路，维修公路，在石油厂和整个法国北部地区的许多补给站工作，而且他们还冒着枪林弹雨在前线修筑了数百英里的战壕。”[301]德国强烈抗议中国允许英法招募华工，认为由于华工的到来，“敌国因而兵力增厚，盖彼多华工一人，即系增新兵一人”，要求中国停止向英法提供华工[302]。法国人马略·穆特（Marius Moutet）当时就指出，“第一次世界大战中最让人难以忘怀的是中国政府怀着真诚的善意积极地参加这场与法国生死攸关的战争。中国所提供的援助弥足珍贵。成千上万的华工在我们的工厂里工作，这使我们可以腾出同样数量的法国工人到战争前线去服兵役。”[303]从这些角度分析，14万华工无疑等于14万部队，尽管他们不能享受军人的待遇和获得应有的尊重。

在一些西方人眼里，华工是苦力，是“中国佬”。但就是这些被他们看不上眼的华工们，最终用事实证明自己是最好的工人，是帮助协约国取得胜利的不可或缺的力量。华工们勇敢、能干，用其出色的工作表现赢得了世人的高度赞扬。中国人

从事着多种多样的工作。他们修路，挖工事，在火药厂、兵工厂和化工厂工作，在造纸厂劳作。最初，为英国远征军服务的华工主要是在法国北部多个港口码头装卸军用物资。但是不久，中国人就加入到修筑战壕的工作中，英国人管理下的华工们绝大部分时间都在挖战壕。当然，战壕是一战中足以影响战局的关键因素。根据保罗·福塞尔（Paul Fussell）的统计，协约国和同盟国交战双方的战壕加起来总计有2.5万英里之长，其中，英军独自据守的战壕就长达6000英里。从理论上讲，一个人可以沿着这些战壕从比利时海岸一直走到瑞士边界。[304] 一战是战壕的战争，而华工是挖战壕的绝对好手。英国外交部有一份报告指出，如果把一个印度人、一个中国人和一个英国人放在一起比较，中国工人挖战壕的效率是印度人的两倍，比英国人就更高了。一个曾管理过包括英国人、中国人、印度人在内，总数超过10万人工作的英国军官证实，中国人每天平均可以挖土200立方英尺，印度人是160立方英尺，而英国人则只能挖140立方英尺。这一差别并非没有引起管理者们的注意。另一名军官评论道："在我的连队里，我发现，华工比起白人劳工来，每天都能完成更多的工作。"[305] 虽然没有记录记载有多少华工参与过修筑战壕的工作，但是可以肯定的是，他们起到了非常关键的作用。

华工中不少人心灵手巧，属于能工巧匠之列。英国人找出那些拥有他们所需要的技能的中国人，显然希望能最大限度地使用这些华工。他们对华工进行了多个工种的测试，为4725名中国人发放了熟练技师的证书。[306] 许多华工为英国航空兵服务，还有的在军火库工作。一战期间的坦克是尖端武器，一开始，英国国防部不允许外国人接近英国军队的坦克。但后来发现，华工修理坦克比英国工人还要快，所以有三个华工团专门为英军修理坦克。虽然这些华工既不懂法文也不懂英文，但是他们手艺高超，工作效率高。第51、第69、第90和第173华工团专门为维修坦克的部门工作，甚至不少人在战争结束后仍从事坦克回收及修理工作。[307] 虽然这些人过去都是技术熟练的工人，不过他们仍然需要接受培训才能操作坦克，毕竟坦克是一种全新的武器和机器。但是因为缺少翻译以及"没有适当条文规定允许白人可以教中国人这些技术"，培训实际上是非常困难的。中国人还别出心裁地制造了小束管式散热器和大锤来完成这些工作。官方报告指出：中国人在坦克方面的工作有助于部队"及时地将货物送到目的地"。[308] 有人总结道："华工在很大程度上弥补了坦克修理所需的技术熟练工人的不足。”[309] 英国远征军劳工部董事会宣称这些工厂的华工的工作“自始至终都非常令人满意”[310]。除坦克工厂外，在货运基地和轻型铁轨车间都有技术熟练的华工，[311] 他们技术娴熟，深受信赖。[312]

让中国人去从事这些高技术性的工作是史无前例的，因为这些工作以往一直是由白人所从事。正如一名学者指出的：“如果不是因为战争急需大量的白人熟练工离开（参军），我们无论如何都不能想象中国人会被中央工厂的任何部门雇佣。”[313] 不仅如此，在第一次世界大战期间甚至在战后法国重建的一段时间内，加莱（Calais）、迪耶普（Dieppe）、哈维尔港以及鲁昂等地的起重机几乎都是由华人吊车工操纵的。[314] 法国人对华工的工作相当满意，认为他们为人“朴实、坚强、刚毅却性情温和”。[315] 协约国联军总司令、法国元帅福熙（Ferdinand Foch，1851—1929）称赞华工“是第一流的工人，也是出色士兵的材料。他们在现代炮火下，可以忍受任何艰难，保质保量地完成各种任务”。[316] 许多直接负责华工事务的法国军官对华工的能力更是赞不绝口。冈德雷(Gondre)中校向他的上司报告说，华工个个都是“守纪律的、聪明的优秀工人”。[317] 还有一个法国军官在视察华工营之后报告说，华工个个都很能干。[318] 由于华工享有良好的口碑，所以他们才受到法国人的爱戴。根据《远东评论》的报道，在哈维尔港，有一群法国人为华工的到来欢呼雀跃。[319] 一旦法国海军码头需要外国劳工时，在经过“对不同国家的劳工的筛选”之后，法方最后选择的往往还是华工。法国海军码头的申请报告说明，华工应付海洋气候的能力要比葡萄牙等国家的劳工强。在第一次世界大战期间，法国军械部和国防部都不断征召华工，因为他们相信华工的劳动效率更高。[320] 法国政府对华工营工作的成效这样评价说，“如果对华工管理得法，那么他们无疑是非常出色的工人。”[321]

在英国方面管辖下的华工，尽管面临各种管理问题及种族歧视，也同样表现优异。英国人威克菲尔德（H. R. Wakefield）当时所写的华工报告就是华工出色工作的最好见证。他这样写道：每一位华工都是“顶呱呱的多面手，能忍不能忍之苦，工作风雨无阻、冷热不惧”，“他们善于学习，对英国远征军的各种工作需求，都能应付自如。”[322] 英国国防部对华工的出色工作也深为赞赏，称他们是所有工人中“最好的”。因为聪明能干，所以华工一般比来自印度和埃及等国家的工人更受英军欢迎。伦敦《泰晤士报》评论说，“华工一般都多才多艺而且适应性强。他们可以从事仓

库管理以及其他需要一定才能和魄力的工作。如果欧洲上司能慎重地选择华工的监工，并适当地委以重任的话，那么华工就是很出色的工人。”[323] 在对所有外国劳工的工作能力进行正式的评估之后，英国国防部认为“大多数华工都能熟练地工作或者说能很快地掌握工作技能，而且他们一直都在铁路、军工厂和坦克车间高效率地工作”。[324] 华工心灵手巧，学习进步很快。孙干就认为华工工作能力超出洋人不少，“一人瓦喀（work，即英文“工作”——引者注）胜于欧人做工三倍多”。[325]

华工对这些美誉当之无愧，他们在法国用智慧、鲜血甚至生命书写了众多传奇故事。1919 年 6 月 6 日，在马克宁（Marcoing）附近，有一位名叫王玉山（音译 Wang Yu-shan）的华工发现当地一个军火库附近发生火灾，他毫不犹豫地飞奔向火灾现场进行灭火。当时烈火已经燃烧到放置枪榴弹的草地周围，他立即拖起一枚巨大的正在燃烧的英国 P 型炸弹，并把它扔到安全的地方。由于王玉山不顾个人安危，凭着机智和勇敢使这场本来可能酿成一次严重弹药爆炸的事故得以避免，[326] 他获得了法国政府颁发的功勋奖章。还有一个流传较广但难以证实的故事讲到，在某一场战斗中，华工营的英国军官身中德军毒气，无法移动，在德兵步步逼近之际，华工把这位受伤的英国军官围在中间，用自己的身体保护他，并用他们干活用的工具如长镐和铁铲等同德军进行战斗。等英国支援部队赶到时，大部分华工已战死疆场，但这位受伤军官终于得救，他承认自己的生命系华工所赐，是华工们用自己的生命保护了他[327]。许多华工还自愿牺牲时间甚至拿出自己的食物用来照顾伤兵。华工的大无畏精神甚至感染了自己的同胞。李骏的华工报告写道，有一天在法华工正凝听一中国官员演说，恰逢德机轰炸，英军军官要求华工散队隐蔽。华工多人大呼，要求该员继续演说，声称“吾辈不畏炸弹”[328]。

2. 血染欧洲

迄今为止，历史学家尚不能确定究竟有多少华工为协约国事业献身。曾担任华工翻译员的顾杏卿认为，华工在欧战期间死于战争者达 2000 余人，受伤及患病死亡者尚不包括在内。[329] 但是根据另一项统计，仅在加莱一处就“大约有两三千名华工牺牲”。[330] 中国政府在 1917 年 11 月 1 日的官方报告中写道，大约 3000 名华工在赴欧途中因遭遇德国潜艇袭击而死亡，尽管这个伤亡数字或许有点夸大。[331] 有关华

工死亡人数的最高估计是2万左右。[332]中国前些年出版的一本著作认为华工伤亡将近1万人[333]。究竟哪个数字比较可靠，颇难定论。本书在这里只能尝试解决这一问题。华工死亡的数字包括三个方面：(1)在赴法途中死于德国潜艇攻击。(2)战争期间死于战场和疾病。(3)战后在清理战场时，死于地雷、炸弹爆炸等。有关赴欧途中死于德国潜艇攻击的华工，有一则资料认为至少有752名。[334]一份中国官方文件认为，死于德国潜艇攻击的华工有713人。[335]尽管这些资料提供的伤亡数字不完全一致，但是我们仍然可以确信至少有700名华工死于赴法途中。至于多少人死于战争期间或战后清理战场的过程中，需要进一步加以论证。由于华工通常在战场上或者在战场附近工作，许多华工为了援助协约国而牺牲在欧洲的土地上。在1917年9月4日深夜和9月5日凌晨，一群德国战斗机袭击了敦刻尔克，轰炸了当地的一个华工营(Dunkirk)，造成华工15人死亡、21人受伤。[336]英国一家报纸这样说道，“自从华工来到法国之后，许多华工在敌人的军事进攻中牺牲或者受伤。”[337]即使在第一次世界大战结束以后，华工在打扫战场的过程中因不幸触动埋藏的地雷和未引爆的炸弹仍时有伤亡，许多人为法国的战后重建献出了宝贵的生命。但究竟多少人死于欧洲，笔者尚未发现任何资料直接回答该问题，不过我们可以间接求证。办法之一就是调查在英法两国的华工墓地。在中国驻英使馆的交涉下，英方同意英招华工因病或其他原因死亡，其下葬的墓地由英国墓园管理处(Imperial war graves commission)加以保护，与英军同等看待[338]。根据法国与惠民公司签订的合同第12条，法国政府要按照当地习俗将死亡的华工同法国死者分别安葬。英国学者Gregory James以其严谨的科学态度，亲赴法国一一查验华工墓地，发现有2300余名华工长眠于法兰西。[339]

第二个办法是查考文字资料。1919年12月10日的英国国会记录记载约2000名英国管理的华工在一战期间死亡[340]，这一数字同墓地统计相近。如果此一数字属实的话，我们可以确信实际死亡数字会更大一些，因为这2000人仅包括英招华工，法招华工并不包括在内。我们有理由相信，应该有一些法招华工是死于战场前线的。英国国防部的一份报告显示，在法国战区英国远征军管辖的华工被德国炸死的确切人数是147人，被敌军炮弹击中而亡的是20人。这份报告还说，英国华工营因敌人攻击所造成的死亡率“低得令人吃惊”。[341]然而，即使上述统计是准确的，也不

能反映华工伤亡的全貌，因为这些数字只是部分地反映了各地文件中所记载的华工伤亡情况。华侨研究专家陈达认为，在1918年5月到9月期间，在伊斯伯格（Isbergues）和诺昂（Noyon）工作的英国华工营有65名华工死于敌军轰炸。从1918年8月4日到1919年4月30日，在加莱和敦刻尔克两地为英军服务的华工也有95名死于敌军轰炸。陈达还指出，大约有3000名华工在加莱附近工作期间被德军炮弹击中身亡，按照英国政府的命令，他们和阵亡的英国士兵一起被埋葬在一个专门的墓地。[342] 英招华工营的翻译夏奇峰等人在给中国驻英使馆的信件中提到一些很有价值的内容。如他们在1919年3月31日给驻英使馆的信函中写道，据他们自己的调查，英招华工到法后，身死者1275人，其中被炸弹炸死者为153人[343]。据潘连茹统计，英招华工仅病故于其华工总医院的即达750余人，葬于Nayelles附近。在华工第二医院病故之华工则有120余人，埋葬于Boulayne附近[344]。此外，至少有10名为英军服务的华工在战争期间被军事法庭处以极刑。[345] 其中一人是因为谋杀他的白人指挥官而被处死，另外9人则是因为杀死了自己的同伴[346]。

当然，还有不少华工因对武器弹药的无知而付出沉重代价。华工孙干后来回忆道：华工每到一个地方做战场清理工作，要将战场上遗留的枪支子弹归类整理，“应排者排，应垛者垛”。其中有氯气炮弹分散各处，华工便要将这些毒气弹背过来，集中放在路旁层层码好。孙干曾和几名华工一道整理这些氯气弹。和他一起工作的华工中有人不知危险，对这种炮弹感到好奇，想要将炮弹的螺栓取下来看看里面的构造。英国人看到后，一再加以禁止。可是“同工等卒不听从”，拿石头将炮弹砸破，毒气溢出，旁边一人立即中毒倒下，另有两名华工说不出话，眼睛也看不见了。幸亏孙干和其他三名华工早早躲开，才免于中毒受害。随后有红十字会的救护车前来，将氯气中毒的三名华工送往医院。“中国同工之好奇无知，令人可笑又可怜也”。此外，华工看到欧美军队的士兵“在欧战争之暇，仍常运动游戏”，便也仿效。孙干所在的102华工队，华工在休息期间或饭后也会聚在一起玩游戏，快乐地打发时间。然而由于华工大多没有受过教育，缺乏知识和危险意识，有人竟然会拿炸弹来玩“危险游戏”。孙干听到同伴讲过这样一件事：有一天饭后，有几名一向喜欢玩游戏的华工拿来一枚英国人所造的炸弹，三四个人围成一圈，一边聊天一边互相传递扔炸弹。后来加入游戏的人越来越多，传递炸弹的速度也越来越快，有人不禁大叫不要让炸弹掉到地上。可是传到极快的时候，炸弹还是失控掉到地上爆炸了，造成三名华工受伤，其中一名被炸成重伤。工头立即向英国人报告，三人都被送去医院。一战期间，战场上军火弹药遍地都是，种类繁多。孙干回忆道，“自余一到法国，见法国之野，不但遍地是枪炮，亦遍地是子弹火药。然民国六年，至民国七年之底，所见者多为英人之子弹火药也。”自从德国人战败宣告停战以后，德军撤出战斗，华工随即进入战场对一切进行清理。“所见之火药，形形色色，如同棉絮者、如弓弦者、如黄香块者、如白面粉者、如黑齐片者、如黑竹管者。或盛于大箱之内，或零碎装一袋一捆者，随处有之，为数之多，真乃出人意外。”由于天气寒冷，便有华工将火药箱搬到自己的帐篷内，点燃火药取暖。其结果当然导致火药爆炸，连人带帐篷都被炸飞，“死亦惨矣哉”。[347]

行笔至此，我们可以初步得出一战华工中死于协约国事业的最保守的数字如下：死于德国潜艇攻击的 700 余人；因战争或疾病死于法国的 2300 余人。换句话说，至少有 3000 名华工为协约国献出了宝贵的生命。[348] 一战华工的死亡率达 2% 左右。需要指出的是，上述数字并不是华工死亡的总数。一战期间，曾有几千名华工水手为英国服务，而根据中国驻英公使施肇基的说法，其中有 448 人死于战争。[349]1918 年 12 月，中国驻伦敦总领事向北京外交部报告说，有 863 名在英国兵舰上服役的中国水手战死。[350]1919 年 8 月，大批华工在回前为死难华工举行了一次追悼大会。会场扎有彩色牌坊，横额为“流芳千古”，对联是，“血洒欧西壮世运，魂归祖国挽神州。”[351] 这精心撰写的对联出自中国驻法外交官之手笔，体现出在大战中葬身异乡华工的悲壮以及人们对他们的哀悼之情。

尽管华工为英法两国作出了巨大贡献和牺牲，但是在第一次世界大战结束之后，他们的英勇行为并未得到应有的认可。英国国会档案记载中承认，华工“比其他有色种族的劳工担当更大的风险”，但是他们甚至连几块小小的军功章也未得到。[352] 更有甚者，英法两国还在为死难华工发放区区千元之数的抚恤金上讨价还价 [353]。战后西方有一篇报告还危言耸听地宣称，一战中中国实际上伤害了协约国，因为 1918 年那次横扫欧洲和世界的致命的“西班牙流感”（Spanish flu）就是华工传染的。[354] 在发现华工不再有利用价值后，英法两国在战后把华工视为“妨碍地方安定”的替罪羊，迅速把他们遣送回国。英国在 1919 年秋开始遣返华工，翌年

4 月 6 日完成。法国的遣送工作也在 1922 年 3 月结束[355]。当然，并不是所有华工都回国了。大约有 3000 名华工因与法国女子结婚或拿到新的雇用合同而留在法国，其中包括 1850 名与冶金工业重新签约的技术工人。其余留下的华工则在机械部门和航空部门谋到职位。[356] 更令人齿冷的是，华工在回国途中并未受到应得的尊重，相反，有时还受到侮辱。受到中国政府广泛注意的个例是一曹姓华工在乘坐法轮回国途中，竟无故被法兵刺伤[357]。中国政府通过多种途径交涉、抗议，要求法方道歉赔偿[358]。所幸该华工被法方送医治愈康复。法方虽辩称该华工在语言不通的情况下，不服从命令，并先同法兵发生言语肢体冲突，导致法兵自卫，但保证以后加以改进[359]。尤其令人痛心的是，这些华工大多来自山东省，但在巴黎和会上，英国外交大臣贝尔福竟然宣称中国对第一次世界大战没有任何贡献，完全否认了华工为协约国所作出的牺牲，[360] 最后，列强竟至将山东转让给日本。

对大多数欧洲和美国士兵来说，战争持续了 50 个月，但是对中国人来说，战争持续了至少 60 个月，甚至更长的时间。当美国大兵庆祝战争的结束并开始享受胜利的果实时，对华工来说，更具挑战性的、更危险的清理战场的工作才刚刚开始。而就在这时，欧洲人的态度却变了，法国人和比利时人对华工的善意开始减少，恶意却在不断增加。比利时学者多诺万（Dendooven）评论道，战时，整个比利时国民对华工都是温和的、友善的；但是到了战后，他们开始变得充满敌意，在很多地方，华工都被当作战后治安恶化、犯罪增加的替罪羊。[361] 其他学者也发现了类似态度转变的事实。他们指出“本地人不喜欢‘中国佬’,同样英国人也不喜欢‘中国佬’。这里存在大量的种族歧视”。[362] 基督教青年会的一份报告中写道：“如果在法国的华工能在停战协议刚一签订时就被送回国，这对各方都将是极其有利的结局。华工将带着西方的高度赞誉返回祖国，英国人和法国人也会对华工们怀有更高的敬意。但是，现在这一切都不可能了。有很多误会其实本来是可以避免的。在战争结束后的很长时间里，在战争中已经作出建设性贡献的华工被要求留下来，在布满战争废墟的战场上清扫危险的战争垃圾。华工的工作效率急速下降，赌博和犯罪不断增加。但我们不能因此谴责这些华工，因为他们的遭遇是让人无法忍受的。然而另一方面，我们也不能因此责备他们的雇主英国政府和法国政府。因为，总得有人留在后面做这些工作。这似乎就是中国人的命运，……中国人看到了西方文明悲哀的一面。”[363]

3. 家国情怀和世界视野

第一次世界大战期间，那些在欧洲的战壕、工厂和码头工作的华工们，绝大多数在被招募到法国之前几乎从来没有踏出过自己居住的村子一步。而今他们来到了被称作西方文明中心的欧洲，但文明的西方此时却正陷入可怕的战争泥沼。此时绝非炫耀西方和平时期所具有的在文化、知识和政治方面辉煌成就的时候，事实上西方唯一能展现给人们的，是其最丑陋、最野蛮的层面：彼此的毁灭及可怕的残忍。没有人帮助华工为即将面临的文化震荡作准备，或者指导他们如何适应新生活。他们所看到的一切，以及所要做的每件事，对他们来说都是新鲜而陌生的，甚或充满危险。食物、语言、习俗和管理——都是全新的挑战。由于西方需要他们即刻开始工作，他们没有时间也没有机会面对新的一切去思考、去消化及提出问题。不管我们对巴黎和会的结局怎样评价，无论如何，如此众多的普通中国人与西方社会亲密接触，这在历史上是前所未有的大事件。毫无疑问，这样的经历使他们像傅省三一样有机会观察和体验西方文明的生活方式，从而能够反思中国人自身的生活方式以及中国社会的状况[364]。

当华工回国时，他们无疑会给国内带来新观念、新思想以及变革的理想。因此，这些华工并非以单纯的雇佣工身份来援救协约国，他们是这一时代中国人参与国际事务的弄潮儿，也是中国寻求新的国家认同的前锋。如果说一个国家在与其他国家比较的时候会产生国家认同的话，那么留欧华工则亲眼目睹了西方国家的面貌，以及当地人民的生活和工作方式。显然，华工与国内同胞一样感受到中国的民族危机，并且愿意为国出力。他们开始自珍自爱，关注祖国的前途，并关注中国的国际环境。英招华工每月寄回国内大约 50000 封信，收到来自于国内亲友的信件大概在 15000 封左右[365]。虽然这些信件大多涉及家庭及个人琐事，但就是这些普通信件也都有不平凡的意义。当华工把他们对西方的见闻及在西方的生活报告国内，他们事实上已经成为西方文明的传播者。由于华工开始意识到他们的身份和生命与祖国息息相关，他们中的一些人不知不觉地成为爱国者并注重自己的名声、尊严、形象。有一次，一位法国妇女丢了钱包，怀疑华工偷窃。部分华工自愿募捐 500 法郎，送给她以补偿其损失[366]。而当一位会说英语的华工受到一位英国军官侮辱时，这位华工告诉后者，当中国人是绅士时，英国人还是野蛮人。

来到欧洲以后，有些华工甚至发现了上帝，并满怀热情地接受了基督教信仰。根据纽约《世界传教士评论》(*Missionary Review of the World*) 的报道，大约有 13 名华工皈依了基督教，并宣称他们的使命就是在归国后献身于传教事业。[367] 还有一次，基督教布道会 (the Religious Tract Society) 给在法华工送去一批基督教书籍，其中有一本书是《教会欢迎在前线的华工》(*The Church's Welcome to Chinese Workmen at the Front*)，书中有一些简短的赞美诗 (introductory words of cheer)、圣经语录选 (selection of scriptural passages) 以及一些简单的祈祷文 (short prayers)。根据一封读者来信的报道，一位皈依基督教的华工因收到这些宗教读物而如此兴奋，竟把他一个月工资的三分之二也就是 20 法郎都捐给了这个教会团体。[368]

但更多的华工成为爱国者，把自己的命运同祖国联系在一起。因此，华工虽置身海外，但爱国热情不落人后，并用实际行动来展示其非常爱国的情操。李骏在其 1917 年 12 月的华工通告中写道，数月来，祖国北京直隶有些地方，惨遭天灾，民不聊生，希望华工发扬爱国爱同胞的热血心肠，慷慨解囊，为祖国捐款[369]，并借此机会鼓励华工的爱国思想。李骏后来在呈外交部的报告中写道，“华工中知大义者不乏其人，互相鼓励，争先恐后”捐款。多者一人独捐 200 法郎，少者 1 法郎。自李骏 1917 年 12 月发布通告后到 1918 年 3 月底，共收华工捐款 10138 法郎[370]。在其 1918 年 11 月 30 日起草的第四次报告中，李骏提到此次义捐共达 16230 法郎[371]。当华工从《华工周报》上得知中国在和会上不能收回山东时，他们纷纷投书谴责列强行为并踊跃捐款支持政府维护国家利益。一位叫郜魁义的华工将他在法国做工的全部积蓄 550 法郎倾囊捐出，鼓励政府兴国。还有一个叫郑书田的华工捐款 30 法郎，希望政府用来振兴工业[372]。有一个在法华工还把他积攒两年的全部工资捐赠给巴黎和会中国代表团，要求他们用这笔钱来做最有利于中国的事情[373]。这样的爱国举动不胜枚举，我们可以从多期的《华工周报》上发现华工为各种爱国行动捐款的记录。

华工高涨的爱国觉悟也体现在他们自觉维护国家尊严上。当美国总统威尔逊在赴巴黎参加和平会议的途中经过法国哈维尔港时，当地的华工主动派出代表欢迎威尔逊。为了庆祝一战胜利，在比利时的英军特举办协约国部队运动会，并邀华工参加。12 队华工约 6000 人来到会场。他们发现在空中飘扬的多国国旗中，独缺中国国旗，认为这是对中国国家尊严的侮辱，于是当即离开运动场以示抗议。翻译顾杏

卿、夏奇峰等亲眼目睹了华工这一爱国壮举[374]。当获悉列强达成不平等的《凡尔赛和约》后，华工派代表致书参加巴黎和会的中国代表团团长陆征祥，并置一手枪于内，“苟签字承诺日本之要求，请即以此枪自裁，否则吾辈必置尔于死地”。[375]而华工在回国途中，当轮船停靠在日本码头时，船上的华工坚决拒绝上岸，他们宣称日本对中国一向不厚道，作为中国人，他们绝不应该登上日本国土去享乐。

华工的家国情怀和国际视野还体现在下列故事中。在一次华工营所举行的自娱自乐的文娱活动中，华工们把自建的舞台命名为“大同舞台”，反映出他们对和平的渴望和向往。舞台两边挂起的一副对联同样表达出他们作为世界公民的情怀。对联写道，“大丈夫能屈能伸，何嫌当苦力助联邦，平定环球战祸；同劳者乃兄弟，洵可登舞台演故事，扫除吾党忧愁。”虽然对联的语言并不华丽，但是它体现了华工的心愿和美好期望。[376]在为庆祝协约国的胜利而举行的庆典活动中，华工们搭起了一座用鲜花和彩灯装饰的凯旋门。凯旋门的四角悬挂着各个协约国成员的国旗。在凯旋门的最高处，飘扬的是中国国旗，下面的横幅上是四个巨大的汉字：“人道大胜。”当庆祝活动开始的时候，他们高喊“中华民国万岁！”然后开始演讲、演奏音乐，并先后演奏法国、英国和中国的国歌。[377]

饱受战争创伤的法国某地。上海市档案馆藏幻灯片。

某华工营地的集合照。美国东肯塔基大学档案馆供图。

华工在火车站装运木材。英国帝国战争博物馆（IWM）供图，编号3916。

华工在机械厂内。英国帝国战争博物馆（IWM）供图，编号 9870。

a

b

c

d

华工为英军搬运军粮。(a)、(b) 威海市档案馆供图；(c)、(d) 英国帝国战争博物馆（IWM）供图，编号 2694、2701。

华工在一处转运货场处理木材。英国帝国战争博物馆（IWM）供图，编号 5895、5898。

华工在伐木。

华工在木材加工厂工作。英国帝国战争博物馆（IWM）供图，编号 8496。

华工在为英军冲洗坦克。英国帝国战争博物馆（IWM）供图，编号 9901。

华工在抢修被炸毁的铁路。英国帝国战争博物馆(IWM)供图，编号 47027、co_2497。

华工在搬运弹药。英国帝国战争博物馆（IWM）供图，编号 23571。

三名华工在劳动间隙合影。美国东肯塔基大学档案馆供图。

为美军服务的华工。美国东肯塔基大学档案馆供图。

经过索姆运河船闸的华工在船上演奏乐器。这些华工是在法国后方为英军服务的。美国国家档案馆马里兰州分馆供图。

两名华工立正留影。美国东肯塔基大学档案馆供图。

四名华工在法国吉伦特省 Beau Desert 营地搬运 800 磅钢条。美国国家档案馆马里兰州分馆供图。

法国科尔比，美军士兵目睹华工乘船通过索姆运河船闸。美国国家档案馆马里兰州分馆供图。

华工与各国军人一起在营地举行运动会。美国东肯塔基大学档案馆供图。

华工正在扩建营地。美国东肯塔基大学档案馆供图。

位于法国吉伦特省 Beau Desert 营地的华工营。美国国家档案馆马里兰州分馆供图。

一场恶战之后，华工们在修整道路。基督教青年会（Y.M.C.A）供图。

战争结束，华工们在拆除战场上遗留的铁丝网。基督教青年会（Y.M.C.A）供图。

法国最大的华工墓地——滨海努瓦耶勒市诺莱特(Nolette)公墓。这里安葬着842名华工。China Foto Press 供图。

华工墓碑组图。英国战争墓地委员会 (CWGC) 自成立之初即确定了一个原则：不分种族、不分军阶、不分信仰、不分战争地纪念所有战死者，死亡面前人人平等。因此，中国劳工不管生前多么受歧视，死后和英国军人待遇一样，唯一的不同是墓碑上多了一些中文字。Dr. James 供图。

HOMMES 32-40
CHEVAUX 8

6

教学相长：作为“伟大一代”的华工与中国精英

美国著名媒体人汤姆·布洛考（Tom Browkaw）曾写过一本关于二战期间美国人特别是士兵的书，称他们为“最伟大的一代”（the greatest generation）[378]。1890年前后出生的许多中国人也可被称为“伟大的一代”。毛泽东（1893—1976）、胡适（1891—1962）、鲁迅（1881—1936）当然属于这一代，但一战华工同样属于这伟大的一代。华工不仅参与东西方文明重建，更重要的是，在政府及社会精英力图改造华工的同时，华工也明显影响了中国社会精英的价值观和他们对国家前途的新的思考。

1. 基督教青年会和一战华工

基督教青年会（the Young Men's Christian Association）从1917年秋开始到英法华工营设立服务中心，并选派众多在海外留学的中国学生为华工服务。这一安排让中国未来的精英有机会与华工进行直接的接触。他们之所以到欧洲，是因为这些受过西式教育的中国青年已经迷上美国总统伍德罗·威尔逊所倡导的世界新秩序，认为中国可以受惠于新的国际体系。他们想运用自己的知识为华工服务，并为促进世界新秩序的早日实现尽一份自己的力量。这些年轻人无疑都是中国最优秀、最聪明的精英，他们的世界观和对中国的认识开始时与华工当然大相径庭。除此之外，还有许多新近刚从中国的大学毕业的学生也奔赴法国，承担英法军方与华工之间的翻译工作。这些翻译中的许多人和稍晚到来的中国工读学生都在夜校里为华工上课。换言之，来自国内和海外的中国精英在这里有机会相互交往，特别是他们还能与华工充分交流，这种情况是他们在国内很难碰得到的。[379]

一战华工在法国所接触的不仅是西方文明，所做的是参与拯救西方文明，更应该注意的是，来法国为一战华工服务的也是当时中国“伟大一代”的精英分子。一战期间的基督教青年会干事就是这种人。他们对改善华工劳动之余的单调生活及其人生观作出了重要贡献。在基督教青年会国际委员会协助招募的160名工作人员中，中国人的数量一度达92名。其中，27人直接来自中国国内，54人是在美国的中国留学生，5人是在英国的中国留学生，另外3名是在法国的中国留学生。为响应到法国从事既是爱国行动又具有基督徒奉献精神的服务号召，这些学生甘愿放弃熟悉的环境去为自己的同胞服务。例如，湖北人桂质廷（1895—1961）是庚子赔款项目资

助的学生，他于1917年从耶鲁大学毕业，随后成为芝加哥大学的物理学研究生。他曾在美国的《中国留学生月刊》担任主编，还是清华校友会会长。他从1918年6月起为在美国远征军中工作的一战华工服务。湖南人蒋廷黻1918年毕业于奥柏林学院，曾是奥柏林学院文学杂志的主编。在奥柏林时，他是学校毕业晚会的主持人和美国优秀大学生荣誉社团 Phi Beta Kappa 兄弟会的成员，后来在哥伦比亚大学获得历史学博士学位后，成为一名出色的教育家和中国高级外交官。山东人史义瑄于1911年在庚子赔款的资助下赴美留学，后来毕业于哈佛大学商学院，他是第一位为在法国属下的华工工作的基督教青年会干事[380]。1918年夏天，晏阳初刚从耶鲁大学毕业就来到法国，为一战华工效力。晏阳初曾是耶鲁大学的优秀学生，他会唱歌，能弹钢琴，会打网球。他是耶鲁男子合唱团的第一位中国学生，也同样是美国优秀大学生荣誉团体兄弟会的成员。他自1918年起为英国远征军管理下的华工服务了将近一年。一名基督教青年会的官员回忆道：“晏阳初先生是我所交往过的最出色的人。”[381] 为一战华工服务的还包括陈立廷、王正序、全绍武、林语堂（1895—1976）、陆士寅以及其他许多人。[382] 在不少华工看来，青年会者本耶稣基督之救人主义，而帮助社会人群，“使个个人人，将其天良，从心而发，及其天才，从身而现，所以凡是人类向善之举，如其分德育、智育、体育、群育等，无不尽其心力而提倡之，而协助之”。青年会的目的是“藉以免却各人心中之痛苦以后逐渐帮助其德育、体育、智育、群育，使人人具有高尚之志操，强健之身体，丰富之智识，大同之团契也”。[383]

1917年10月，哈佛大学商学院学生史义瑄率先到法国帮助华工，教华工地理和数学。史义瑄是山东曲阜人，1911年获庚款奖学金赴美留学[384]。他响应基督教青年会的号召来到法国，为华工建立服务中心。华工营的基督教服务中心内大多设有写信室、杂货店、演说厅、娱乐厅，大的中心会馆大厅可容纳千人，小者也可容纳百人。在中心工作的许多曾在美国留学的中国学生经常组织的活动有：为华工写信，举办演讲，向华工解释世界大势、祖国前途，开启其智慧，灌输爱国思想。此外，服务中心也组织文娱活动及体育比赛。杂货店多备中国货物，如咸鱼、饼干、香烟、牙粉、手巾、火柴等，不一而足。华工工作之余，来此或消遣，或听演讲、请人写信等。[385]

一战华工良莠不齐，绝大多数人在最开始的时候对于世界，甚至对他们的祖国都没有概念。比如，他们中一些人认为，美国之所以参战是因为美国皇储同法国公主订婚，所以美国必须支持其新盟友的战争。还有很多人相信，是美国人与英国人及法国人的私谊促使美国加入了大战的杀戮之中。[386] 此外，由于大多数华工都没有文化，行为举止不免缺乏文明。不少人不太讲个人卫生，或者经常当众大声喧哗和举止粗野，以及大惊小怪，也是常为人诟病的一面。史义瑄在日记中写道，在有轨电车里，即使是在头等车厢，他也常常会看到华工之间高声交谈，或者在吃花生和板栗的时候随手把壳扔在地上[387]。晏阳初也写道，他注意到华工在火车上习惯性地随地吐痰和乱扔垃圾。另外，华工“在火车上食花生，弄得满地皆皮；车上吐口水；法人风俗，男女携手而行，华工指而笑之”。[388] 一战华工的许多问题来源于语言不通、习惯不同。华工受外人欺负，因语言及文化不通，不知求助法律，常回厂呼救于自己同胞，于是结伴群殴、滋事[389]。华工自身问题亦多。华工年龄多在 18 岁以上、40 岁以下，以山东人居多。他们血气方刚，容易冲动。用李骏的话说就是，“华工智识浅薄，恶习不改”。

华工最大的毛病是好嫖、赌，还有经常群殴，不遵守规章制度。在李骏的调查华工工厂做工情形表中，几乎每次都提到华工好嫖好赌的恶习。史义瑄根据自己为华工服务的近距离观察写道，嫖、赌是华工的两大问题[390]。酗酒也是一个华工中广泛存在的毛病。当然，不是所有华工都有这些缺点。华工中的一些有识之士反对赌博。如一位华工劝说道，“众位弟兄知悉，吾们千山万水、远涉重洋来到欧洲，实在不易。各人家中父母妻子现在正希望我们在外挣几元钱，寄到家中，方能度日。我们在此千万不可赌博，若一赌博将钱输尽，不但将来自己缺钱使用，即归家之后，邻里子侄，亦都看我不起也。”另外，“赌博之人往往打架，不惟弟兄彼此伤情，尤能坏人之品行也。当时赢者无非挥霍，输者能不愈输愈罄，且我们家中谁无父母，谁无妻子。三年还家，手中有钱阖家欢喜，手中无钱阖家愠怒。语云：‘贫则父母不子，富而亲戚畏惧’，尔时懊悔，岂不晚哉，岂不晚哉！”[391] 在这些有识之士眼里，反对赌博甚至同祖国命运连在一起。如出自一华工之手的告示这样写道，“现今，我们远离祖国来至此地，同工等有赌钱者，有格外好穿自买衣服及食物者，又有好喧闹滋事者，作以上种种，不惟无益而有害，且使他国之人见之，更加耻笑也。现今我们祖国正待积极振兴，即我等在外，当如何保全祖国之名誉，如何广求振兴国家之学问，如何学得技巧之艺术，如何储蓄应得之金钱，至三年还家以后，以学问与技艺帮助我们国家，以储蓄之金钱捐输我们国家，以作恶之力量勇于为善，使不善之名誉变为令名，望以此意，彼此互相劝勉，个个努力，外人不但不耻笑，而且能重视。若在法国同胞，各队都能如此做去，不惟小弟感激此既，即对国家之帮助，岂曰浅鲜耶。”[392]

一战华工在欧洲看到和经历了战争的恐怖和西方文明的黑暗面，但基督教青年会努力向他们展示“那个比在战争中他们所亲身经历过的要更加灿烂的西方文明的另一面”。[393] 青年会的干事们教华工文化知识，提高他们的素质，帮助他们认识和理解中国与世界；更重要的是，他们决心要将这些劳工培养成中国和世界的新公民。基督教青年会的各个活动中心的运作模式大致相同：周日，圣经课和敬拜活动；周一，放电影；周二，帮助华工写家信；周三，室内游戏娱乐；周四，用留声机放唱片；周五，华工们的业余（中文）戏剧表演；周六，自愿的有组织活动以及用幻灯片进行演讲。除了周日以外，所有其他活动通常都被安排在下午6点到晚上8点之间进行，也就是华工结束工作后到睡觉之前的这段时间。[394] 基督教青年会通过这些项目的安排，巧妙地向华工们强调了业余娱乐消遣活动的重要性。其中，在促进体育锻炼运动和娱乐活动方面最为成功。当基督教青年会进入在法国的华工们的生活之后不久，华工中间就纷纷开始了踢足球、打排球、玩跳棋、打篮球、打乒乓球、掷铁环、踢毽子、拳击、下国际象棋及其他多种文体活动。劳工们对这些活动倾注了极大的热情，非常积极地参与其中。这些体育项目不仅让他们可以参加运动，锻炼身体，更教给他们欧洲人如何在户外享受生活的乐趣。各个从属于部队的基督教青年会活动中心自己有一套规定的操练动作，军队里也有一套规定的体操锻炼，但是“中国人的游戏和中国式的体育锻炼形式从一开始都是由基督教青年会的干事们设计的”。[395] 另外，像放风筝、踢毽子这类在中国一些地区广为流行的体育项目的大量开展，让华工们即刻发挥出他们在特有的民族体育运动上的本能。而基督教青年会之所以能在这类活动的开展上取得成功，很大程度上要归功于它属下的传教士、留学海外的中国学生和它在中国的分支机构。[396]

让我们通过华工孙干的观察来熟悉一位叫张鸣镛（字翕如）的青年会干事。张鸣镛为奉天（今辽宁）本溪人，于奉天大学毕业后曾到日本留学。留学日本期间，他响应基督教青年会号召，中断学业来到法国帮助华工。他驻扎在华工营 102 队。根据 102 队中的华工孙干的观察，“观其人之举动不苟，丰采异常”，“其善为演讲。彼自到队后，天天晚间与众工人接谈，而观众工人，逐渐与之融洽矣。”张鸣镛是虔诚的基督徒，“不惟于食饭时，先切切感谢上帝，即于早晚间，或睡或起，每日必祷告”，“可知其处处靠神，而不徇私也”，“然于劳力苦工，尽与工人同作。毫无贵族封建习气也”。张鸣镛刚到 102 队时，102 队中的华工赌博之风很盛，参与赌博者非常普遍，有人甚至已经将未来两年的工钱也赌输了。张鸣镛告诉华工，他不仅担心华工在法国天天赌博，会渐渐流为盗贼，害及自己和家人，还忧虑华工的行为伤及外人，在外国人面前丢中国人的脸，让人耻笑。

为了让华工远离不良习惯，张鸣镛组织大家学知识、听演讲、玩游戏。青年会有地球仪、地图及新闻纸以及《圣经》和文艺读物等，还有用于野外活动的标枪、秋千绳、秋千架等。每天晚上，华工们闲暇休息时，活动中心的铃一响，必定有人很乐意地前来参加青年会活动。华工孙干和这些享受青年会活动的华工一样，感到“余之心中天天觉得颇不寂寞也”。张鸣镛还教华工识字、学算术等。在上课的第一天，张鸣镛告诉华工们，“大家在此天天做工，使吾中华民国工界之好名誉，远播于全世界。此亦大家劳苦之功也。虽然吾想大家只知做工，得些工钱，故甚美也。若人人再多读些书，识些字，或学习些算术而会算账，那才不愧远游外洋一趟。”他给华工举例，如果华工每天认一个字，一年学下来则会认识 300 多个字；如果华工每天认 5 个字，那么 10 天认识 50 个，一个月就会认识 100 多个字。照这样算下去，一年之后则能认识远超过 1000 个字，已经离当教书先生不远了。张鸣镛看华工这时没有那么忙，体力也允许，便告诉华工，如果他们愿意学，他立即就办班招生五六十名，教大家认字。“如果读书一年后，即可学着写信。来往之信自己会写，毋用再烦他人矣。大家想想，咱们大家在此地，同有工夫，如你一旦回国，回到家中，那时各人想再读书，即自己想请先生，即每月用钱十元，恐亦无有工夫得读书矣。大家想想，彼时懊悔，岂不晚哉。倘大家愿意，可先报名一试也。"尽管听了他的话，华工中还是有人说学这么少没什么用处，但最后仍然有 60 多人报名学习识字。[397] 除读书识字外，基督教青年会干事也组织娱乐活动。"青年会对体育之组织，除拳术有两班，天天下午按时上班锻炼以外，以组织陆军之训练一班，摔脚者，打秋千者，爬绳者各一群，各都安置有负责之人，每日按时监督管理。"由于张鸣镛的用心，102 队华工营的基督教青年会活动中心办得很好，这里的华工也比其他营地的华工更精神、更活泼。华工营中不但彻底杜绝了赌博恶习，华工们的知识程度和工作效率也都不断提高。华工所担心的就是如果营地开拔，他们要到别处工作，已经设立好的一切又会丢掉，到新的地方又要从头再来。他们不仅希望到了新的工作地方会有房舍可住，更希望有条件设立新的活动中心，继续他们的教育和各项文体活动。[398]

青年会干事还动员大家自娱自乐，丰富闲暇时间的生活，尽量使华工中有一技之长者能在活动中快乐地发挥，将技艺奉献给大家，这样使众人都将精力慢慢集中到有益的活动中来，不再去做不正当的事情。这样下来，华工都得益处，都很高兴。"华工队中，大约百分之七十系农夫，百分之十系商人，百分之十是兵士，百分之七是匠艺，其余百分之三是说书者，唱戏者，玩杂耍者，打拳卖艺者，读书者等等。青年会既为大家服务，为大家娱乐，所以常常搜罗会说书者，唱戏者，玩杂耍打拳卖艺者，请到会中，各奏其所能，各现其技艺，务期大家一见而欣赏之也。"[399]

张鸣镛的努力收效明显。据有时做张鸣镛帮手的孙干回忆，"而自先生一到，天天请道，天天教书，不一年而队中赌博者殊不多见。工人之原不识字者，被其循循善诱，使之亦渐渐能自己书信，不惟其学问，对人则有若无、实若虚也。观者言谈，亦无不令人娓娓动听。"对于张鸣镛的工作及奉献，华工们十分感激。当张鸣镛任满将离开时，华工孙干代表 102 队华工作文对其表彰："颂曰：翕如先生，奉天姓张。离别祖国，远涉重洋。栉风沐雨，来欧战场。劳其心血，启我天良。谆谆教诲，善诱有方。汗（汉）文算术，知道颇详。注音地理，日就月将。吾侪虽愚，进步非常。长我知识，为国增光。先生之风，山高水长。"他们还做了一对联文表达对张鸣镛的敬重和感激之情，上联：恺悌堪为网，尽忠国家有道义；下联：仁慈能施编，爱戴华工多恩情。[400]

中国政府和民众对基督教青年会为华工设立服务中心亦提供财政及人力、物力支持。[401] 如青年会在中国国内募款 2 万余磅。上海中国青年会、中国教育部也积极帮助在法华工。他们从国内给华工寄去大量的书籍、杂志和文娱用品，使华工能够及时地了解国内的情况，为他们的活动提供帮助。华工对青年会表示由衷的欢迎。在马赛工作的华工王佛仁写道，“诸同胞，由外来，辛辛苦苦到马赛，坐号房，心不快，一天到晚不自在。青年会，善招待，华工同胞莫见外。早九点，把门开，直到四点都可来。学国文，把字猜，又念又记真是快。学写信，上讲台，编好做好真是快。天天听讲莫懈怠。笔纸墨，不用买，随时来要无妨碍。有报看，有棋赛，许多玩意很奇怪。有电影，畅心怀，星期二五两点开。诸同胞，勿徘徊，须知有利毫无害。叹光阴，最可爱，今日过去不能再。同胞呀，勿疑猜，请到青年会里来。”[402]

2. 华工与精英的互动和教学相长

基督教青年会的干事们帮助华工提高智识，过健康的生活，使华工身心都得益处。同时，作为中国精英的他们也从华工身上受惠良多。换句话说，华工与精英们教学相长，互为老师。华工的一战经历明显影响了社会精英对他们的态度。蔡元培为庆祝一战胜利发表过多次演说，1918 年 11 月 15 日，他在题为“黑暗与光明的消长”的演说中高呼，协约国的胜利“定要把国际间一切不平等的黑暗主义都消灭了，用光明主义来代替他”。[403] 第二天，他再次发表演讲，重申其光明战胜黑暗的主题，但重点强调劳工神圣的主题。他说，“这次世界大战争，协商（约）国竟得最后胜利，可以消灭种种黑暗得主义，发展种种光明得主义，我昨日曾经说过，可见此次战争得价值了。但是我们四万万同胞，直接加入的，除了在法国的十五万华工，还有什么人？这不算怪事！此后的世界，全是劳工的世界啊！”[404] 蔡元培强调，“我们要认清我们的价值，劳工神圣！”需要指出的是，蔡元培这里所谓的“劳工”定义较广，“凡用自己的劳力做成有益他人的事业，不管他用的是体力，是脑力，都是劳工。”[405] 李大钊宣称，“今后的世界，变成劳工的世界”，一战的胜利，“是庶民的胜利，是劳工主义的胜利”。[406]

蒋廷黻由美国到法为华工服务一年，他观察到，华工“在法境很用心观察西方

国家强盛的根源，发现法国即小孩也阅读报纸，不分阶级都可动手做工，并且负责尽职而有效率。他们都急欲将这些经验心得带回中国，传布同胞，共同努力使中国强盛。”蒋廷黻因此对中国的前途表示很有信心[407]。晏阳初后来说道，“欧战我参加服务华工，等于是自己在受教育”，“所以与其说我们到法国教育工人，还不如说工人教育了我们。”“于是，我在华工营中就下了一个最大的决心：愿把自己献身于苦力。以前的‘小我’死了，以后的‘大我’就是‘苦力’。”[408]根据李永昌先生的研究，一战后风靡国人中的两大口号“公理战胜强权”和“劳工神圣”，实乃源于中国参战及派出华工[409]。

上述精英中，受华工影响最大的可能是晏阳初。晏阳初的华工服务经历彻底改变了他的人生历程。晏阳初（Y. C. James Yan），四川人，出身书香门第。1916 年由香港大学转到耶鲁大学继续深造。1918 年夏从耶鲁毕业的第三天，他即打点行装到法国参加基督教青年会的为华工服务工作[410]。虽然晏阳初的任务是教育华工，但是华工首先教育了他。华工虽大都不识字，但多才多艺。有一天，晏阳初对华工们说，中华民国的国庆快到了，问他们应该怎样庆祝。华工们决定唱一场河北梆子。不到十天，华工就准备好了行头、乐器，搭好了戏台。一切都像模像样。戏台的两边柱子上还贴了对联，张灯结彩。节日那天，台上便有板有眼地唱起来。又有一次华工们在晏阳初的鼓励下进行了一场踩高跷的表演。他们扮出各种人物，踩着高跷，又扭又唱，引得在旁观看的英军官兵不断喝彩。晏阳初对诸如此类的事印象深刻，他认为华工资质优秀，缺乏的只是教育[411]。他决心教他们读书识字并思考国家国际大事。晏阳初在给友人的信中写道，“试想这些能关心国家大事，能思考国家大事的华工们回到家乡后，那是什么样的情形呢？在那些一字不识，只求一日三餐免于饥饿的中国农民中间，他们必然是鹤立鸡群的佼佼者。”[412]与华工相处，使晏阳初意识到中国农民的“苦不堪言的苦”和“力大无比的力”。他下定决心，要“解除劳工之苦，开发苦力之力”。1919 年 4 月，驻法国华工营的 50 余名干事在巴黎近郊举行了三天的座谈会，总结帮助华工工作的经验，讨论未来中国工人的福利问题。晏阳初在会上谈到，在法期间与华工朝夕相处，有两项珍贵发现：“（1）中国农民诚朴，智商高，能力强，只可惜缺乏读书的机会，使他们的智慧和能力不能发挥。（2）中国的高级

知识分子，竟是这样愚昧无知，完全不认识自己多数同胞的‘苦’与‘力’！”“我也是中国的一名高级知识分子，我因为以前没有真正认识劳苦大众而惭愧。表面上是我在教他们，实际上是他们教育了我。”他从此决心献身平民教育。[413] 晏阳初后来告诉美国著名作家赛珍珠（Pearl Buck，1892—1973），在来法国为华工服务以前，他对中国的劳苦大众一无所知，在法国与其服务的五千华工朝夕相处后，“我第一次开始体会到他们的疾苦”。他对“苦力”一词产生新的体会，立志帮助他们免除其“苦”和发挥其“力”。[414] 经过多年坚持不懈地投身于帮助大众的事业，晏阳初最终成为一位享誉世界的平民教育家。但他经常提醒别人说，他过去对劳苦大众、甚至中国都不太了解，“岂知到了法国，苦力教了我，认识了苦力的伟大，随而真正认识了中国[415]”，“我的未来早在在法国为华工服务时就已决定：有生之年献身为最贫苦的文盲同胞服务”。对晏阳初来说，“中国如不能消灭极大多数的文盲国民，即不能进入民主时代——今日国内文学革命，提倡白话文，实已为消除文盲工作跃进一大步。今后所应努力的，一在教育工具，即根据自法国编行的华工识字课本，再用科学方法重加修订，要求适用。其次教育活动，尤需要大量志愿服务人员共同努力”。[416] 通过为在法华工服务的经历，晏阳初找到了解决中国问题和国家认同危机的办法；更重要的是，他确立了自己的人生理想，也就是致力于中国的平民教育事业。晏阳初意识到，只有实行乡村教育，并从社会基层改革，中国才有机会复兴，才有资格成为国际社会平等的一员。[417] 回国后，为帮助中国更好地进入国际社会，寻求新的国家认同，他要用教育救中国，用他的平民教育与乡村改造为中国“除文盲”，引导他们“做新民”。只有中国农民的‘苦’和‘力’得到合理释放，中国才有希望实现民族再造，“中国才能有办法，中国人才能不受外国人的欺侮和鄙视”。[418] 他第一次提出三 C 即孔子（Confucius）、耶稣基督（Christ）和苦力（coolie）救中国的思想[419]。后来，他将视野扩大到全世界，要“除天下文盲，做世界新民”。他的救国救民理念由中国走向世界，变成了中国国际化的组成部分。

如果说华工影响了像蔡元培、晏阳初等社会精英的人生观、国家观，这些精英们也试图把他们的知识、学养、世界观及新的国家认同观灌输给这些华工。1917 年，李石曾在巴黎创办《华工杂志》（*The Chinese Labor Journal*），专门为华工提供重要

信息及教育之用。得知法国在华招工后，蔡元培立即着手华工的教育问题，决定先成立华工学校，并于1916年4月3日招考华工学校教师，录取20余人。5月师资班开学，蔡元培本人甚至身体力行，认真准备各种演讲稿，教育在法华工。蔡元培特为师资班编写了“华工学校讲义”，其中德育30篇、智育10篇，他亲自讲授，作为转授华工的准备。在德育30篇中，蔡元培强调“合群”“舍己为群”“注意公众卫生”“爱护公共之建筑及器物”“尽力于公益”“己所不欲，勿施于人”“责己重而责人轻”“勿畏强而侮弱”等的重要性。在智育10篇中，他告诫华工提高文化修养的重要。[420] 此讲义后来成书出版，汪精卫（1883—1944）在为此书所写的序言中强调，蔡元培的目的“一在保全华工固有之美德，益发挥而光大之；一在修补华工向来所不免之缺点，曲喻而善导之。以先生平日之人格与学问，所修养者至深，故其所言，简而深，平而切。工余读之，身体而力行之，则道德与智识，不期而日进于光明。此诚华工淑身之本，而自立之源也。愚以为此讲义果普及于华工，则其所得之效果，可约言如下：(1) 华工中有少年美材者，以修学之故，益感于学问之必要，必将有积其工资，于工满之后，更此事于高深之学问，与精良之艺术者。(2) 华工既以修学相尚，则于其本业，不但视为操作，而且藉为研究，以技术之娴熟，习惯之养成，于将来吾国工界必能多作贡献。(3) 华工以修学之故，道德智识，与时俱进，能使所在国之人民，生其信托，和其感情，而不相歧视，不惟可以久居无猜，且能日事扩充，以发展海外之营业，而舒治国之经济”。[421]

蔡元培在1916年与李石曾等发起的华法教育会也是旨在扩大中外文明交流，寻求新的国家认同。其发起人强调该会的目的有四端：“一曰扩张国民教育，二曰输入世界文明，三曰阐扬儒先哲理，四曰发达国民经济。”[422] 吴玉章（1878—1966）在北京召开的华法教育会上致辞，对此四端解释道，“吾人处此开明时代，若眼光足迹仅陷于一隅，若有物为之蔽者，岂非吾少年英俊之大恨事乎？同人甚愿吾国青年目光注于全世界，勇猛精进，必穷究世界学术之精微，由自主的择一自信者而力行之，而后不虚生于此二十世纪，留法俭学会之设，即欲微国人作求学之津梁也。”何谓输入世界文明？系指其“编译世界名著，绍介世界新书”，“发行一大杂志”，“使人洞释世界学术思想变迁之大势”，了解社会进化之趋向。何谓阐明儒先哲理？实因“我

国学术发达极早，而足以补益现世世界者尤多。往以限于文字，故未大昌明。吾人拟择吾国儒先学术之精华，译为西文，以表彰我国之文明，俾中西学术之精英，融成一片，以促世界之进化”。所谓发达国民经济，系指为解决中国贫穷问题，“吾人当谋直接输出我国出产于世界市场，与各国为经济之竞争。”“又自欧战以来，各国广招华工，如能因势利导，不但国民之生计得以一舒，且可培植一般实业人才。本会对于招工合同之改良，华工教育之组织，特为注意，以图国民经济势力之发展。”[423]从上述这些论述中，我们可以清楚地看出这些社会精英们旨在利用华工改造中国、促进东西文明交流并进而推动中国进入国际主流社会的良苦用心。为此宏伟目标，他们对华工的教育可谓不遗余力。

晏阳初的华工教育活动贡献尤其突出，且卓有成效。他于 1918 年夏抵法后，开始教华工识字，并编写千字文读本作为教材。鉴于他一人精力毕竟有限，他创立了所谓“道生制”，即由开始识字的学员教尚未识字的同学，效果很好。晏阳初的这番经历实乃其后来在中国及世界其他地方开展平民教育的开端。由于晏阳初等人的努力帮助，华工的教育程度有所提高。来法之前，华工中大概只有 20% 的人能够认字，到 1921 年，华工的识字率已达到 38%。[424]晏阳初不仅教华工读书写字，期间他还为华工讲解、翻译和收集外国报刊并主编《华工周报》。《华工周报》由基督教青年会于 1919 年 1 月 15 日创办，晏阳初为创刊主编[425]。起初，与晏阳初一起办杂志的还有来自美国密苏里大学的傅若愚。晏阳初这样介绍这本杂志的诞生过程：他晚上的时间都是用来指导华工课堂和给华工上课。然而下课之后以及在晚餐的时间，华工们还不断地来找他，向他询问当天的新闻。华工们为了明白自己周围所发生的一切的意义而如此热切地想要了解外部世界的渴望深深地打动了晏阳初，于是他用大量的时间给他们讲述英国和法国报纸上的新闻。由此，他产生了一个念头：如果能有一份简短的新闻简报，用华工们自己能懂的语言——中文印出来，在他们中间发行，他们就会了解在凡尔赛、伦敦、华盛顿以及中国正在发生着什么事情了。这对他其实是举手之劳，可是对于华工们来说却意义重大。《华工周报》就这样诞生了。[426]他们自己写稿、刻钢板，销售量最高时达到 15000 份。此可谓对华工影响很大的一份读物。晏阳初在周报的创刊号中即表明《华工周报》的性质，称该刊系为“开通华工的知识，辅助华工的道德，联络华工的感情办的”，内容由“祖国消息”“欧美近闻”“华工近况”“欧战小史”“名人传略”等组成。周报还举行华工征文比赛，先后以“华工在法与祖国的损益”“什么叫中华民国”“中国衰弱的缘故”“民国若要教育普及，你看应当怎么办才好”等题材征文，很多华工应征投稿[427]。

为了启迪华工心智，培养华工自尊自爱、爱国爱家的情操，晏阳初等人可谓殚精竭虑，不厌其烦[428]。他在为《华工周报》第一期所写的题为“恭贺新年，三喜三思”的文中写道，“我们中国数千年以来”，因“固执守旧”，很少有人外出谋生，各位华工“深负远志，有冒险性质，离家别乡，梯山航海，迢迢万余里，来到法国做工，不但自己增广见闻，并且可以期满回国，兴家立业，强种强族”，此为一喜。“各位来到法国，虽是言语不通，规矩不熟，有种种碍难，却自己仍是早起晚息，勤劳刻苦的，为我国联邦做工。各位这样的出力，不是劳而无功的。联邦各国的军官兵士，每谈及华工，无不极口称赞、衷心佩服的。同胞啊，你们在外国有这样的好名誉，不特是同你们自己顾脸，也是为我们祖国增光”，此为喜事二。各位身体健康，此为第三喜。祝完三喜后，晏阳初话题一转，要华工“三思”，即“思身，思家，思国”。思身就是考虑回国后应该干什么、做什么。思家就是应该做“益家兴家的事，所有的一切亡业败家的嗜好，或是从中国带来的，或是到法国来才学的，都应该全力断绝”。他鼓励华工“从正经做安分守己的人。多积存几个富人的佛朗（法郎），多学些有益的技艺，期到归乡，可以发家，可以自立。这样你们一番爱家念家的心，也可以真有实际了”。他告诫华工“离本家后知贵吾家。到外国而后知爱吾国。各位现在外国，爱国的心也必较前更大”，“你们住在法国，就算是中国全国全族的代表。外国人以你们的好歹，就定我们全族的是非。若在本乡做了什么不好的事，是你一个姓李的姓王的一人丢脸，但是若你在外国做了坏事，那外国人既不知道你张王李赵的名字，他只晓得说‘兴隆瓦’（法人称中国人）这样，‘兴隆瓦’那样。所以各位同胞呀，若一个中国人在法国受了军赏荣牌，那我们中国人都算英雄豪杰了；若一个中国人在码头上偷了罐头牛肉，那我们‘兴隆瓦’都是强盗土匪了。由此看来，我们中国国体的荣辱，都全在你们各位作为的好歹。同胞啊同胞：你们在外国作为行事，岂可不慎之又慎吗？”[429] 晏阳初在该刊还撰有“中国的主权”“和平一会”“革心”

等文章，劝告华工要破除积习，把自私自利的烂心割除，换一个公心，共创新社会、新中国。《华工周报》在第二期刊出“论者有奖”启事说，“各位出洋以来，必定有种种的新知识新思想，何不趁此机会发表出来，登载报上，使一切读报的弟兄都可以受益。且你们的人才暨众，著作暨多，我们彼此都可以交换知识交换思想，那我们的知识由此可以长进，思想由此更可以高尚了。”《华工周报》还在第 17 期转载叶圣陶的“女子人格问题”一文，帮助华工了解妇女问题[430]。

3. 华工的洗心革面与崭新眼光

《华工周报》上的这些文章明显旨在开阔华工的思想境界，加强他们的国家、民族认同感及爱国热情。该刊对华工影响甚大，并深受华工喜爱。一位华工写道，《华工周报》“文字浅显，记事切实，中外要闻，备载无遗”，常读此报，可“广自己的见闻”，“能知世界大事”。[431] 华工对《华工周报》喜爱有加的程度可从一位华工写给晏阳初的一封感人至深的信中看出。信中写道，“自从你办了周报后，天下大事我都知道了。”这位华工担心周报因财政原因可能不能长久办下去，愿意把他到法国后的所有积蓄 365 法郎都捐出来，支持周报[432]。另一位叫马心维的华工也捐助《华工周报》印刷费 20 法郎[433]。此外，华法教育会及其他机构对华工教育也不遗余力。留法中国勤工俭学会编辑的《华工杂志》对华工也有很大影响。《华工杂志》每月出版两期（由于资金不足，有时一月仅出 1 期），到 1918 年李骏起草第三次报告时（1918 年 7 月），已出版 24 期。其版面包括中外新闻、华工新闻及劝人奋进文字等。该杂志虽有诸多不足，但对华工“实不可少”（李骏语）[434]。华工孙干甚至想在结束法国的工作之后，到英国勤工俭学。他在“为呈请由法转送英国学校求学”一函中写道，“窃前在中国，原是身处小学原教育界人。今既来此做工，无不尽心竭力，以助贵国之战争。而贵国之兵事，现在既已了结。闻不久即将吾敝国之工人，完全送回中国。工人家中本极窭贫，本拟还中国后，再赴贵国师范学校，学习英文，以期深造。然因往来路途之遥，势出万难，定难办到。是以今不得不具呈前来，恳求费心，将工人就近由法国转送贵国，入师范学校。俾工人一半求学，一半做工。工人异日之深造，实费大人今日费心之所赐也，专此敬恳，并祈赐准。”[435] 可惜，他最终未能如愿。

应该强调的是，华工所受的教育本身和形式都是国际化的。招募许多中国留学生为华工服务的基督教青年会的主要目标，就是把这些华工培养成有抱负、有理想和具备世界眼光的新人。基督教青年会干事们为华工开设有关国家意识、公平权利和现代政府等课程，就是要帮助华工形成中国参与国际事务的新观念，从而使他们更好地理解其在欧洲的生活经历，并希望他们在回国后为建设新的中国出力。[436]对于基督教青年会来说，"如果我们对华工的教育计划有周密的筹备并且具有政治家的魄力，那么留法华工归国后，他们将成为在亲朋好友中间加深东西方之间相互认识的纽带。然而，如果我们不担当教育华工的职责，毫无疑问，华工赴欧的结果只会导致东西方之间误解的加深"。[437]由此可见基督教青年会利用教育华工来增强中西文明互相理解的苦心和初衷。甚至英法两国政府也都意识到华工将来会对中国与欧洲关系产生重要影响。早在 1917 年夏，英国在华招工团就提醒英国政府注意留欧华工的潜在意义。英国招工团在一份备忘录里写到，"现在是我们考虑留法数万华工对将来所造成的重大政治影响的时候了。"该备忘录还指出，一旦这些华工归国，他们将在中国产生重要影响。因此，英国政府对华工实施教育计划，使他们成为"宣扬英国公平和效率的布道者"是"至关重要的"。[438]法国政府也制订了一些针对华工的教育计划。尽管英法两国政府在华工教育上都没有尽力，但是他们至少认识到这一问题的重要性，并且为此作出了一定努力。

当然，英国并不希望华工变成真正的爱国者或受到全面的国际问题教育。举例来说，当《华工周报》创刊时，英军按战时规定，每期付印前必须经过检查。该刊有些爱国文字不时就被英军删掉。《华工周报》第 18 期发表"本报启示"时明显暗示言论不自由的苦衷："自胶州问题发表后，各处华工，有的言语激烈，有的词意婉转，寄来著作。表示反对者，颇不乏人。本报因处境困难，此种文字不能一一代为宣布，实深抱歉，请诸公谅之。"[439]《华工周报》第 31 期刊载"山东问题索隐"，追述巴黎和会处理山东问题始末，但留有两处空白，并注明"此节被检查官割去"。《华工周报》第 45 期（1920 年元旦出版）刊载"本报周年之回顾"，提到种种困难，一是印刷困难，二是英国检查官刁难。"本报每期原稿须经英军检稿官批准后，方能付印。诸君时惠稿件，鼓吹侨胞热心爱国，往往不见登载者，概在此也。""譬如山东问题，

西藏交涉，舆论反对的”等文章也常遭到英国审查官的删削[440]。由此可见英国人对华工爱国热情的防范，同时也可见他们害怕觉悟起来的华工的力量。

在民国政府的新外交政策的指导下，在诸多社会精英的引导下，在基督教青年会干事们的教育下，这些华工不再是昔日的“吴下阿蒙”，他们的世界观、人生观、价值观、国家观都发生了翻天覆地的变化。华工对他们自身和中国，甚至是世界都有了新的认识。从前的中国对华工来说，充其量不过是一个抽象的概念，但是中国现在与他们密切相关。一位华人翻译在 1919 年写到，在法华工“深入了解西方的社会状况，从而他们的思想在来欧后经历了很大的变化……毫无疑问，每一个华工在归国后都希望中国发生巨大的变革”。[441] 来自山东平度的傅省三在其参与《华工周报》征文比赛并获奖的“华工在法与祖国的损益”一文中明确反映了华工思想的诸多变化。傅氏写到，华工在赴欧之前根本不明白个人与国家的关系，也不清楚家庭与国家的关系。但是，当华工目睹了欧洲人在第一次世界大战中为了他们的祖国而奋不顾身时，他们的民族主义和爱国主义感情也因此被激发出来。“一到阵前，看见外人为国为家牺牲性命，自己不知不觉地就生出一番爱国爱家的心来。”这篇文章还宣称华工决心用他们在欧洲学到的新知识来教育国内的同胞。“从前华工只知道女子缠足为美”，现在“既看见西洋的女兵、女农、女医等”，因为天足，可以与男人并肩工作、劳动，才意识到从前的想法是错误的。将来回国后，定要改掉旧日的恶习，用从洋人那里学来的新知识、新思维开导国人，改造社会。傅氏甚至写到，从前认为中国人不如洋人，今日与他们赛脑力、赛体力，“方知他们不比我们高。若回祖国再加以教育，敢望将来祖国的进行（步）”。这反映出华工开始相信完全可以建立一个同西方并驾齐驱的新中国。傅省三还告诉读者，“现在和平会一立，竟将中华天朝大国的名目取消，列在末尾”，“并不准我国有发言权，华工经此番的淘汰激励，如梦方醒，忽然就发起了那强国爱国心了。这种思想，是来外国而有的。若不来法国，恐怕仍在中国做梦。”晏阳初读了此文后，认为“傅同胞的这些论点，既平实，又深刻，国内许多读书人，甚至为高官者可能都想不到。劳苦大众真是了不得”。[442] 为此，他还曾专门去看望过傅省三[443]。

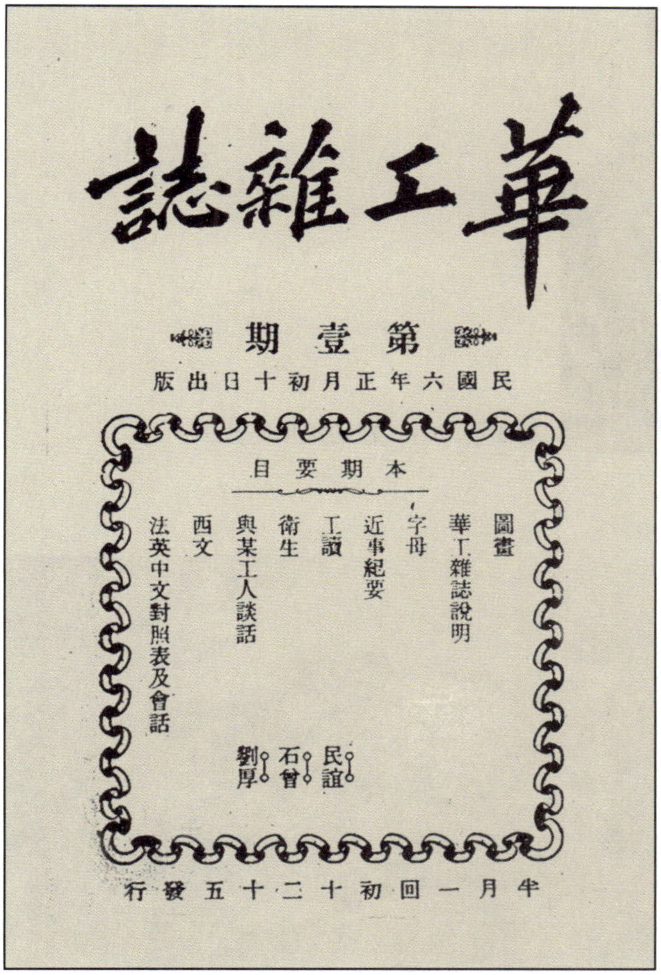

華工雜誌

第壹期

民國六年正月初十日出版

本期要目

圖畫
華工雜誌說明
字母
近事紀要
工讀
衛生
與某工人談話
西文
法英中文對照表及會話

民誼
石曾
劉厚

半月一回初十二十五發行

李石曾创办的《华工杂志》

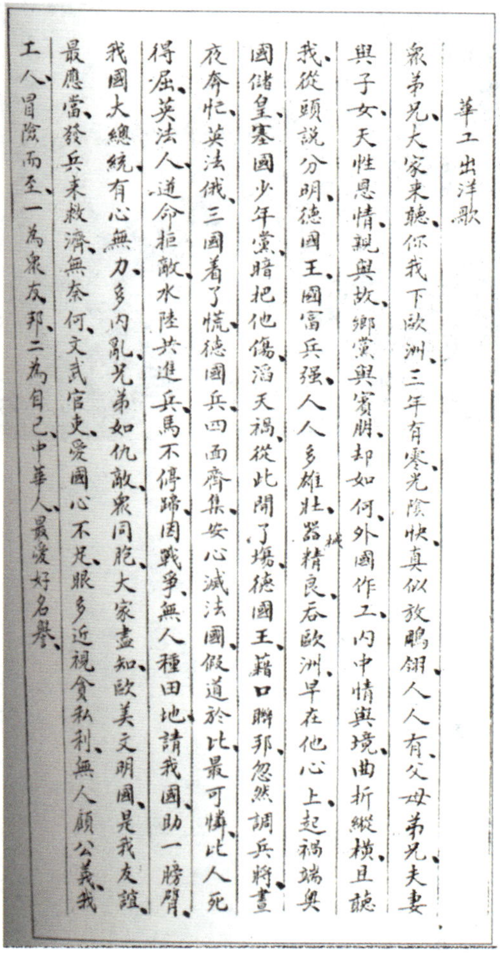

華工出洋歌

衆弟兄、大家來聽、你我下歐洲、三年有零、光陰快、真似放鵰翎、人人有、父母弟兄、夫妻
與子女、天性恩情、親與故、鄉黨與賓朋、却如何、外國作工、內中情與境、曲折縱橫、且聽
我、從頭說分明、德國王、國富兵强、人人多雄壯、器械精良、吞歐洲、早在他心上、起禍端與
國、儲皇塞國少年黨、暗把他傷、滔天禍、從此開了場、德國王藉口聯邦、忽然調兵將、盡
夜奔忙、英法俄、三國着了慌、德國兵、四面齊集、安心滅法國、假道於比、最可憐、比人死
得屈、英法人、道命拒敵、水陸共進、兵馬不停蹄、因戰爭、無人種田地、請我國、助一膀臂、
我國大總統、有心無力、多內亂、兄弟如仇敵、衆同胞、大家盡知、歐美文明國、是我友誼、
最應當、發兵來救濟、無奈何、文武官吏、愛國心不足、眼多近視、貪私利、無人顧公義、我
工人、冒險而至、一為衆友邦、二為自己、中華人、最愛好名譽、

华工出洋歌，从中可以看出华工对国事的关心。威海市档案馆供图。

晏阳初（右）在法国华工营。

华工在休息日划船出游。

华工在讲堂上课。

华工向营地指挥官报告每日工作。

华工在讲堂上课。

7

为文明出征：华工之贡献及历史地位

由于华工对第一次世界大战所作出的巨大牺牲和贡献没有得到协约国应有的承认，中国学者陈三井认为华工赴欧援战是“一个巨大的悲剧”。[444] 西方有些研究者认为，留欧华工“在第一次世界大战期间，没有完成中国政府外交政策的预期目标”。[445] 美国学者布力克（Judith Blick）声称，中国人派遣华工赴法从一开始就是一个“商业创意”，中国与欧洲的大战争毫不相干也相隔甚远，可以坐山观虎斗[446]。然而，如果我们把华工援战计划视为中国参战计划的一个重要组成部分，把他们的经历作为世界史的一部分，作为中国寻求新的国家认同及国际化的重要一环的话，上述说法未免都有偏颇之处，有“一叶障目，不见泰山”之嫌。因为如果仅从商业意义角度来理解中国的“以工代兵”的策略的话，这场行动可能不算成功。一项资料显示，惠民公司在1921年解散时，公司法人梁汝成因诸多索求，几乎破产。梁士诒也亏损十五六万元[447]。

1. 华工与中国的大战略

笔者认为，中国的“以工代兵”策略具有划时代的重要意义。中国通过此举向世界有力地展示了主动参与国际事务的愿望和能力。1918年，《远东评论》（*the Far Eastern Review*）的一篇文章就华工从山东老家驰援欧洲一事发表预言说：“毫无疑问，华工赴欧援战将对世界历史产生深远的影响，也许将成为这次欧洲大战史上最重要的一方面。在历史上，东方从未向西方提供过如此规模巨大的人力资源。东方曾经无数次地对抗西方，并迫使西方多次联合起来反击，这当然影响了西方人的生活和思想方式。在历史上，东方从未像现在这样在这次欧洲大战中同西方并肩作战。”[448] 一位比较公正的华工营英国指挥官也承认，“毫无疑问，这些来自中国山东的华工移民将在第一次世界大战历史上享有崇高的地位。”[449] 基督教青年会在其一战后的报告中写道，一战的爆发导致东西方文明的直接交融，是此次大战争的“一个最令人称奇的经历”（“The bringing of the Orient into contact with western civilization was one of the most remarkable phases of the world struggle.”）。[450] 报告指出，对协约国而言，华工赴法的军事作用至关重要。因为来自中国的工人为协约国提供了最大限度的可用人力资源（“The military purpose of bringing the Chinese to France was a crucial one to the Allies." "It was to capitalize to the greatest degree the man power made available to the Allied cause by the control of the sea and by the wide sympathy among all civilized peoples for the fight which the Allied nations were making.")。[451]《东方杂志》转译一外国报纸时也写道，一战华工赴欧，"诚大战争中稀有之奇迹也。溯自东西交通以来，华工移殖海外者颇众，惟其目的，皆在于生计问题。从未有协助西人以从事于战争事业者也。有之，则从今日始"。[452]

华工的最重要的贡献不仅仅体现在他们参与对西方文明的拯救，而且在于他们在中国以全新的姿态进入国际社会及中国人寻求新的国家认同中扮演的举足轻重的角色。1918 年在美国出版的《中国学生月刊》说，一战赴法华工实乃中国派往"世界的信使"（"the messengers of the wider world"），预言他们回国后将成为传播欧洲文明的最有力和有效的桥梁。[453] 因此，我们有理由得出如下简短的结论："以工代兵"是中国有史以来第一次有胆识、有目的、有远见地加入国际社会的开始，是东方大国参与拯救西方文明的亲密合作的大事。更为重要的是，14 万华工不仅是 14 万士兵，无疑也是 14 万使者。

一战华工在中国国际化方面的突出贡献首先在于他们为中国加入一战提供了机会。白蕉在其长篇文章"世界大战中之华工"一文中引用梁汝成的话说，"招工出洋为外交之妙计。民二年以降，梁公士诒虽非身当外交之冲，然实隐持外交大计。欧洲大战忽起，各国因地理与利害之关系，纷纷加入，或合纵、或连横。当民四年，各国驻华公使力劝我国最高当局参加世界大战，并以利害相诱挟。斯时情势混沌，孰得孰失，何去何从，极难分辨。且事关全华民族之兴衰，未易于孤注一掷，以贻民族无涯之戚。设中国永不参加，则战胜国所得胜利品，势不分予中国；设中国明予参加，则无船无械无饷，终至参而不战，必受各国责难。于是梁公决定明守中立，暗事参加；并决定以工代兵，而轮船器械饷馐，皆诱各国供给。目前可得择地殖民之利益，日后可享胜利之瓜分，诚千载一时之机会也。"[454] 这段话并不完全正确，因为是中国采取主动，要求加入战争，不是协约国力劝中国参战。事实上，是华工的生命损失为中国提供了参战的最好理由。对中国参战推动最大的梁启超就指出，德国击沉运送华工的商船导致数百华工葬身海底，"我国既为国际团体之一员，

则在体面上及责任上，对于德国此种蔑视中立国之行为，万难漠视；否则，即为自外于国际团体之列”，“故我国一方面以国家对于国民之责任，一方面对于世界国家地位，尤不得不有一种主张也。”中国如能借此参战，“实为我中华民国国际上开一新纪元”。[455] 因此华工不仅为协约国作出宝贵的贡献，而且更重要的是，他们出色地捍卫了中国的国家利益，为中国早期争取参战起到了关键作用。

2. 华工与巴黎和会

华工在中国国际化方面第二个突出贡献在于他们为中国战后参加巴黎和会及参与国际事务提供了很好的理由。他们的贡献得到了中国社会各阶层的交口称赞。鲁迅在其“十四年的读经”一文中写道，“欧战时候的参战，我们不是常常自负的么？但可曾用《论语》感化过德国兵，用《易经》咒翻了潜水艇呢？儒者们引以为劳绩的，倒是那大抵目不识丁的华工。”[456] 白焦在 30 年代明确指出，中国所谓参战，“而实际有功，足为国家稍争体面者，阙为华工”。[457] 蔡元培在 1918 年 12 月 24 日的一个演说中也宣称，此次大战，“我国为参战之员，若供给原料，输送华工，皆我参战所尽之义务。故中国在国际上亦应该处平等地位”。[458] 康有为在致中国出席巴黎和会代表团团长陆征祥的信中强调，“窃以中国今者之参预协约大庆成功，举国若狂。”“惟吾国真有功于欧战者”，实乃华工之力。“吾国参战之功，惟工人最大，则我国所争议约之事，应以保护华工惟最大事焉。”他建议政府以此为契机，同各国谈判，争取华工在外国的平等利益[459]。晏阳初后来指出，“第一次世界大战后，中国在巴黎和会的地位，不是外交家的辞令换来的”，而是“被中国人轻视被外国人践踏的苦力争来的”。[460]

由于一战华工成为中国各阶层的称赞对象和众望所归，一些团体及组织利用华工的影响来实现自己的有关中国国际化及国家认同之理念或目的。例如，在一战结束后，世界性的欧战协济会发起全球募捐，以解决军人和劳工的善后问题。中国欣然加入，并成立欧战协济会中国委员会，由协和医学校的美国人顾临（Roger S. Greene）任会长。顾临为美国驻远东资深外交官、美国红十字会救济 1917 年中国灾民救济款发放代表，可谓阅历丰富的知华人士[461]。有趣的是，欧战协济会在中国

的“劝捐缘起”也是以帮助战地华工为主要着眼点。该文说，中国“对于欧战，迄未能大有为力之处”，而此等捐助与中国供给工人等相同，“均足使外邦视中国民族，同起敬爱之心，且于和会时讨论关于中国所有利益问题，亦足以增加其民族代表之尊严”。“尤有进者”，发起募捐之团体中如基督教青年会等，“多有惟前敌之中国人服劳者。即以成效昭著之华工而论，各团体之干事，维护彼等德性，予以一切娱乐，复予工余之暇，教以读书识字”。从帮助华工及借此加入国际社会并为世界和平作出贡献的角度出发，许多中国机构包括大学在内纷纷响应欧战协济会的呼吁。例如北京大学表示“极力赞助欧战协济会”，称此类募捐“不惟侨法华工，咸受利益”，“即以吾国参战之义务言之，对于此种人道主义之举，亦人人所当尽力者也”。[462] 全国各地和各界人士为华工、为中国的国际地位，纷纷慷慨解囊。例如，1919 年 1 月 20 日，欧战协济会中国直隶筹款部给欧战协济总会上书，报告直隶全省共捐洋 33 万，其中天津捐洋 21 万。这些捐款被转交给有关国家，为其战后重建作出了贡献。如法国的阿尔贝特市在战争中受创极大，该市人民用天津捐款重建家园。为表示对天津人民的义举的感谢，他们特意命名市内一条街为“天津街”，并于 1920 年春树碑刻字作永久纪念 [463]。由此可见，就在欧战协济一事上，一战华工亦在推动中国融入国际社会乃至帮助重建西方文明中扮演了使者的角色。

3. 华工和中国的国际化

中国政府派遣华工赴欧支援协约国作战是一次史无前例的壮举。明清两朝都严厉禁止中国人出洋，皇帝朝廷甚至对那些违禁者给予严厉处罚。[464]1712 年时已经有许多华人移居海外，满清政府颁布的一份诏书却说，凡久居海外者必处以死刑。海外华人被乾隆皇帝称为“天朝弃民”，因此，当华侨在国外遭受迫害时，他们不会受到中国的任何保护。[465] 这种虐待海外华人的官方政策一直到 1893 年才被清政府最终废除掉。[466] 明清时期的禁止移民政策是中央帝国综合征的一个体现，也是当时中国社会闭关锁国思想的反映。

到了 19 世纪晚期特别是甲午战争之后，中国不但逐渐摒弃了保守的闭关锁国思想，而且开始渴望加入西方国家主导的国际体系。西方世界不再是邪恶之地，而

是中国人学习的榜样；出国成为一种特殊的荣耀。其结果是海外华人的地位迅速提升。事实上，早在民国伊始，新政府对华侨的全新态度即意味着新的中国欲利用华工华侨为中国加入国际社会服务。1912 年，中华民国颁布了一系列法令，其中的《临时约法》和《国会组织法》赋予了海外华人合法参与国内政治的权利。1916 年，当华工启程远赴法国之际，北京政府的农商部和外交部共同审核制定了一项旨在保护这些海外华工的新法令[467]，这个新法令很快获得了通过。随着大量华工被派到欧洲援战，北京政府国务院还于 1917 年专门设立了侨工事务局。[468]

因此，中国决定派遣华工赴欧支援协约国作战也是民国新政策的产物。中国外交部及其官员把欧战华工与中国的未来发展和中国在国际上的平等地位联系起来。1916 年 12 月 28 日，驻法公使胡惟德上书外交部，建议中国应向法方要求华工同法国工人有同等法律及经济地位，其一是有其可能性，因为法国目前劳工奇缺，有讨价还价的可能；其二是可排除对华工的敌视，“不致因华工之工价较廉而招彼工党之嫉忌排挤致蹈美国苛律之覆辙”。胡惟德指出，“此与将来出洋华工关系至巨。”他建议，赴法华工应严加选择，“今日出洋之工人当先预计将来回国作何安置”。其上者，“能熟练法国之工厂管理法，将来即为良好之工头”，其次者，“能节蓄所得工资，将来也可小本营生”。出于此种高瞻远瞩的思路，胡惟德强调，对出洋华工的深远影响切不可掉以轻心，因为其直接关系到中国的未来发展。“善劝工民商民宜尊重个人名誉，将来华工出洋日众，渐可推及于商业运销华货列肆欧市，即便本国人之购用，亦为欧洲人所欢迎。”[469] 李骏在其提交政府考虑的《移民意见书一览》中也指出，华工赴法不仅解决生计问题，亦可输入实业知识，更有改良中国社会之效。“吾国多数工人生活于彼国工界中，耳濡目染，吸其所长，他日次第归国，必有益于社会教育之进行而大减阻力。”[470]

北洋政府新制定的华工、华侨政策和社会精英积极倡导中国参与国际社会的主张密切相关。因此，要理解中国派遣华工出洋与寻求新的国家认同之间的关系，我们还必须考察中国社会精英对华工出洋政策的参与情况。许多中国精英分子一直是华工出洋计划的积极支持者和有力推动者。他们认为，出洋对中国人来说是一次获得新知和开阔眼界的千载良机。他们还希望这些华工归国后能够对中国的复兴起到重要作用。李石曾、蔡元培、汪精卫等人就是这批精英的代表。李石曾从 20 世纪之交起就一直坚持这个主张。李石曾是一位著名的知识分子、实业家和政治家。他曾留学法国，曾把许多法文著作翻译成中文。作为改革派，李石曾积极主张中国人应该与西方社会直接接触，鼓励中国人到国外学习和工作。早在 1902 年第一次游历法国时，他就和吴稚晖（1865—1953）讨论派遣中国人到欧洲工读的可能性。[471] 李石曾认为，改革中国社会的关键是教育以及向西方国家学习。派遣中国学生到西方国家工读，将是获得这种学习经验的理想途径。[472] 出于这种考虑，李石曾、吴稚晖、汪精卫和蔡元培在 1912 年成立了留法俭学会。该会的主要目的是鼓励中国青年到法国勤工俭学。工作只是手段，学习才是目的。留法俭学会的宗旨是增加中国人的受教育机会，向国人介绍世界文明，增长其见识，发展中国的民族经济。[473] 在该会的赞助下，自 1912 年至 1913 年间，先后有 120 名中国青年赴法学习。[474] 尽管留法俭学会不久迫于袁世凯的政治压力而被解散，但该会的领导人如李石曾、蔡元培、汪精卫和吴玉章从未放弃过他们的理想。

对李石曾、蔡元培和汪精卫等社会精英而言，中国社会改革与国人出国息息相关。他们不仅因此提倡国人到国外工读和积极帮助在法华工，还利用自身的影响力和威望来推动中国政府在组织上和体制上进一步完善移民计划。[475] 他们建议北京政府制订一项专门的政策来规范协约国来华招募华工的事务，还向北京政府强调华工在国外接受教育的重要性。1915 年 6 月，李石曾等人在巴黎成立勤工俭学会，其目的就是与法国合作招募华工。勤工俭学会旨在通过“勤工俭学的方式，来提高华工的知识”。李石曾宣称，在法华工归国后不仅要向国人传授工业技能，还要帮助改革中国社会，并破除那些已经暴露在欧洲文明面前的不良社会习俗。[476]1916 年 3 月，他们又在巴黎成立华法教育会，直接参与华工招募计划。[477] 华法教育会旨在教育留法华工，加深中法友谊，特别是通过学习法国的科学和文明成果来“促进中国的道德、知识和经济的进步”。[478]

如前所述，华法教育会曾受法国政府之托到中国招募华工。1916 年，蔡元培、汪精卫、李石曾、吴稚晖等人上书内务部，建议政府应对华工出国问题广加重视，制定一切实可行及影响深远的政策。在他们的心目中，华工招募计划的成功对中

国的国家认同以及中国在国际体系中的地位都有深远的影响，切不可对之掉以轻心。[479] 他们写道，“自欧战之兴，而招致华工之议渐成事实。其为利弊于吾国，一视其招工方法之如何而已。方而善可使人民生计得以一舒，且可使吾国工人得较精之艺能，与较良之习惯方法，而不善美洲禁例。殷鉴不远，无俟繁言。迩来招工者杂然而起，方法既有不齐，效果必不能一致。”蔡元培等人建议招工应注意以下几点：第一，“所招工人宜由地方自治团体或教育机关选择，以性行良朴，略识字而无恶习者为合格”。第二，“华工工价及待遇一切须与欧工平等”。第三，“所在国对于所招华工须为谋相当之教育”。他们特别强调华工的人格教育、知识教育。他们写道，“关于招工之一切开销由招工者向雇工者支取，不得于工人工价等项内扣用，也不得向工人索取报酬。”之所以要坚持这些，意在“重华工之人格”和“谋华工知识之进步”。[480] 由此可以清楚看出蔡元培等人利用华工改造中国社会及推动中国国际化的良苦用心，诚如白焦在其“世界大战中之华工”一文中总结的，“华工出国，学习新式工艺，他日归国，可成良才，赚起外汇，弥补国内金融空缺。同时还可亲见欧洲文明，自然进化。可谓得利多多。”[481] 曾任中华民国首任教育总长的蔡元培清楚地指出，如果中国想提高自身的国际地位，了解西方文明就势在必行。他写道，“中国有幸吸收欧洲文明。在欧华人就是中国学习西方文明的前驱。”[482] 一战华工正是学习西方文明的先行军。

一战华工甚至还是后来留法勤工俭学运动的楷模。1919 年 1 月，李石曾和吴稚晖成立了留法勤工俭学会，该会曾帮助许多中国未来的领导人到欧洲勤工俭学。[483] 周恩来、邓小平等人就是在这批社会精英以及留法勤工俭学会的帮助下才到欧洲留学的。周恩来在 1921 年曾写道，一战华工来法系后来“勤工俭学”之前奏。尽管有人对华工抱有成见，认为他们愚蠢，缺乏目标，但就是这些华工“于甚短时期中，从事储蓄，略习法文，增长见闻，归国后复能以其所见布之乡里，以其所习应之实用，以其所学增益社会，则青年学子既抱有‘改造社会’之宏愿，以工为副，以学为主，事固无不可行者”。[484] 曾和青年毛泽东一起考察中国农村的萧瑜（原名子升，1894—1976）后来回忆，他、毛泽东、蔡和森等湖南先进青年当时商讨准备以帮助在法华工为途径到法国勤工俭学，并对华工寄予厚望。他们讨论到，“我们不妨把华

工集合起来，鼓励他们念法文，学习技能，以及了解一下法国的社会政治组织。那么，他们返华后，便能在下层阶级成为改革运动的中坚分子。在这些华工中我们可以为改造中国的伟业找到很多同道。”[485] 萧和蔡两人于 1919 年赴法勤工俭学。萧子升到法国后曾担任留法勤工俭学会所办《华工杂志》的主编。他甚至计划在华工中挑选 1 万人作为新民学会会员，以为改造中国的坚实基础。毛泽东从萧子升处得到这一消息后，颇为兴奋，回信给萧子升称，“吾等正奠下改革的基石！弟当努力于长沙之扩展运动，惟目前兄等在法似乎较易进行。”[486] 由此可见，借助华工来改造中国也是中国未来领袖毛泽东、周恩来等人青年时代的理想和志愿。

利用华工来寻求中国新的国家认同和培养新一代国民，也是促成“以工代兵”计划实施的叶恭绰等人的重要考量因素之一。早在 1916 年秋，叶恭绰即派李兼善前往法国商办留法华工教育事宜。李兼善抵巴黎后即与驻法公使胡惟德、华法教育会会长蔡元培及汪精卫、李石曾等接触，取得共识后，即同法国军部与陶履德商定先择华工之年少敏慧者授以法文普通知识，不扣工资[487]。叶恭绰本人在 1918 年冬至 1919 春之间赴巴黎协助中国巴黎和会代表谈判并调查欧战后复兴情形时，曾前往视察在欧华工，并向华工发表演说和赠送国旗，勉励华工自立自强，爱国、爱社会。叶恭绰在参观一处华工医院及华人墓场时，见道旁华工墓地甚多，“不禁怆然泪下”。[488] 叶恭绰回国后，曾向政府提交考察报告，详述所见华工待遇，及其回国安置问题的建议[489]。

1918 年 11 月 13 日，中国政要及外国使节在北京出席庆祝第一次世界大战结束典礼。上图中为参议院议长梁士诒，下图拄拐杖者为前国务总理段祺瑞。FOTOE 供图。

1918 年 11 月 14 日，在北京天安门召开庆祝大会。正是由于华工对第一次世界大战的贡献，中国政府和人民才能够以战胜国的姿态举行庆祝活动。上图为警察学校学警举着北洋政府五色旗上街游行；下图为游行队伍中的基督教青年会学生。FOTOE 供图。

1918 年 11 月 28 日，世界和平庆贺日，北京政府当时的总统徐世昌在太和殿前举行大阅兵，并设宴招待各国公使，鼓吹“公理战胜强权”。FOTOE 供图。

巴黎和会会场。《东方杂志》刊登。

《东方杂志》刊登的“中国参与欧洲和会全权委员”：陆征祥、顾维钧、王正廷、施肇基、魏宸组。

1919 年 3 月 17 日，第一批留法勤工俭学学生从上海启程。在 15 日寰球中国学生会举行的欢送会上，吴玉章勉励学生说："此次世界大战而后，政治社会革新之声遍于全球。我们国人亦知顺此潮流，研究改革。"图为欢送会后合影，椅上坐者右四为吴玉章，最后排右一为前来送行的毛泽东。

1919 年 7 月 14 日，法国国庆日，由参加过第一次世界大战的法国官兵组成的队伍穿过凯旋门，庆祝他们的胜利。FOTOE 供图

华工登船返回祖国。
基督教青年会（Y.M.C.A）供图。

《东方杂志》刊登的“北京留法俭学会开幕演说会之摄影”，图中是蔡元培正在演讲。

1924 年，中国社会主义青年团旅法支部成员在巴黎合影。前排左四为周恩来，后排右三为邓小平。

1920 年 12 月底，工学世界社（以湖南留法勤工俭学生为主的公学主义团体）在法国蒙达尼举行年会，图为与会者合影。第一排左四为蔡和森；第三排右五为李维汉；第四排右八为李富春。

8

一战华工的归宿及历史记忆

在第一次世界大战期间的法国，第一次有如此众多的普通中国人与西方产生了直接接触。毋庸置疑，这不仅为中国人提供了观察和体验西方文明的机会，也是他们反思中国人自身的生活方式以及中国社会状况的契机。回国后的华工必然也给国内带来新观念、新思想，以及变革的理想。本章将讲述有关一战华工的归宿。显然，本书侧重于欧洲大战中的西线华工，对东线华工特别是俄国所招华工则未涉及。更遗憾的是，由于资料缺乏，我们无法知道华工归国后命运的详情，对于留在国外的一战华工的生活和人生究竟如何也未能详述。我们对华工归国后的生活及经历知道不多，也不了解回国华工战后的命运究竟如何。另外，因为没有足够的资料，对于留在法国的华工，其人生是如何继续的，我们也没有完整的答案。但仅从有限的资料来看，无疑这些人的集体命运是充满惊奇、曲折甚至悲壮或悲惨的。

1. 时代先锋

随着大战的结束，大批华工被遣送回国。当时的北京政府很想充分利用归国华工为国家服务，使他们能够为寻求中国新的国家认同及国际化出力。前文提到，早在一战华工出国之始，驻法公使胡惟德就曾就此建言。总统府在 1919 年 8 月 18 日令侨工事务局就如何安置归国华工一事详加讨论，拟定统一安置华工的章程[490]。随后，侨工事务局提交了一份名为“安置回国华工章程”的计划。根据该计划，大部分归国华工都将被雇佣去从事灌溉设施和铁路建设的工作。[491] 为了使华工的技能得到充分利用，章程要求每个华工都要提交一份他们在法国的上司出具的关于他们技能情况的推荐信。归国华工如果想进工厂工作，必须在当地劳工局登记。劳工局会将曾在船厂及军火工厂工作过的华工的名册送交海军及陆军部，以便给他们安排合适的职位。[492]

华工归国时，政府还给每个人颁发相应的身份卡片和证书，以便协助他们随后在中国就业。[493] 为了保证他们归国旅途的安全，中国驻巴黎总领事馆专门安排了精干的人员陪同他们回国。最适合这份工作的人就是那些刚刚在法国、比利时和瑞士结束学业的中国留学生，他们本来也是要回国的，并且他们热心公益事业，愿意帮助劳工。中国政府为他们负担旅费，并给每个人提供了 600 法郎的补贴。[494] 各地华工交涉员也出于对华工的参战贡献之感佩，在政府的指示下，在华工回国后力图妥善安排，“何忍听其失所，流而为匪”。[495]

1920 年下半年，国务院成立了一个名为海外侨民协会（Society for International Emigration）的机构，隶属于侨工事务局，它的职责是研究如何为海外华人提供更好的服务，并与世界上其他类似的组织加强联系。1921 年，郭则芳和李骏代表中国出席了该年度国际移民大会（International Conference on Emigration）[496]。中国在这次大会上表现积极。早在 1919 年，归国华工就成立了 26 个现代工会[497]。如 1919 年 9 月，归国华工在上海成立了他们自己的归国华工工会（The Returned Laborers Union），每周召开一次会议以讨论如何维护自身权益。[498] 该会以组织劳资谈判、通过经常性的联系增进共识、增进相互间超党派的诚挚友谊为目的。工会成员誓言不赌、不嫖、不酗酒、不抽鸦片。归国华工工会是中国最早成立的现代工会之一[499]，它拥有 1600 名成员，皆为新近从法国归来的华工。[500] 华工们知道，他们必须自己为自己的目标奋斗，自己拯救自身的命运。而他们的行动和发展，或多或少都得益于他们在欧洲的经历。南开大学著名经济学家何廉先生在 1931 年出版的一本书中写道，工会在中国的兴起与归国一战华工是密不可分的[501]。

根据对归国一战华工有深入了解的时人学者刁敏谦当时的观察，归国的华工个个都充满着新精神。“毫无疑问，这些归国的华工找到了传播他们所信奉的新思想的沃土。”这些归国华工是改变中国命运的一支生力军。在 20 世纪 20 年代前期，中国工人经常举行各种罢工，这些归国的华工也因此被人指控说，“中国劳动界罢工的煽动者都是那些来自欧洲战场的归国华工”。在有些政府部门，归国华工甚至被称作危险的布尔什维克潜藏分子。[502] 著名的五四运动史研究专家周策纵指出，在五四时期，那些归国华工在欧洲的经历使他们在上海工会的组织化以及罢工活动中起到积极的推动作用。他们“有力地促使五四运动在 20 世纪 20 年代早期向社会主义和民族主义的极端方向发展”。[503] 周氏认为，新式工人运动的思想基础是“民族主义而非布尔什维克主义”。[504]

归国华工同样给农村带来了积极的变化。例如，一名归国华工发现，一名教师被政府指派在村子里建立免费学校，可是他却违规向每名学生收取 3 贯钱的费用。

为了对这一敲诈行为表示抗议，这名劳工写了一份告示张贴在自己的家门口。他宣称他在法国时学会了要乐于助人，他在那里学会了600个汉字、拼音、地理以及算术，“这些都是我免费学到的，我也愿意免费传授给别人。只要愿意，任何孩子都可以在我这里免费学习以上科目”。[505]

华工的爱国热情还体现在其积极创新上。1924年2月，美国人富路得（Carrington Goodrich）在北京接见了一位来自直隶通县（今北京通州）的农民。此人一战期间曾在法国做工，回国后自己动手积极研制了一项机器发明，并在获得成功后请富路得介绍专家鉴定一下。该华工在写给富路得的信中说，他钻研发明，目的是为了响应《华工周报》的呼吁，把其自法国期间学习观察的心得“带回中国传布给同胞”。[506]富路得的两位工程师朋友检查了这位华工的发明，认为该发明除若干枝节处需修正外，其余都正确。山东博山和尚村的孙干怀着考察教育的目的参加华工队伍，回国后写有《欧战华工笔记》《世界大战战场见闻记》两部书稿[507]，意在向国人传播他在法国的所见所闻所思。这两部书稿终于在2014年经整理后以“华工记”之名正式出版。一战后留在法国定居的华工当然一如既往担当传播中国文明的使者及桥梁，有些人甚至直接参与了影响中国前途的活动。如山东潍县（今潍坊）一位华工战后留在法国，以开茶馆为业，曾多次为周恩来在法国的革命活动提供方便[508]。

战后留在法国的华工也站在时代的前列。他们在法国成立留法华工工会，于1919年10月在巴黎警察局登记并获得官方正式批准。[509]其会章指出，与上海的工会一样，它的目的是“促进劳工团结，扩展劳工的智识，增进劳工的个人修养和精神”。工会成员必须承诺不嫖、不赌、不酗酒、不吸鸦片以及不扰乱社会秩序。[510]工会还有自己的刊物《华工旬刊》，于1920年10月15日出版了第一期。首期《华工旬刊》公开宣称它的目标是团结劳工，并帮助他们争取更好的待遇和生活条件。[511]刊物的固定内容包括世界劳工运动新闻和中国大事。还有一些劳工公司的华工分别成立了各自的自治会，主要注重于禁赌和戒除其他恶习。[512]据统计，1920年，留在法国的华工共成立了36个华工工会，会员超过6000人，其主要目的是保护华工的权利和致力于华工教育。[513]

遗憾的是，由于军阀混战，社会动荡，总体说来，归国华工并未得到重用。在

20 世纪 20 年代，一些归国华工甚至由于生计等问题沦为土匪。[514] 例如 1923 年山东临城劫车案中，据称即有一战后由法归国华工参与[515]。当时有大约 1000 名匪徒在山东临城袭击一列特快列车，将列车上包括超过 30 名外国人在内的 300 名乘客扣为人质，一名英国人被杀。[516] 该列火车上的一名乘客露西 · 杜鲁门 · 奥德里奇（Lucy Truman Aldrich）是美国前参议员的女儿，也是小约翰 · 洛克菲勒夫人（Mrs. John D. Rockefeller Jr.）的妹妹，她在给她姐姐的信中写到，匪徒中的许多人都能听懂甚至说些英语，[517] 有些人能说法语。他们看上去像是那些至今还未找到工作的一战归国华工。[518] 这一发现意味着确实有归国华工参与了劫车案。日本作家后藤朝太郎（Goto Asataro）认为，这些匪徒最初肯定是从他们在法国看过的电影中获得了绑架的灵感，并故意制造了一起国际事件。另一名日本作家长野晃（Nagano Akira）甚至认为匪徒中的一些人怀有政治目的。专门研究绑匪问题的专家菲尔 · 比林斯利（Phil Billingsley）看来也同意以上观点，并认为匪徒的确是有更高的政治诉求。[519] 根据一名内部人士透露的消息，许多归国华工加入了匪帮，并运用他们的技能修筑军用战壕，既可以作掩护，也可为防御之用。[520]

2. 拯救华工

一战后留在法国的华工，由于缺乏教育、技能，特别是受到法国 30 年代的经济危机影响，导致他们中的不少人面临许多生计及谋生困难。新成立的南京国民政府对这些人并非不闻不问，相关政府部门在 30 年代曾数次开会商讨如何帮助他们。位于台北的国史馆保存有 7 卷有关一战华工救济的档案，其中有不少是政府部门商讨如何帮助一战后留欧华工及其家属的资料。这些档案可以帮助我们了解当时政府试图救助一战留法华工的部分过程[521]。在这些资料中，我们可以发现，梁汝成为中国招募华工的主要负责人之一，一战后，他在中国发起建立拥护九国公约后援会，并以后援会发起人兼参加欧战华工总代表名义通过汉口绥靖公署上书蒋介石称，“窃九国公约决予中国以行政独立领土完整，实乃二十余万赴欧参战华工以碧血换得之代价也。兹特代表赴欧参战华工及死义遗族，发起拥护九国公约后援会，以救国难而鞭策九国履行条约上应负之责任，并号召全国一致响应，誓为政府后盾，……惟

当时派遣华工参加欧战情形，及与法国公使签约手续，理与中央详细面陈，方足以引起全国之重视。为此敢恳钧座转呈中央，特准二十万赴欧参战华工及死义遗族之代表予以出席三中全会，报告当时真相，俾作外交上之研究。”[522]

在国民党第五次全国代表大会上，丘正欧（曾任中国国民党驻法总支部常务委员）等 27 人提议请求政府拨出一部分法国庚子赔款，用来办理旅法华侨子女教育并救济参战华工。他们在提案中写道，“查旅法华侨现计不下 5000 人，内有参战华工约 400 人，所生子女据党部调查亦约 300 余人，散处巴黎近郊各处，以在比映古格鲁梭等地最为多。查此等儿童，向无华人所办之学校为之教授中国语言文字，或灌输民族思想，所受教育，纯属法化，因此多有不知祖国为何物者。对于祖国之语言文化更多毫无认识。”丘正欧等人担心长此以往，这些儿童必然会完全被法国人所同化。这些孩子天资聪颖，却没有机会学习中国文化，不能了解中国历史，犹如被抛弃在异国他乡一样，令人可惜。他们呼吁尽快在留法华工居住的地区创办学校，“教育侨生儿童，使彼等不致数典忘祖，而能为日后国家之用”。提案还指出赴法华工对中国有极大的功劳，“欧战之时，我国未尝派一兵一卒参战，而停战媾和之际，我国尚有发言之权者，多系参战华工赴汤蹈火，冒锋镝之力”。现在战争结束，多数华工先后返国，但还有 400 多人流落在法国，“类多年老，无自活之能力。暮年思乡，殊堪哀怜”。政府应该帮助他们，报答他们当年为国家所作的贡献，应赶紧设法资助这些人回国，使他们不致埋骨异乡，在海外颠沛流离，令他们的祖国蒙羞。提案还请求政府在法国庚款内每年拨出 5 万元，“作为办理华侨学校之经常费”。此外再另外拨一笔专款，“作为资遣参战华工返国之需”。国民政府于 1935 年 12 月 31 日令行政院“查照核办”。可惜这些提议最终未能如愿得以实施。

事实上，自 20 世纪 30 年代起，新成立的南京国民政府及外交部便陆续收到不少呈文，要求对一战华工予以救助。如 1930 年 11 月 26 日青岛市长胡若愚即呈文行政院，提到华工代表要求国民政府出面，向英法政府施压，对一战华工予以奖励及抚恤。这些华工代表也要求国民政府同意他们组织归国华工团，并要求政府在修建码头、道路、桥梁、河坝工程方面优先考虑录用归国华工。行政院随即请外交、工商两部予以考虑。实业部部长孔祥熙随后批示，收阅行政院发下青岛市政府呈文。

就华工代表王启敬等要求政府交涉赔偿欧战华工恤金、搬运死亡欧洲华工遗骨回国，以及请求优待归国华工工作等，孔祥熙也答应立即予以商洽。

除青岛市政府外，中国驻巴黎总领事馆也向政府递交报告，报告说：法国政府在招募华工时，曾答应为华工提供免费来回船位，并在战争结束后“资遣”华工回国。因此战后一些选择留在法国的华工，在30年代要求法国政府按照当初合同中的承诺，遣送华工回国。但法国政府方面表示，由于这些华工战后是自愿选择留在法国的，因而他们已经失去了由法方资送回国的权利，并且当时每个人还曾向法国陆军部缴费600法郎，作为违反合同的赔偿。中国驻法国领馆报告说，“此种条件虽颇苛刻”，但当时这些工人自愿留在法国，自以为凭着自己的技能可以在法国找到工作，生活应该不成问题，因此也就接受了。根据这些总领事馆报告，至30年代，仍有一战华工千人左右留在法国。这些人的回国川资以及在法国的工作问题均不由法国政府负责。但由于近来世界经济衰退，法国失业大增，一战后留法华工的工作因此受到极大影响，有不少人失业。仅巴黎一地就有失业华工达五六十人之多。他们谋生无计。而那些即使目前仍有工作的华工，也十分担心随时会失业。在这种情况下，这些留法华工结伴来到中国驻法使馆，要求使馆向法国政府交涉对华工“勿加歧视”，不要将华工的工作交给法国本国工人，同时要求中国政府设法遣送失业华工回国。中国驻巴黎总领事馆认为留法华工“为生计所迫”，如“所求不遂”，可能有“过激行为伤及国体”。报告称，考虑到一战期间华工们到法国来帮助协约国，很有功劳，受到各方赞誉，总领事馆在可能的范围内已经竭尽全力，为帮助华工同法国的工厂进行了交涉。“但工厂方面饬退华工态度依然，数月之内恐尚无复工之望，而遣送回国一层则为从前商定所限，要求法政府给资回国实难办到。”报告中还提到轮船公司方面也不肯通融，不愿意先将华工送回中国。其原因是1921年法国轮船公司曾先行送过勤工俭学生100多人返回中国，但是他们回到中国后一直拖欠船费未付，此时再想同轮船公司商量遣送参战华工，他们已经不肯再通融办理了。另外，有些华工在有工作的时候曾经有存款，但经过随时提取，存款已经用尽了。报告中同时还附有华工呈文及失业工人名单，“希望行政院赐予设法，将该失业之参战华工等遣送回国，免致流落异乡糊口无方，或沦为饿殍，或激而走险，则不胜切迫待命之至”。对此，财政部部长宋子文答复说，“详核各该原呈所陈，尚系实情，倘不亟谋救济资遣回国，贻羞异域，国体攸关”，答应政府会立即为此筹拨资遣费一万七千元。

尽管中国驻法使馆曾一再与法国政府进行交涉，要求法方尽量帮助失业华工找到工作，“俾资生活”，法方也允诺为失业华工介绍工作，却拿不出什么具体办法。驻法使馆在报告中再次请中国政府准由“中英庚款项下筹拨一部分经费以为救济”一战后留法华工之用。使馆还报告说，一战后不少留法华工“失业皆久，饥寒交迫”，为争取支援，他们组织“留法参战华工复业归国促成会”，推举代表前来驻法使馆，请求使馆向国内反映他们的困苦状况，并予以救济，同时也请中方向法国政府交涉，为愿意归国的300余名华工提供免费交通。然而根据“参战华工善后委员会”（参战华工善后委员会系国民党驻法总支部于1930年由代表大会代表所发起成立，总机关设在巴黎）1930年5月2日向国民政府提交的一份呈文，一战后留法华工约有4000余人，政府“非有巨款，难言救济”。但当时中国政府财政窘迫，短期内很难筹集这样一笔巨款。

需要指出的是，在各方努力之下，民国政府终于比较快地作出了援助华工的决定，为参战华工拨资遣费帮助他们回国。根据1935年出席第19届国际劳工大会的中国劳工代表王锦霞报告，自1931年至1934年10月，民国政府共汇出国币28000元，资助留法华工150—160人左右归国。1931年8月27日，11名留法华工因此回国。第二批15名华工也很快归国。两次遣送共费50638法郎。[523]第三批（其中一人未走）由政府接回的华工共计29人，花费58429法郎，至此政府的拨款几乎用尽。1932年5月13日，驻法使馆再次请求政府拨款2万国币，以资助40名生活十分困难的失业华工回国[524]。1932年11月15日，55名留法华工和侨民及其家属回国。

从前文所提到的王锦霞呈政府报告中我们得知，大战结束之后，参战的华工中，“其愿归国者，由法政府派船送回中国，不愿归国者，则听其留法，自觉工作。其时我国驻法公使陈箓，华工事项管理人、公使馆三等秘书兼副领事李骏，曾限令各留法华工，每人存1000法郎于使领馆，以作日后归国旅费”。然而王锦霞报告，自大战告终已经15年过去，华工们的这项存款却下落不明。到1935年此笔款项已经被领馆挪用不少，致使部分华工无法取回存款。根据资料，克鲁沙有一名失业华工前往巴黎请求领取存款，因为手续麻烦，他来回跑了四次，领到的存款仅有 200 法郎，可是旅资已经耗掉 70 法郎。还有一个姓孙的华工，留法后曾娶法国女子为妻，生有子女各一名，可是后来长期失业，他数次到领馆请求设法帮助遣送他们一家回国，先是被法国警察赶走，后来更被抓起来拘禁两次。情急之下，这位孙姓华工投水自尽。国民政府外交部曾责令驻法使馆用办理护照签证等费用收入来填补华工存款上的亏缺。然而直到 1941 年，驻法使馆仍在清理一战华工存款事宜[525]。

由此可见，一战后在法国留下来的华工当时工作都比较不错，条件也好，所以政府也没有人对他们多加以过问。但是进入 30 年代后，法国产业同受世界经济不景气影响，当年留下的华工纷纷失业，生活渐感不支，在这种情况下，他们才开始向使馆请求领取当年那笔存款。可是使馆以经费困难为由，表示难以支付。对华工来说雪上加霜的是，法国工厂自 1935 年 1 月起实行百分之五的雇用外国人条例，这使得留法华工更感到紧张，害怕随时会失业。华工们曾选派出 8 名代表，请求驻法公使代办萧继荣（顾维钧回国后，公使事务由萧代理）帮助想办法解决华工面临的生计问题，但是没有什么结果。“故此半年内，华工遭遇，尤凄惨不堪”，“其他或流离失所，沿门乞食，或赖法妇做工维持。诸如此类惨况实难尽述。”处此严重情况之下，大多数华工感觉到建立自身组织的必要，“留法参战华工总会”遂于 6 月 2 日成立。根据王锦霞的报告，1935 年留在巴黎的失业华工仍有 500 人左右，其中 120 余人坚决要求政府帮忙回国，并提供川资。[526]“今华工等谋生无路，欲归不得，唯有请求转呈中央暨国民政府，迅予设法拨款救济云云。”民国政府实业部答称，经过审查，华工代表们所陈情的事实都属实情，“且情词哀切，至为可悯！”经过复查，留在法国的华工还有 400 多人，其中迫不及待，急须归国的大约有 120 余名，“每名归国旅费，以 260 元计算（法国境内火车费，可交涉全免，船费亦可交涉折价），共需洋约 3 万余元。是则在国家所费有限，而该华工等则受惠不浅矣。倘任其长此流落异域，于人道，于国体，均有不堪设想之处”。实业部支持政府部门“体恤该华工等惨况，迅予拨款救济，以全人道，而维国体，实为公德两便”。实业部随即咨请外交部查照，“令饬驻法公使馆查明具报，转咨过部，以便办理为荷！”1935 年 4 月 21 日，中国国民党中央组织委员会也收到报告称，留在法国亟须回国的失业华工有 155 名之多。[527]

这些人是否悉数回国，我们迄今不得而知。但我们知道，1937 年 3 月 9 日《时事新报》曾报道，参加第 20 届国际劳工大会的代表朱学范（1905—1996）曾在上海搜集名贵书画多件，携往巴黎，并与中国驻法领馆接洽，想要卖掉这些字画，用得到的钱作遣送华工回国的旅费，或用来帮助留法华工。同时，中方也同法国政府交涉资助华工回国事宜。其后一共接回华工 33 人，他们于 1937 年 3 月初回到中国。1937 年 3 月 13 日的《申报》报道，据刚归国的一战华工称，目前尚有一战华工上千人留在法国，都是同法国妇女结婚生子建立家庭的，并有工作可以糊口[528]。我们还知道，迟至 1941 年仍有旅法一战华工要求政府协助归国并参加抗日活动。但当时民国政府正面临日本大军压境，无暇他顾，因此这些留法华工的归国问题，恐怕最终没有得到解决。

大概是受留法一战华工争取福利活动的启发，战后即归国的华工在 20 世纪 30 年代也要求政府资助他们[529]。例如，自称参加欧战华工总头领的张启芝及华工代表夏戚昌等 23 人在 20 年代也呈文国民政府行政院，报告目前在国内的前参加欧战华工数万人流离无依，要求政府查照前参加欧战华工优待之条例，“格外施恩，设法容纳苦无所依之华工工人位置，以免流离事窃”。报告称华工等自归国后，因国内军阀各据一方，又无稳定政府，故不少华工处境堪忧，其惨况“实在痛心之极矣”。报告指出，“今军阀肃清，革命政府稳固，政治日新，所筹设工厂及开辟港站铁路等工程需用工人正多。”张启芝和其他 24 名工会代表为了华工不辞辛苦奔走于中国内地，除了向英国驻华总领事递书请求援助外，又特别向国民政府行政院递交报告，请求政府按照欧战时期所定的优待华工的规章，“设法在华工中选有技能及专门人才者，予以华工工人位置（如青岛船坞工程及沿海码头工程、江苏浒沟工程，及筹筑铁路暨各工厂等工程），华工等即感戴之极矣！”呈文建议民国政府军政部门统一“择其确有专门技能者予以登记，将来如遇有军事建设等工程，再为酌量录用”。梁汝成也建议政府“为华工参加欧战，成立九国公约，恳请建塔纪念，以彰有功，所有归国失业华工，并请抚恤”。华工各相关团体要求对留法参战华工予以抚恤的动议，到 1935 年仍有呼声。

3. 西班牙内战中的一战华工身影

根据资料，我们知道有一战留欧华工参加了1936年的西班牙内战。其中一人叫张瑞书。张瑞书生于1893年，是山东鱼台县人，他在一战结束后留在法国，曾在雷诺汽车厂工作，并加入法国共产党。在1936—1938年的整整两年间，张瑞书参加了西班牙内战，并在战争中三次负伤。他由普通战士先后升至班长、排长和担架队队长。1939年初他回到法国后，被法国政府逮捕，关进了监狱。后被法方驱逐出境，回到中国。回国后，张瑞书曾到延安，并在《解放日报》和新华社工作，担任保管员等职，1968年病逝。[530] 另一位有案可查的参加过西班牙内战的华工叫刘景田。刘景田也是山东人，生于1890年。同张瑞书一样，刘景田也曾在法国雷诺汽车厂工作。在20世纪30代末，有为数不少的法国工人加入了工会及法国共产党。他们两人所在的雷诺汽车厂的3万多工人在1937年全部加入工会，半数以上的工人成为共产党人。两人就是在那时加入工会和法国共产党的。1936年西班牙内战爆发，法国共产党呼吁人们到西班牙去参加反法西斯战争。张瑞书和刘景田于是放弃在法国工厂的工作，来到西班牙。两人本来想到战场杀敌，参加机关枪队，但因年纪大及身体状况不太好，都被分配去当担架兵。刘景田在西班牙内战期间曾任第45师第14纵队救护队队长，并多次负伤。

刘景田和张瑞书在法国期间均未结婚，两人的教育程度也都较低。刘景田据说虽然会讲法语，但不识字。张瑞书粗通文字，能读简单的中文及法文，法文也讲得较流利。在参加西班牙内战期间，刘景田与张瑞书一起被14纵队机关报《共和战士》称为“忠勇的模范”，“有多少人得他二人而复生”。[531] 对于受到的赞扬，张瑞书回答道，“有人称赞我们勇敢，我们觉得同志们对我们过誉了。我们十分感谢你们的好意，但我们只不过是尽我们的职责而已。我们到西班牙来，都是为了协助西班牙人民抵抗法西斯，因此我们不应该与其他国家的同志有什么分别。我们都有同样的理想、同样的信念。”刘景田也同张瑞书一样被法国驱逐出境，在1939年回到中国。他曾在延安中央党校学习，并在中央党校后勤部门工作，负责建筑工程。至于以后怎样，情形不明[532]。

除张瑞书和刘景田外，西班牙战场上来自法国的中国人还有同样来自雷诺汽车厂的杨春荣，和生于1890年的电工李丰宁。杨春荣和李丰宁等人在1939年10月27日由法国马赛登上轮船回国，李丰宁一心要回国打日本法西斯。[533] 另外还有按摩师阎家治，以及同样出生在山东的一名叫刘华封的工人，但他们是否属于一战华工，则无法证实了[534]。

4. 湮灭的历史记忆

美国历史学者马克·列维奇（Mark Levitch）在他的著作《万神之殿：重构大战之全景》（*Pantheon de la Guerre: Reconfiguring a Panorama of the Great War*）中，讲了一个极富意味的关于"万神殿"（The Pantheon）的故事：法国政府在巴黎专门拨出一块土地用于"万神殿"的兴建，"万神殿"里绘有一幅周长402英尺、高45英尺的巨幅环形画作。画作的总面积几乎和一个美式足球场一样大。两名法国艺术家皮埃尔·卡里－贝鲁斯（Pierre Carrier-Belleuse）和奥古斯特·弗朗索瓦（Auguste-Francois Gorguet），在另外20名法国艺术家的协助下，在1914年战争爆发之后就开始了这幅"万神殿"画作的绘制工作，并且恰在停战协议签订之前完成了这幅巨作。这幅巨型画作绘有包括5000个来自法国及其众多盟国的真人大小的战争人物形象。它体现了法国官方的宣传路线，即众多国家都与法国站在一起共同对抗野蛮的德国侵略者。它被用来代表第一次世界大战，并以此代表艺术家们为这场战争而作的贡献。虽然这幅画是私人制作，但是它得到了法国政府和军方的大力支持。法国总统雷蒙德·庞加莱（Raymond Poincare）在1918年10月19日主持了盛大的揭幕仪式，人们把其作为纪念战争胜利的里程碑式作品来庆祝它的完成。在最初完成的画作中是包括华工画面在内的，然而，当美国加入战争之后，艺术家们意识到他们需要在画上为美国人留下空间，于是决定涂去中国人，并在原有华工的位置上重新画上了美国人。[535] 所以，即便是在这样一幅如此全面性的战争纪念作品中，中国人的记录也被抹掉了。列维奇恰如其分地指出："万神殿"作为一个极其鲜明的例子，让我们看到战争"是如何被记忆，又如何被遗忘的"。[536] 一战华工的记忆及遗忘由此可见一斑。

华工在一战期间不仅是世界大战的目击者，更是世界大战的积极参与者。尽管如此，他们的故事、贡献及经历却鲜为人知。[537]“中国苦力为赢得文明之战的胜利所作的贡献从未得到全世界的公正评价，”一名在法基督教青年会官员这样说道。[538]由于史料的散乱和长期的被忽视，导致人们对一战华工的集体失忆。正如一份英国报纸在 1972 年指出的，中国人在欧洲的故事被“彻底地遗忘”了。[539]关于一战华工这段历史，至少有五个国家直接卷入其中。除了中国派出华工之外，还有英法两国招募华工，借道加拿大运送华工，美国向法国政府转“借”华工。在 14 万多华工之中，约有 10 万人由英国招募，4 万人由法国招募。而英国招募的约 10 万华工，往返于中国和欧洲的途中都曾借道加拿大。而对一战华工集体失忆的一个重要原因之一就是因为相关国家从一开始就有意地隐瞒这方面的资料和信息。英国陆军部不愿意让公众知道他们曾经主动向中国寻求帮助。一名学者指出，英国公开出版的关于华工的文献“屈指可数，并且常常是不准确的，有时还会故意歪曲以为协约国的宣传目的服务。英国陆军部之所以有意地弱化当时的舆论，是因为他们担心这会引发本国工人更多有组织的抗议”。这种担心的实质是害怕中国人不久之后会被带到英国本土工作。英国外交部与陆军部持同样的立场，它担心华工的遭遇被公之于众后，会引发类似 1903—1904 年华工在南非受到亚瑟 · 贝尔福（J. Arthur Balfour）政府非人道虐待后出现的普遍抗议和谴责[540]。

一战华工赴欧毕竟属于“战争行为”，协约国自然要避免将“华工赴欧”的信息泄露给德国，因为德国在一战期间发动“无限制潜艇战”，以阻止他国对协约国的物资和人力援助。而参战各国实行严格的出版审查制度，严禁公开发表任何有关华工赴欧的消息，这种严格的消息封锁又进一步造成了集体记忆的缺失。前面第三章提到的华工加拿大旅程“来无影去无踪”就是一个明显证明。封锁消息的背后还有很多深层原因。对英国人来说，保密不仅仅是因为华工赴欧本身具有军事性质，还攸关英国人的“面子”——堂堂大英帝国还要求助于中国，岂不丢脸？另外，我们也不要忘记，印度被英国人骄傲地称为“大英帝国皇冠上的明珠”，如果中国的民族主义通过一战顺势崛起，印度的民族主义会不会步他们的后尘呢？也正是出于这些考虑，英国迟迟不愿意招募华工，在行动上比法国整整晚了一年。

加拿大对一战华工旅程的严格保密则与其排华政策有关。而北京政府甚至也尽可能地隐瞒华工赴欧的消息。原因很简单，中国在 1915 年开始向法国派出华工，却直到 1917 年才正式参战。在正式向同盟国宣战之前，中国是名义上的中立国，根据国际法的约束，中立国不能偏袒战争中的任何一方。在理论上，华工赴欧只能是华工的私人行为，与中国政府无关。中国不希望德国政府知道它的“以工代兵”计划。这些原因使得中国政府对其以工代兵计划也尽量王顾左右而言他，刻意地降低华工招募的重要性，并像其他国家一样，竭尽隐瞒或误导之能事。此外，由于大多数华工都不识字，他们也就无法就他们的经历留下只言片语，最终只有很少的华工所撰写的私人日记和个人回忆录保存了下来。因此，华工本身也没有办法制止这种全面的“集体失忆”行为。

不仅如此，战争结束后立即被重新建构的扭曲的一战华工历史记忆，非但抹去了华工的正面形象，还导致人们对一战华工的负面记忆，并且迄今仍影响着欧洲人对中国人的态度。比利时历史学家多米尼克 · 多诺万（Dominiek Dendooven）注意到，“在所有不同肤色的工人中，中国人给佛兰德斯（Flanders Westhoek）留下的集体记忆是最模糊不清的”。[541] 多诺万指出，事实上，比利时人中所流传的，以及至今仍然流传的关于华工暴乱、谋杀和强奸的“数十个故事”中，绝大多数都没有事实根据。战争结束后，曾经的前线地区几乎处于没有法律管束的状态，离那里最近的警察局往往也有几十公里远，少数返家的居民大多住在碉堡或是匆忙建成的小木屋里，“中国人于是成了所有未侦破的犯罪案件最理想的替罪羊”。不幸的是，由于缺乏相应的研究，至今“这些武装暴乱、强奸以及其他犯罪的故事仍然留存在当地居民的集体记忆中”。[542]

比利时的情况并非个案。英国大众对华工的认知也同样是负面的。有一本书以第一人称写道，一群在法国的英国女孩被这些中国劳工“吓坏了”。据这些女孩称：“总的来说”，中国人“懒惰无能”，并且她们继续说道 ：如果一个女孩从某个华工那里买一件用炮弹壳刻制的工艺品，付了比她给另一个华工更多的钱，就有可能引来杀身之祸。另一个女孩也有类似的回忆 ：“我记得有个（中国）人对我说他要用刀捅我，因为我在他那里预订了一个小木雕，可他把它做成了难看的黑色，我不想要了。”

尽管有些中国人或许在法国犯下过严重的罪行（美国士兵和英国士兵也犯过同样的罪行），但中国人并不是怪物。这些负面的认知主要来源于误解和缺乏沟通，而这种情况贯穿于整个一战始终。事实上，在法国的华工很少参与抢劫。正如英国作家凯特·撒梅斯凯尔（Kate Summerscale）指出的，“中国人给人留下了顺天安命和勤勉的印象。如果英国妇女觉得他们是丑陋的、恐怖的，这或许是因为他们被当成了这场丑陋的、恐怖的战争的象征。”[543]

长期以来，中国政府和公众对华工及其经历似乎也同样缺乏了解甚至漠不关心。一战中的华工的故事直到最近一直被他们的祖国所遗忘。这种记忆的缺失与学术界对有关中国与第一次世界大战关系缺乏深入研究有关。长期以来，在中国学术界有一种错误的观点，认为北洋时代的中国就是一个半殖民地国家，“弱国无外交”，北洋政府和一战因此没什么特别关联。很少有人意识到当时的中国对融入国际社会有着极为强烈的诉求。另外，中国史学界还长期接受列宁的有关论述之影响，始终跳不出第一次世界大战是“帝国主义狗咬狗的战争”这一成见。言外之意，这场战争不仅跟中国没关系，且是一场不道德的战争。还有，中国的历史学科分野并不科学，把历史学科分成两大分支：中国史和世界史。做世界史的学者一般不做中国史，做中国史的学者不做世界史。而一战既涉及世界史又涉及中国史，打破了中国的历史学科分野。国内此种学术划分导致学术训练先天不良，使得一战华工课题无人问津。除了学术训练上的不足，还有语言上的劣势——做中国史的学者大多外文不好，做世界史的学者又对中国史一知半解。总之，从事一战史研究以及一战与中国关系的研究，必然要打破学科之间的分野，同时也必然要求学者有“全球思维”，有国际视野。最关键的是，还要求学者占有充分的资料。历史学者最明白“巧妇难为无米之炊”的道理。而关于一战华工的核心资料并不在中国，而是在国外。一战华工在中国的被遗忘，也就在所难免了。

正是因为上述种种原因，导致一战华工在历史记忆中的缺失，甚至严重误解。甚至今天，社会上仍偶尔能听到一些对一战华工质疑的声音。例如，一种声音认为，一战华工根本就是一批乌合之众，没有任何政治关怀或国际眼光。如果有任何正面影响的话，也是副产品，而不是出自华工的本意。二是华工不仅对中西文明没有什

么大贡献，其中许多人根本就是罪犯。三是认为根本没有以工代兵这回事。这些观点要么出于对真正历史的无知和偏见，信口开河，要么出于对这段历史缺乏广泛及深入的了解，导致一叶障目，不见泰山。对那些死于“终结一切战争之战”中的美国大兵，美国远征军总司令约翰·潘兴（John J. Pershing）将军说道：“时间永远不会磨灭他们的光辉。”[544] 但是，对于驰援欧洲、为协约国的胜利作出巨大贡献的华工来说，时间却使他们的事迹几近湮没。现在，是到了重新恢复对华工的记忆，并在中国和世界历史中重建他们公正地位的时候了。令人高兴的是，笔者的一战华工研究的中英文著作出版后在国内外受到普遍关注，不少观点也被中外学者接受。例如笔者提出的一战西线华工的 14 万这一数字已经成为学界公认数字。笔者的华工研究已被国际主流学术界接受，正式成为全球一战研究的重要部分。杰出的一战史学家杰伊·温特（Jay Winter）曾强调，历史的记忆是一个认识过程。[545] 笔者希望读者手头的这本小书能够在恢复一战华工的正确记忆、帮助人们全面认识这段历史方面作出微薄的贡献。

华工和他的法国妻子

留法华工一家人在第二次世界大战期间的合影

华工儿女在法国结婚。（1948 年）

华工张长松和法国妻子路易丝（1927 年）。他们于 1921 年成婚，结婚证书由中国驻法国大使馆颁发。Gérard Tchang 供图。

张长松夫妇 1981 年留影。张长松于 1983 年去世，妻子路易丝 1993 年离世。Gérard Tchang 供图。

1933 年拍摄的张长松全家福。Gérard Tchang 供图。

一位留在法国的华工一家的合影（1988 年）

华工吕虎臣与曾孙的合影。吕虎臣是最后健在的留法华工之一，1988 年获颁“荣誉军团骑士勋章”。

留法华工在法国歌梅驿（Cormeilles）水泥厂工作 40 周年纪念合影

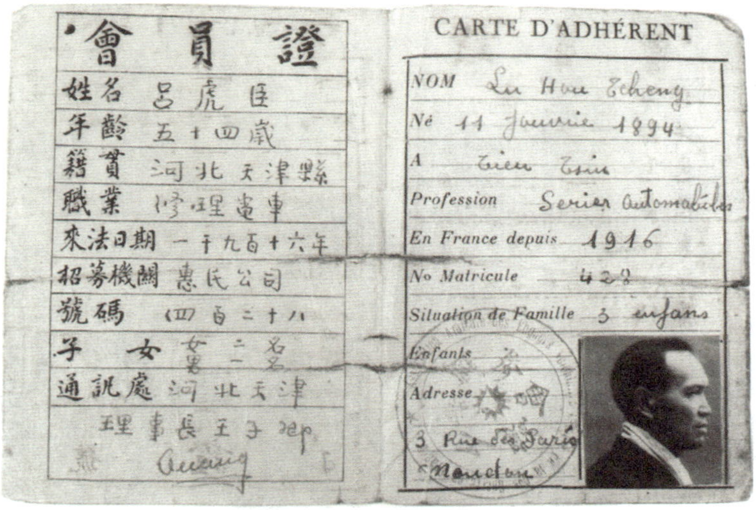
會員證
姓名 呂虎臣
年齡 五十四歲
籍貫 河北天津縣
職業 修理電車
來法日期 一千九百十六年
招募機關 惠氏公司
號碼 四百二十八
子女 女二名 男一名
通訊處 河北天津
理事長 王子卿

CARTE D'ADHÉRENT
NOM Lu Hou Tcheng
Né 11 Janvier 1894
A Tien Tsin
Profession
En France depuis 1916
No Matricule 428
Situation de Famille 3 enfans
Enfants
Adresse
3 Rue des Paris
Meudon

吕虎臣 1948 年参加旅法参战华工总会的会员证

CONSULAT GÉNÉRAL DE LA RÉPUBLIQUE CHINOISE PARIS

华工贺凤仪的证件。FOTOE 供图。

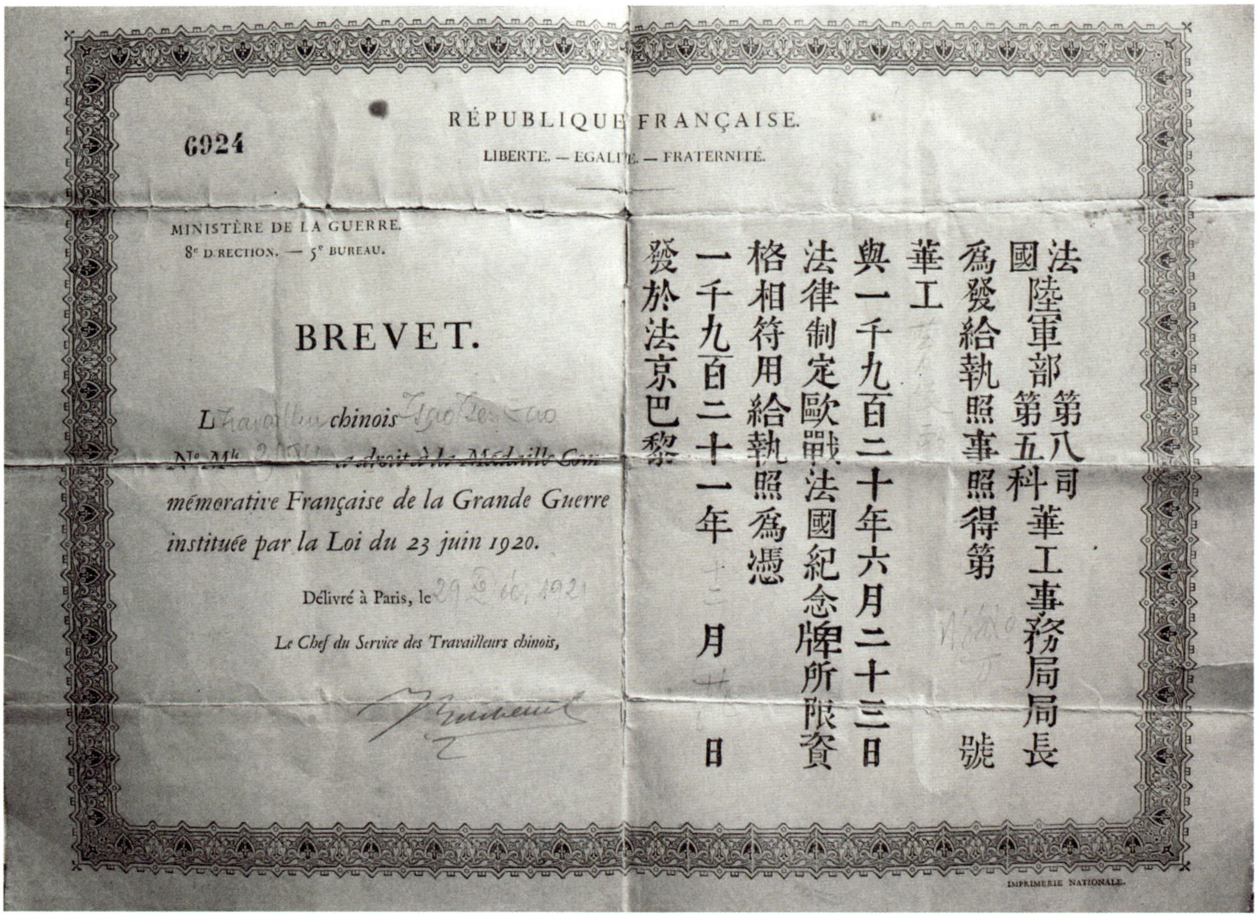
6924
RÉPUBLIQUE FRANÇAISE.
LIBERTÉ. — EGALITÉ. — FRATERNITÉ.
MINISTÈRE DE LA GUERRE.
8e DIRECTION. — 5e BUREAU.
BREVET.
L'travailleur chinois
N° Mle a droit à la Médaille Commémorative Française de la Grande Guerre instituée par la Loi du 23 juin 1920.
Délivré à Paris, le 29 Déc. 1921
Le Chef du Service des Travailleurs chinois,

法國陸軍部第八司第五科華工事務局局長
爲發給執照事照得第　號
華工
與一千九百二十年六月二十三日
法律制定歐戰法國紀念牌所限資
格相符用給執照爲憑
一千九百二十一年十二月廿九日
發於法京巴黎

IMPRIMERIE NATIONALE.

法国军方颁发给华工曹振彪的欧战法国纪念牌。2004 年初发现于山东淄博。China Foto Press 供图。

英国在一战结束之际颁发给华工的纪念章。威海市档案馆供图。

一位晚年归国的留法华工与家人在一起。

法国政府 1998 年在巴黎 13 区中国城内树立的华工纪念碑，上书“纪念在第一次世界大战中为法国捐躯的中国劳工和战士”。Dr. James 供图。

2002 年清明节，在诺莱特华工墓园举行的公祭中，当地的乐队奏响了《义勇军进行曲》和《马赛曲》。中新社供图。

法国索姆省退伍老战士仪仗队举旗向华工先人致敬。中新社供图。

2008 年 10 月 10 日，在第一次世界大战停战九十周年纪念日来临之际，来自中国山东的一战华工后代程玲（左三）和在法国的一战华工后代张瑞哈（Gérard Tchang，左一）两家相聚巴黎，共同缅怀先辈，畅叙中法友谊。中新社供图。

2008 年 11 月 4 日，法国退伍军人部和华裔融入法国促进会在巴黎举行隆重仪式，缅怀第一次世界大战期间为法捐躯的近两万华工。中国驻法国大使孔泉（右二）、法国退伍军人部部长让－马丽·波克尔（右三）、法国国民议会副议长勒甘（右四）、巴黎首个华人副区长陈文雄（右一）和法国陈氏兄弟公司董事长陈克威（右五）等出席仪式。中新社供图。

2013 年 6 月 7 日，法国侨界首次在巴黎市中心的凯旋门广场举行仪式，悼念在第一次世界大战中为法国作出贡献并捐躯的中国劳工。旅法华侨华人、留学生、法国官方和军方代表、退伍老兵等各界人士约 500 人出席。法国侨界希望以此唤起法国社会对华工的历史记忆，恢复华工应有的历史地位和尊严。图为法国潮州会馆会长吴武华和外籍军团退伍华人协会会长胡奇业（左）共同敬献花圈。中新社供图。

华工后代在读纪念碑上的先祖事迹。中新社供图。

来自中国山东的一战华工后代程玲和家人来到法国，祭奠安葬在法国北部华工墓园的祖父。其祖父在一战时应招来法，帮助法国做战地后勤工作，后被炮弹炸死。图为程玲展示当年祖父的身份牌，上有编号和国籍说明。中新社供图。

2013 年 4 月 4 日（农历清明节），中国驻法国使馆在法国滨海努瓦耶勒市诺莱特村的一战华工墓园举行公祭活动，缅怀近百年前奔赴欧洲、客死他乡的中国同胞。中国驻法大使孔泉及夫人王莺莺、法国地方政府官员、近 60 名旅法华侨华人社团负责人参加仪式。图为参加仪式的中法人士为一战华工默哀。中新社供图。

2014 年 7 月，应法国政府邀请，中国政府代表、前外交部长李肇星出席法国政府在国庆日举行的第一次世界大战爆发 100 周年纪念活动，并于 15 日前往欧洲最大的一战华工墓地——法国索姆省滨海努瓦耶勒市诺莱特华工墓园，凭吊安葬在那里的 884 名一战华工。图为李肇星在墓园中凭吊。中新社供图。

李肇星在墓园发表讲话。他赞扬中国劳工为欧洲和世界恢复和平作出的重要贡献，深情回顾他们的不幸遭遇，表示经过 100 年不懈奋斗，中华民族正努力实现伟大复兴的“中国梦”，中国政府将努力使每个中国公民生活得更加幸福、更有尊严，也将为海外华人提供更好的领事保护和服务。中新社供图。

2014 年 11 月 26 日，在第一次世界大战爆发 100 周年之际，法国政府和旅法华社在巴黎 13 区博迪古公园举行高规格仪式，纪念一战期间赴欧参战的中国劳工。法国国防部长勒德里昂等出席仪式。中新社供图。

法国国防部长勒德里昂在致辞中表示，法国不会忘记一战华工的历史贡献。中新社供图。

结 论

第一次世界大战无疑在中国近现代史上占有不可替代的重要地位。一战的爆发不仅标志着旧世界体系的崩溃，同时也为中国人寻求新的国家认同及国际化提供了新的平台。一战期间的中国社会是一个奇怪的综合体：政治上民族主义高涨，文化上高度反传统，外交上奉行国际化及国际主义；既有学贯中西、以天下为己任的一大批社会精英，也有目光短浅、不知国家为何物的军阀。凡此种种，莫衷一是。但就是在这种新旧混杂、天下大乱的局势下，中国人开始系统书写其以一战为契机的寻求国际化及新的国家认同的壮丽篇章。中国的一战外交及国际化努力是中国史乃至世界史上的重大事件。从某种意义上说，只有中国的参战才使欧战成为真正意义上的"世界大战"或"大战争"。一战把中国变成世界史的重要部分，中国同时也把一战世界化了。

中国与一战的关系也在相当大的程度上影响了中国后来的内政及社会发展进程。然而，不论我们如何评论一战对中国的意义，或中国对一战的贡献，我们首先都必须在一战研究中恢复中国与这场大战争关系的真实记忆。唯其如此，我们才能进而理解一战的世界影响，并通过研究中国与一战的关系，填补世界战争史、外交史、社会史研究上的空白。长期以来，中外学术界似乎一致公认五四运动和巴黎和会在中国历史及世界史上的重大影响力，对此笔者并没有异议。但我在这本书中要强调的是，我们只有在充分理解中国与一战的关系之后，才能真正明白五四运动和巴黎和会的真谛及内涵，才能把五四运动和巴黎和会的研究推到新的高度。尤为重要的是，如果我们同意一部20世纪的中国史实乃中国寻求国际化的历史这一基本判断的话，那么，我们可以说中国的20世纪是从一战开始的，中国对一战的反应及政策——包括以工代兵的重要决策在内——是中国积极主动走向国际化的开端。

一战华工甚至给中国最终直接参战提供了法理根据，为中国的战后外交创造了有利条件，并最终帮助中国政府以平等一员的身份走向世界。1917年8月，中国历经三年的奋斗，终以华工死于德国潜艇攻击为借口，正式向德奥宣战。中国对德宣战，不仅展示了中国利用外交进入国际社会成为平等一员及国际化的成功之举，而且首开中国从鸦片战争以来系统收复国家主权的先河。中国甫一宣战，不仅立即宣布中国同德奥两国所签订的一切不平等条约随之废除，并收复德奥在中国的租界，

终止支付德奥庚子赔款，更重要的是，德奥在中国的治外法权也被中国一举取消。中国人坚持不懈地利用欧战的爆发力争正式加入战团，充分反映了中国人寻求国际化的决心。中国以参战外交一改以前中国人传统而落后的世界观，承认西方主宰的世界体系，并力求加入国际社会成为受人尊重的平等一员。中国初涉近代外交，即身手不凡，以远大的目光、灵活的外交，让世人惊叹。中国代表们在巴黎和会的表现，更是可圈可点。中国能够跻身战后巴黎和会本身，即是中国一战外交成功的例证，实现了其在战争伊始即要参与和会的目标。在和会上，中国代表敢于并精于参与国际新秩序的建设，力图让战后新世界秩序有中国的烙印，留下中国人的声音，这本身就是一大外交胜利。

中国参加一战，从小处着眼是为了应付日本，为了在战后和会上占一席之地，但从长远看，则是为了加入国际社会，为了国际化，为了在新的世界秩序中有发言权。在巴黎和会上，正因为中国代表团的据理力争，并大义凛然地拒绝在对中国不利的《凡尔赛和约》上签字，才把所谓“中国问题”带到了世界最高论坛，并为山东问题在巴黎和会结束后的迅速解决提供了契机。因此，中国在巴黎和会上不但没有完全失败，在某种程度上，甚至可以说是大获成功。没有中国参战及拒绝签订巴黎和会对德和约，中国不可能在 1921 年很快同德国签订平等条约，并在 1922 年迫使日本归还山东。中德于 1921 年所签订的条约系近代中国与一个欧洲大国签订的第一个界定双边关系的平等条约。更为重要的是，中国人在巴黎和会上积极参与战后新秩序的建立。例如顾维钧系起草《国际联盟宪章》的 15 人委员会委员之一，对宪章的撰稿贡献颇多。中国人甚至从大局着眼，支持日本代表团在和会提出的“种族平等”条款。凡此种种，不仅让国际社会听见了中国的声音，并向全世界展示了中国成熟外交的风范。而所有这些成就和建树，都是与一战期间旅法华工的贡献分不开的。

华工的转变和影响令世人瞩目。中国政府同英国和法国政府联手，把华工送到法国，中国的命运便与协约国联系在一起。华工不仅参与拯救西方文明，同时还是“再造中国文明”的一部分。一战华工不仅为协约国作出了宝贵的贡献，也为中国宣战争取了机会并出色地捍卫了国家利益。旅法华工大多都是普通的农民，当他们被挑

选前往欧洲时，他们对中国和世界都知之甚少。但是，他们仍然用自己的力量，直接帮助中国改变了其在世界和国人心中的形象。他们以新的跨国身份重新塑造了中国的国家认同，推进了中国的国际化进程，进而影响了国际新秩序的建立。他们从在战时欧洲的经历中，以及在他们与美国、英国、法国的军人们和其他国家的劳工们一起工作的经历中，形成了自己对中国和世界事物的独特理解和看法。而晏阳初、蒋廷黻、蔡元培、汪精卫以及其他许多未来中国的领袖们，则通过他们在欧洲与华工共事的经历，对他们的劳工同胞有了新的认识，并开始确信中国一定能成为更好的国家。

笔者认为，中国作出“以工代兵”的决定既是应对时势的权宜之计，也是深思熟虑的战略布局。这一前所未有的举措是年轻的中华民国富有远见的外交政策的产物。许多政治精英和公共知识分子都将“以工代兵”计划和他们关于中国未来发展的憧憬以及中国在国际大家庭中获得平等地位的目标紧密联系在一起。因此，不论我们如何评论一战对中国的意义，或中国对一战的贡献，我们都应该把中国特别是一战华工带回一战的集体记忆。对20世纪的中国来说，国际化和民族主义犹如同一枚硬币之正反两面。通过研究一战旅欧华工和他们的故事，我们不仅可以重新恢复“一战与中国”及“华工与一战”这些被中国和世界历史遗忘的记忆，并且可以进一步帮助中国人及世界人民通过历史上这一精彩篇章，认识和理解中国人一个世纪以来重建中国文明及参与国际社会的心路历程。一战百年，战争的硝烟早已散尽。从2014年起到2018年，全世界都在借一战百年之际，反思一战带给人类的共同遗产和记忆，以及其深远的历史意义。希望借这本小书，能让越来越多的人关注一战这个领域，关注一战带给人类的遗产——特别是留给我们中国人的遗产，更重要的是，能让更多的历史研究者把一战华工带到一战历史研究之中，带到东西文明交融的历史研究之中。希望这本书能够带动更多的人去关注那些像华工的一战经历一样的、很少被关注的所谓“小人物”的历史，并帮助我们重新认识和思考中国和世界的“大历史”。

注　　释

1 刘涛，徐国琦，“没有一战，何来五四？”《西湖》文学月刊，2009 年第 7 期，页 99—105。

2 Dominiek Dendooven and Piet Chielens, eds., *World War I: Five Continents in Flanders* (London: Lanoo, 2008), 8.

3 Modris Eksteins, *Rites of Spring: The Great War and the Birth of the Modern Age* (Toronto: Lester & Orpen Dennys, 1989), 116-119.

4 “Letter to Howard Sturgis,” August 5, 1914, in Percy Lubbock, ed., *The Letters of Henry James* (New York: Octagon Books, 1970), 2:384.

5 Isaac Frederick Marcosson, *S.O.S. America's Miracle in France* (New York: John Lane Company, 1919), 306.

6 梁启超，《欧游心影录》，见《梁启超全集》，北京出版社，1999 年，卷 5，页 2985—2987。

7 John Dewey, “China and the West,” in Jo Ann Boyston, ed., *The Middle Works* [of John Dewey] (Carbondale: Southern Illinois University Press, 2008), 216.

8 以芬，“欧战杂感（6）”，《晨报》，1918 年 12 月 23 日，第二版。

9 Mishra, *From the Ruins of Empire: the Intellectuals Who Remade Asia* (Farrar, Straus and Giroux, 2012), 186.

10 Mishra, *From the Ruins of Empire*, 192.

11 Mishra, *From the Ruins of Empire*, 210.

12 Frederick Dickinson, *War and National Reinvention: Japan in the Great War, 1914-1919* (Harvard University Press, 1999), 35；Ikuhiko Hata, “Continental Expansion, 1905-1941,” in John W. Hall, ed., *The Cambridge History of Japan* (Cambridge, UK: Cambridge University Press, 1988), 6:279.

13 陈独秀，《独秀文存》，合肥：安徽人民出版社，1987 年，页 388。

14 Rare book and manuscript library, Columbia University: Central file, box 321/folder 13: John Dewey: The following is a typed manuscript under title “*Sunday World*, August 5, 1917.”

15 John Dewey, *Lectures in China, 1919-1920* (edited and translated by Robert W. Clopton and Tsuin-Chen Ou, The University of Hawaii Press, 1973), 233-234; Joseph Grange, John Dewey, *Confucius and Global Philosophy* (SUNY Press, 2006), viv, 30, 89; Barry Keenan, *The Dewey Experiment in China* (Harvard University Asia Center, 1977), 7, 35.

16 Charles Dickens, *A Tale of Two Cities* (Oxford: Oxford University Press, 1989), 1.

17 详见俾耳德编著、于熙俭译，《人类的前程》，北京：外语教学与研究出版社，2014。

18 Edward Wong, “China's hard Line: ‘No room for Compromise’,” *The New York Times*, March 8, 2014, A4.

19 见马骊编著，《一战华工在法国》，吉林出版集团有限责任公司，2015 年，页 442。

20 详见张建国主编，《中国劳工与第一次世界大战》，山东人民出版社，2009 年；张建国，张军勇编著，《万里赴戎机：第一次世界大战参战华工纪实》，山东画报出版社，2009 年。

21 Niall Ferguson, *Pity of War* (London: The Penguin Group, 1998), 295, 299, 436.

22 “四千年大梦”系梁启超用语。引自梁启超，“改革起源”，《饮冰室合集》，北京：中华书局，1989 年，6：113。

23 引自梁启超，“戊戌政变记”，《饮冰室合集》，6：76。

24 有关此论点的详细论述，参见 William C. Kirby, “The Internationalization of China: Foreign Relations at Home and Abroad in the Republican Era,” *The China Quarterly* 150.2 (June 1997)，以及 Xu Guoqi, *China and the Great War: China's Pursuit of a New National Identity and Internationalization.* Cambridge, UK and New York: Cambridge University Press, 2005。

25 Rebecca E. Karl, *Staging the World: Chinese Nationalism at the Turn of the Twentieth Century* (Durham, NC: Duke University Press, 2002), 196, 201.

26 关于民族主义与国际主义的关系问题，请参阅 Xu Guoqi, “Internationalism as Nationalism: China during 1895 and 1919,” in George Wei and Xiaoyuan Liu, eds., *Chinese Nationalism in Perspective: Historical and Recent Cases* (Westport, CT: Greenwood Publishing Group, 2001)。

27 详见杨度，“金铁主义说”，此文最早发表在他本人主编的《中国新报》第 1 至 6 期（1906—1907）。

28 Robert Wohl, *The Generation of 1914* (Cambridge, MA: Harvard University Press, 1979)。

29 Stanley Hoffmann, “France: Two Obsessions for One Century,” in Robert A. Pastor, ed., *A Century's Journey: How the Great Powers Shape the World* (New York: Basic Books, 1999), 63-89.

30 梁启超，“外交方针质言（欧战问题）”，《饮冰室合集》，第 4 册，饮冰室文集之三十五，页 4—13；梁启超，“欧战蠡测”，《饮冰室合集》第 4 册，页 11—26；另见丁文江主编：《梁任公先生年谱长编初稿》，台北：世界书局，1959 年，页 439。

31 刘彦，《中国外交史》，台北：三民书局，1962 年，页 409。

32 参见张君劢，《中西印哲学文集》，程文熙编，台北：学生书局，1981 年，第 1 册，页 65—66，165。

33 刘叔雅，“欧洲战争与青年之觉悟”，《新青年》第 2 卷第 2 期（1916 年）。

34 凤冈及门弟子编，《民国梁燕孙先生士诒年谱》，第 1 册，页 194—196，271—272，289；Michael Summerskill, *China on the Western Front: Britain's*

Chinese Worker Force in the First World War (London: n. p., 1982), 30；苏文濯：《梁谭玉樱居士所藏书翰图照影存》，香港，1986年，页208。

35 Cyril Pearl, *Morrison of Peking* (Sydney: Angus and Robertson, 1967), 307.（该书中译本可参见：（澳）西里尔·珀尔，檀东鍟、窦坤译：《北京的莫理循》，福建教育出版社，2003年）

36 尽管并无官方的档案可以证明这项提议来自袁世凯，但是据一些二手资料显示，中国的确曾向英国作出过这种提议。例如，在乔治·E·莫理循和Bertram Lenox Simpson的私人信件及官方的备忘录中都有相关记载。莫理循在他的私人信件中数次提及此事，详见1916年5月8日，莫理循致Moberly Bell夫人；1916年10月12日，北京，莫理循致L. G. Fraser，载于Lo Hui-Min, ed., *The Correspondence of G. E. Morrison* (Cambridge: Cambridge University Press, 1976), 2:515-516, 559。另见来新夏编，《北洋军阀》（第三册），上海：上海人民出版社，1988年，页131—136。

37 Lo Hui-min, *The Correspondence of G. E. Morrison*. Cambridge: Cambridge University Press, 1976, 2:559.

38《毛泽东早期文稿》，湖南人民出版社，1990年，页51。

39 伍朝枢致外交部备忘录（1914年11月10日），中央研究院近代史研究所编，《中日关系史料：欧战与山东问题》（台北，中央研究院近代史研究所），1：436—437。

40 夏偕复致外交部（1914年12月25日），中央研究院近代史研究所编，《中日关系史料：欧战与山东问题》，2：598—600，2：664—669。

41 夏诒霆致外交部（1914年12月25日），中央研究院近代史研究所编，《中日关系史料：欧战与山东问题》，2：664—669。

42 外交部致驻各国公使馆（1915年1月18日），中央研究院近代史研究所编，《中日关系史料：欧战与山东问题》，2：678—679。

43 曹汝霖，《一生之回忆》，页138。

44 蔡廷干致莫理循，Lo, *The Correspondence of G. E. Morrison*, 2:463。

45《叶遐庵先生年谱》（1946），页48。

46 A. Philip Jones, *Britain's Search for Chinese Cooperation in the First World War* (London: Garland Publishing, Inc., 1986), 109.

47 凤冈及门弟子编，《民国梁燕孙先生士诒年谱》（台北：商务印书馆，1978年），第1册，页310。

48 叶恭绰历任铁路总局局长、交通银行行长，并在1913—1918年间任交通部次长。

49 陈奋主编，《北洋政府国务总理梁士诒史料集》（中国文史出版社，1991年），页404。

50 沈文骞，“梁士诒的一生”，见《梁士诒传记资料》，页7—14。

51《梁士诒传记资料》，前引书，页26。

52 李吉奎，《梁士诒》（广东人民出版社，2005年），页133。

53 李吉奎，《梁士诒》，页132。

54 李吉奎，《梁士诒》，页142。

55 Le Ministre de la Guerre à Monsieur le Général Commandant en Chef, Paris, October 27, 1915, Vincennes, 7N435/Main-d'Oeuvre Indigence.

56 "French Foreign Ministry Report on Chinese Laborers," January 23, 1917, Quai d'Orsay, Ministre des Affaires Etrangères, 1918-1929, Chine, XLI.

57《叶遐庵先生年谱》(北京图书馆出版社，1999年），页49。

58 《人文月刊》，第8卷，第1期（1937年2月15日），页3—11。

59 Naval attaché report, No. 2109, French Embassy, February 6, 1916, Archives de la Marine, Vincennes, SSEB119/Transport Personnel.

60 "Note pour la Direction des Affairs Politiques et Commerciales," April 6, 1917, 以及Conty to Quai d'Orsay, March 31, 1917, Quai d'Orsay, NS, Chine, CXXXV.

61 陈三井、吕芳上、杨翠华主编，《欧战华工史料》（台北：中央研究院近代史研究所，1997），页195。

62《欧战华工史料》，页196。

63《欧战华工史料》页8—11，15，17。

64《欧战华工史料》，页199，200，207，209，210，213，220，225，232。

65 外交部发沿江、沿海、东三省各督军省长密函，1917年1月10日，《欧战华工史料》，页20。

66 Conty to Quai d'Orsay, March 1, 1916, Quai d'Orsay, Ministre des Affairs Etrangères, 1918-1929, Chine, XLI.

67 法国政府曾多次说明华工是用于支援法国的国防工作。详情参见Procès-Verbaux de la Conférence Interministérielle, Archive Nationale, Paris, 14F/11334。

68 "Le Ministre du Travail et de la Prévoyance Sociale à Monsieur le Ministre de la Guerre," October 14, 1916, Vincennes, 6N149/Fonds Clemenceau/Mission de Recrutement des Ouvriers Chinois.

69 Note of Quai d'Orsay, Paris, January 17, 1917, Quai d'Orsay, Ministre des Affaires Etrangères, 1918-1929, Chine, XLI:145.

70 有关惠民公司对华工招募的经过，详见凤冈及门弟子编，《三水梁燕孙先生年谱》，页448—453。

71 Martel to Quai d'Orsay, February 9, 1918 and February 18, 1918, Quai d'Orsay, Ministre des Affaires Etrangères, 1918-1929, Chine, XLII.

72 War Ministry to Quai d'Orsay, July 15, 1918, Quai d'Orsay to War Ministry, July 28, 1918, Quai d'Orsay, Asie 1918-1929, Chine, XLII.

73 有关双方的分歧详情，请参见Note pour le Cabinet Militaire/Affaire Truptil（没有日期），以及Secret Telegram from French Minister to China, Boppe, October 22, 1918。这两份文件都藏在Vincennes,6N149/Fonds Clemenceau/Mission de Recrutement des Ouvriers Chinois。至于双方分歧的精辟论述，参见Le rapport de M. Dubois in Vincennes, 6N111/Divers secrets/Fonds Clemenceau。有关法国军方的详细态度，请参见Rapport Fait au Sous-Secrétaire d'Etat, Ministre de la Guerre, Analyse au Sujet de la Demande d'Indemnité du Syndicat Wey-min par suite de la Suspension du Recrutement de Main d'Oeuvre Chinoise, Vincennes, 6N111/Divers secrets/Fonds Clemenceau.

74 天津市地方志编修委员会，《天津通志·大事记》（天津社会科学出版社，1995年），页185—187。

75 1917年2月12日，广东省长致外交部电。中国第二历史档案馆，北洋外交部档，1039-1。

76 Jordan to Grey, July 25, 1916, PRO, wo106/35.

77 "Summary of Information Concerning the Recruiting of the Chinese Labour Corps," January 12, 1917, PRO, wo/106/33.

78 Peter T. Scott, "Chinese in France in WW I", *War Monthly*, vol. 8, No. 76 (May 1980), 8-11.

[79] Paul Fussell, *The Great War and Modern Memory* (New York: Oxford University Press, 1975), 9.

[80] Ibid., 14.

[81] Ibid., 74.

[82] Josiah C. Wedgwood, MP to Lloyd George, October 11, 1916, House Lords Records Office: Lloyd George Papers-E/4/2/4.

[83] *Times* (London), October 24, 1917, 7a.

[84] Parliamentary Debates, Commons (93) (April 30-May 25, 1917):1393.

[85] Parliamentary Debates, Commons (87) (November 7-23, 1916): 874.

[86] Parliamentary Debates, Commons (84) (July 10-31, 1916): 1379.

[87] Minutes of the Proceedings of the Army Council, July 28, 1916, NA, Kew, WO 163/21.

[88] War Office memorandum, August 14, 1916, NA, Kew, WO 32/11345.

[89] War Office Document, January 12, 1917, PRO, WO 106/33.

[90] Michael Summerskill, *China on the Western Front: Britain's Chinese Worker Force in the First World War* (London, 1982), 94-95.

[91] Alson to Foreign Office, December 3, 1916, PRO, WO 32/11345.

[92] Alson to Foreign Office, December 22, 1916, PRO, WO 32/11345.

[93] 总长会晤英艾代办问答，1916 年 12 月 13 日，引自《欧战华工史料》，页 456。

[94] 收国务院公函，1917 年 1 月 17 日，《欧战华工史料》，页 467。

[95] 发驻英施公使电，1917 年 1 月 25 日；收驻英施公使电，1917 年 2 月 6 日，《欧战华工史料》，页 469，79。

[96] 外交部致施肇基公使电，1917 年 1 月 25 日，台北：中研院近史所档案馆，外交部档，英国招工团，E-1-4-2。

[97] Jordan, telegram to Foreign Office, November 12, 1916, PRO, WO 32/11345.

[98] La Panouse Report, April 27, 1917, Vincennes, 17N156; Procès-Verbaux de la Conférence Interministérielle, May 26, 1917, Archive Nationale, Paris, 14F/11334.

[99] Naval Attaché report, "Au Sujet des Cooliers Tibetains," No. 1589, June 1, 1917, Vincennes, marine, SSEB5/travailleurs coloniaux et étrangers/généralités.

[100] 菲利普 · 琼斯（A. Philip Jones）指出双方之间也存在很多问题，参见他的 *Britain's Search for Chinese Cooperation in the First World War*, chapters 6 and 8.

[101] Foreign Office to Jordan, October 5, 1916, PRO, WO 32/11346.

[102] "Procès-Verbaux de la Conférence Interministérielle," February 10, 1917, Quai d'Orsay, NS, Chine, CXXXVII.

[103] French Ambassador Paul Combon to Quai d'Orsay, October 9, 1917, Quai d'Orsay, NS, Chine, CXXXVII.

[104] Foreign Office to Alston, February 22, 1917, PRO, FO 371/2905/28360.

[105] Internal Exchange Paper of Foreign Office, February 21, 1917, PRO, FO 371/2905/28360.

[106] Foreign Office Document, May 25, 1917, PRO, FO 371/2906/40.

[107] British Foreign Office to Quai d'Orsay, October 5, 1917, Quai d'Orsay, NS, Chine, CXXXVII.

[108] Alston to FO, October 5, 1917, PRO, FO 371/2906/296-97.

[109] Balfour to Combon, October 11, 1917, PRO, FO 371/2906.

[110] War Office to Foreign Office, January 21, 1918, PRO, FO 371/3178/269.

[111] 参见 J. A. Salter, *Allied Shipping Control: An Experiment in International Administration* (Oxford University Press, 1921)，其中对协约国的运送问题有详细的论述。

[112] David Kennedy, *Over Here*（New York: Oxford University Press, 1980）, 333.

[113] British Foreign Office to Quai d'Orsay, October 5, 1917, Quai d'Orsay, NS, Chine, vol. CXXXVIII.

[114] "Note Secrète sur la Question du Transport de Contingents Chinois," January 25, 1918, Vincennes, 16N3246.

[115] Quai d'Orsay to War Ministry, July 28, 1918, Quai d'Orsay, Asie, 1918-1929, XLII.

[116] "Maclay to the War Cabinet," January 17, 1918, PRO, War Cabinet minute, CAB 23/5/324.

[117] 参见 Summerskill, *China on the Western Front*, 179-94。其中对英国终止招募华工有精辟的论述。

[118] Foreign Office to Jordan, April 14, 1918, PRO, WO 106/33.

[119] Stephen Pope and Elizabeth-Anne Wheale, eds., *Dictionary of the First World War* (New York: St. Martin's Press, 1995).

[120] 陈三井统计的华工数字并不确定。在他书中的很多地方，有的地方认为华工数字为 20 万，而在其他地方，他又认为华工数字约在 17.5 万和 20 万之间。参见陈三井：《华工与欧战》（台北：中研院近史所，1986 年），页 34—35。

[121] 顾杏卿：《欧战工作回忆录》（上海：商务印书馆，1937 年），第 50 页。

[122] "Council of Ten," January 15, 1919, *FRUS*, The Paris Peace Conference (Washington, DC, 1919), III:567.

[123] National Archives, College Park, RG 165M1444 Roll 2, document nos. 2055-12.

[124] 外交部收侨工事务局函，1918 年 11 月 25 日，《欧战华工史料》，页 413。

[125]《欧战华工史料》，页 36—37。

[126]《欧战华工史料》，页 38。

[127]《欧战华工史料》，页 38。

[128]《欧战华工史料》，页 58。

[129] 国务院侨工事务局第五次调查在法华工情形书，《新中国》第 1 卷，第 3 期（1919 年 7 月），第 261 页。

[130]《欧战华工史料》，页 396。

[131]《欧战华工史料》，页 417。

[132]《欧战华工史料》，页 413。

[133] 收侨工事务局函，1919 年 4 月 2 日，《欧战华工史料》，页 441。

[134]《欧战华工史料》，页 441。

[135]《欧战华工史料》，页 441。

[136]《欧战华工史料》，页 442。

[137] Martel to Quai d'Orsay, February 18, 1918, Quai d'Orsay, Asie, 1918-1929, Chine, XLII.

[138] Report from chef du Service des Travailleurs Coloniaux to Ministre de la Marine, September 25, 1919, Marine, SSEB 7/Main d'oeuvre demandes statistiques.

[139] Boppe to Quai d' Orsay, Beijing, October 22, 1918, Vincennes, 5N216/Chine/January-December 1918.

[140] "Report on Chinese Labour Corps," PRO, WO 32/11345.

[141] PRO, FO 371/3682/154.

[142] 侨工事务局答复战后经济调查会关于侨工调查事项，《新中国》第 1 卷，第 6 期（1919 年 10 月），页 237。

[143] 详情参见 *Statistics of the Military Efforts of the British Empire During the Great War, 1914-1920* (London: H. M.

Stationery Office, 1922), 160。

144 Secret Reports from General Panouse, Attaché Militaire to Ministre de la Guerre, Vincennes, 6N155/Dossiers 3.

145 General Panouse, Military Attaché to London, "Secret Report to War Ministry," Vincennes, 6N155/1.

146 Brig.-Gen. F. J. Moberly, *The Campaign in Mesopotamia: 1914-1918* (London: H. M. Stationery Office, 1923-27), IV:329.

147 侨工事务局答复战后经济调查会关于侨工调查事项，《新中国》第1卷，第6期（1919年10月），页237。华工数字统计的困难在最近出版的《海外华侨百科全书》里也有所反映。比如，其中一处写到华工数字是15万，另一处则是10万，而最后又说是14万。参见 Pan, ed., *The Encyclopedia of the Chinese Overseas,* 64, 304, 11。

148 *The New York Times*, July 21, 1917.

149 Captain L. J. Sebert Diary.

150 Captain Wood Diary, entry of September 25, 1917.

151 John F. Lewis, *China's Great Convulsion, 1894-1924: A Dynasty Over-thrown, Chao and Warlords, and How the Chinese Helped the Western Allies Win World War I* (Heathsville, Va.: Sun on Earth Books, 2005), 79.

152 Walter Edward Williams Interviews, IWM, 9754.

153 YMAC, "Yellow Spectacles," YMCA Archives, box 204, folder: Chinese laborers in France.

154 Peter M. Mitchell, "Canada and the Chinese Labour Corps, 1917-1920: The Official Connection," in Min-Sun Chen and Lawrence N. Shyu, eds., *China Insight: Selected Papers from the Canadian Asian Studies Annual Conference Proceedings, 1982-1984* (Ottawa: Canadian Asian Studies Association,1985), 7.

155 Major-General C. G. S memo, July 24, 1917, NA, Canada, RG 24/3767, 1048-45-1 vol. 1: The transportation department memo to director or naval service, March 24, 1917; Memo from W. D. Scott, Superintendent of Immigration to General Sir Eugene Fiset, Department of Militia and Defense, July 24, 1917, NA, Canada, RG 24/2553, HQC 2115.

156 Chief of staff memo to director of the navy service, November 6, 1917, NA, Canada, RG 24/3767, 1048-45-1, 1.

157 Memo from W. D. Scott, Superintendent of Immigration to General Sir Eugene Fiset, Department of Militia and Defense, Ottawa, July 24, 1917, NA, Canada, RG 24/2553, HQC 2115.

158 Instructions concerning special guards, CMPC for Chinese laborers, NA, Canada, RG 24/3771, 1048-45-11, 1.

159 "Chinese Coolies-Great War," NA, Canada, RG 24/1833/G.A.Q 8-36, HQ 968.24, 23.

160 Chambers to General Gwatkin, April 19, 1917, NA, Canada, RG 6-E/620, folder 331, part 1.

161 Gwatkin to Chambers, April 20, 1917, NA, Canada, RG 6-E/620, folder 331, part 1.

162 Military memo on transportation of coolies, September 15, 1919, NA, Canada, RG 24/4324, 34-1-171.

163 《欧战华工史料》，页153，163，232，255。

164 Memo from Department Of Militia and Defense to the High Commissioner for Canada of Britain, July 8, 1918, NA, Canada, RG 25 A-2/229, M60/23-M161/23.

165 "Chinese Coolies Riot at Victoria," 17.

166 Bourne to the Minister of Militia, December 17, 1917, NA, Canada, RG 3768, 1148-45-2/10.

167 Medical officer's report, September 15, 1917, NA, Canada, RG 3768, 1048-45-2/10.

168 Bourne to the Minister of Militia, December 17, 1917, NA, Canada, RG 3768, 1048-45-2/10.

169 Captain Wood Diary, entry of November 2, 1917.

170 Dominion Immigration Inspector for B.C. to Chambers, May 1, 1917, NA, Canada, RG 6-E, T 101.

171 Perry to Chambers, March 3, 1917, NA, Canada, RG 6-E, 168, part 2.

172 Chambers to Perry, March 4, 1917, NA, Canada, RG 6-E, 168, part 2.

173 Chambers's instruction to media, March 14, 1917, NA, Canada, RG 6-E, T/101.

174 Circular no. C.P.C 48, offcially issued on March 17, 1917, NA, Canada, RG 6-E T/101.

175 Chambers to W. Banks, global editorial office, Toronto, Confidential, NA, Canada, RG 6-E T/101.

176 Chambers to Colonel A. W. Richardson, August 8, 1917; Chambers to W. D. Scott, August 8, 1917, NA, Canada, RG 6-E/620, folder 331, part 1.

177 Rev. J. Somerville, Presbyterian Church in Canada, reported to Chambers, April 9, 1917, NA, Canada, RG 6-E T/101.

178 NA, Canada, RG 6-E/620, folder 331, part 2.

179 Chambers to General Gwatkin, April 19, 1917, NA, Canada, RG 6-E/620, folder 331, part 1.

180 Malcolm Reid, Dominion Immigration Inspector for B. C. to Chambers, September 19, 1917, NA, Canada, RG 6-E/620, folder 331, part 2.

181 Reid to Chambers, July 6, 1917, NA, Canada, RG 6-E/620,folder 331, part 1.

182 Reid to Chambers, July 17, 1917, NA, Canada, RG 6-E/620, folder 331, part 1.

183 Chambers to Reid, July 12, 1917, NA, Canada, RG 6-E/620, folder 331, part 1.

184 Bourne to War Office, January 10, 1918, NA, Kew, WO 106/33.

185 Reid to Chambers, January 16, 1918, NA, Canada, RG 6-E/620, folder 331, part 2.

186 Chambers to the chief of the general staff, January 16, 1918, NA, Canada, RG 6-E/620, folder 331, part 2.

187 Reid to Chambers, January 18, 1918, NA, Canada, RG 6-E/620, folder 331, part 2.

188 Reid to Chambers, confidential and rush, January 18, 1918, NA, Canada, RG 6-E/620, folder 331, part 2.

189 War Office to Chambers, March 8, 1918, NA, Canada, RG 6-E/620, folder 331, part 2.

190 Reid to Chambers, April 3, 1918, NA, Canada, RG 6-E/620, folder 331, part 2.

191 Elizabeth A. Tancock, "Secret Trains across Canada, 1917-1918," 39-43.

192 "Chinese Welcomed by Men and Women of St. John," *Halifax Herald*, February 11, 1920, 2.

193 同上，第5页。

194 同上。

195 "Great Events Which Pass Unnoticed," *Halifax Herald*, February 17, 1920, 15.

196 "The Chinese Troops Heard the Strange, Mellow Songs of Their Homeland as They Disembarked from the Bohemian,"

Halifax Herald, February 16, 1920, 11.

197 Klein, *With the Chinks*, 29.

198 Harry D. Livingstone Journal.

199 同上。

200 Gull, "Story of the Chinese Labor Corps," 125-135.

201 Harry B.Wilmer, "Chinese Coolies in France," *North China Herald*, September 21, 1918.

202 "Le Ministre de Guerre Messieurs les Commandants de Groupements de Travailleurs Coloniaux," Paris, December 22, 1916, Vincennes, 16N/2450/6H/98/9.

203 Summerskill, *China on the Western Front*, 82.

204 李骏：有关法国华工营的第一次报告，1917 年 12 月 4 日；第二次报告，1918 年 6 月 10 日，《欧战华工史料》，页 352—359，79—92。

205 "General R. Ford Report," September 18, 1919, PRO, FO 371/3682/144.

206 War Office Document, May 25, 1917, PRO, FO 370/2906.

207 From the British Troops Headquarters in France and Flaners, October 23, 1919, signed by Burrowes, Vincennes, 7N2289/ Affaires Britanniques/Travailleurs Chinois.

208 "Note from J. B. Wroughton, Headquarters of British Troops in France and Flanders," July 17, 1919, Vincennes, 7N1297/Chinois Evacuation.

209 Headquarters of British Troops in France and Flanders, July 4, 1919, Vincennes, 7N2289/Affaires Britanniques/ Travailleurs Chinois.

210 Klein，同上，105。

211 Scott, "Chinese in France in WW I," 8-11.

212 YMCA, *Service with Fighting Men*, vol. 2: *In the Service of Youth* (New York: Association Press, 1922), 365.

213 Charles Wishart Hayford, *To the People: James Yen and Village China* (New York: Columbia University Press, 1990), 24.

214 Summerskill, 3.

215 Summerskill, 146.

216 Daryl Klein (2nd lieutenant in the Chinese labor corps), *With the Chinks* (London: John Lane the Bodley Head, 1919)，14.

217 孙干著，齐德智整理，《华工记》，天津社会科学院出版社，2013 年，页 53—54。

218《欧战华工史料》，页 380—381。

219 康有为，《大同书》，辽宁人民出版社，1994 年，页 139。

220《欧战华工史料》，页 374。

221《欧战华工史料》，页 380。

222 法国军方在华工待遇问题上曾下达不少指示，这些都有文件记录。详情参见 Vincennes, 17N156/Correspondance。

223 参见 "Instruction Relative to Employment of Chinese Laborers," September 26, 1916, issued by Commander of Colonial Troops, Vincennes, 17N/156。

224 详情参见 "Procès-Verbaux de la Conférence Interministérielle," Archive Nationale, Paris, 14F/11334。

225《蒋廷黻回忆录》（谢钟琏译），台北：传记文学出版社，1979 年，页 71。

226 蒋廷黻（1895—1965），哥伦比亚大学哲学博士，南开大学和清华大学历史学教授，后任驻苏联和驻美大使。引自蒋廷黻 "Letter to the United States Bureau of Labor Statistics," October 16, 1922，转引自 Ta Chen, *Chinese Migration, with Special Reference to Labor Conditions* (Washington, DC: Department of Labor, 1923), 147。

227 John Horne, "Immigrant Works in France During World War I," *French Historical Studies* 14, No.1 (1985):85.

228 赵山林，"一战期间我在法国任华工稽查的回忆"，载中国人民政治协商会议天津市委员会文史资料委员会编，《天津文史资料选辑》（第 69 辑），天津：天津人民出版社，1996 年，页 149。

229 蒋廷黻：《蒋廷黻回忆录》，台北：传记文学出版社，1979 年，页 70—71。

230《旅欧周刊》，1919 年 11 月 22 日，页 3。

231 胡新宇，海博，"拉罗谢尔的华工营地，" 见马骊编著，《一战华工在法国》，页 149—164。

232 关于张长松的故事，可参考 Christian Tchang, "Papa Etait Chinois, Maman Berrichonne"。此为私人收藏的未出版的家庭故事及相片集。

233 吴相湘，《晏阳初传》（台北时报文化出版事业有限公司，1981 年），页 243。

234《欧战华工史料》，页 410。

235《欧战华工史料》，页 380—381。

236《欧战华工史料》，页 381。

237 YMCA, *Service with Fighting Men*, vol. 2, 364.

238 李骏：1918 年 11 月 30 日第三次报告，《欧战华工史料》，页 398。

239 陈宝玉，"我曾在欧洲当华工"，中国人民政治协商会议天津市委员会文史资料委员会编，《天津文史资料选辑》，总第 69 辑（天津人民出版社，1996 年），页 159。

240《欧战华工史料》，页 398。

241 白焦，"世界大战中之华工"（续），《人文月刊》第 8 卷，第 3 期（1937 年 4 月 15 日），页 30。

242 宋恩荣编，《晏阳初全集》（湖南教育出版社，1989 年），第二卷，页 528。

243 "国务院侨工事务局筹办维持侨工回国生计事项表"，见《新中国》，页 251。

244 准法公使函商约束陆外华工办法六条请转令各商会审慎办理文，《中华全国商会联合会会报》，1917 年 3 月，第 3 期。

245《欧战华工史料》，页 195。

246《欧战华工史料》，页 196。

247《英政府招工章程》，中国第二历史档案馆，1050-11。

248《欧战华工史料》，页 8—11，15，17。

249《欧战华工史料》，页 199，200，207，209，210，213，200，225，232。

250《欧战华工史料》，页 246。

251 Secret order addressed to the Magistrate of the Lin Yi district, NA, Kew, FO 228/2893.

252 外交部发沿江沿海东三省各督军省长密函，1917 年 1 月 10 日，见《欧战华工史料》，页 20。

253《为设立谢记移民有限公司陈情》，中国第二历史档案馆，1001（2），卷宗：《英法俄外商在粤汉皖滇等地招募出国华工苛刻虐待等情有关文件》，1917 年 1 月—1918 年 5 月，页 439。

254 参见外交部收农商部志，1916 年 10 月 25 日；外交部发农商部志，1916 年 11 月 4 日；外交部收农商部志，1916 年 11 月 17 日，《欧战华工史料》，页 12—14，16。

255《欧战华工史料》，页 16。

256 参见蒋顺兴，杜裕根，"论北洋政府的侨务政策"，《民国档案》1993 年第 4 期，页 68—72。其中对北京政府的侨务政策有详细分析。

257 有关北京政府移民出国政策的详细论述，参见蒋顺兴，杜裕根，"论北洋政府的侨务政策"，《民国档案》1993 年第 4 期，页 68—72。

258《欧战华工史料》，页 29。

259 Boppe to Quai d'Orsay, Beijing, Nov. 24, 1919, Quai d'Orsay, Ministre des Affaires Etrangères, 1918-1929, Chine, XLII:170.

260《欧战华工史料》，页 228。

261《欧战华工史料》，页 514。

262《欧战华工史料》，页 563。

263 潘的报告见于《欧战华工史料》，页 519—520，34—37，42—47，57—59，63—64。

264 同上。

265《欧战华工史料》，页 285。

266《欧战华工史料》，页 286。

267《欧战华工史料》，页 285。

268 驻法侨工委员与法国工部局往返文件，《新中国》，页 267—268。

269 Cheng Sih-Gung, *Modern China, a Political Study* (Oxford: Clarendon Press, 1919), 273.

270 H. E. Cornwall files, typed memoir, IWM 06/70/1, 19.

271 Auguste Dupouy, "Un Camp de Chinois," *La Revue de Paris*, No. 21 (November 1919): 147-162.

272 P. E. Ogley memoirs, LC, Leeds, GS 1200, 36-37.

273 Salisbury, "Chinese Coolies and the War," 130.

274 Nicholas J. Saunders, *Trench Art: A Brief History and Guide, 1914-1939* (London: Leo Cooper, 2001), 15.

275 同上，页 44。

276 同上，页 66。

277 同上。

278 孙干著，齐德智整理，《华工记》，页 97。

279 同上，页 30。

280 Summerscale, *Queen of Whale Cay*, 49.

281 Lewis, *China's Great Convulsion*, 150.

282 Major R. D. Oliver, memoirs, IWM Catalogue 11235.

283 孙干著，齐德智整理，《华工记》，页 46。

284 孙干著，齐德智整理，《华工记》，页 69—70。

285 孙干著，齐德智整理，《华工记》，页 111。

286 孙干著，齐德智整理，《华工记》，页 45。

287 孙干著，齐德智整理，《华工记》，页 53。

288 孙干著，齐德智整理，《华工记》，页 45。

289 孙干著，齐德智整理，《华工记》，页 47。

290 孙干著，齐德智整理，《华工记》，页 66。

291 孙干著，齐德智整理，《华工记》，页 97。

292 W. A. Dent Diary, entry of October 1, 1918, LC, Leeds, GS 0453.

293 在华工团二大队第 3902 号华工的衣服口袋里找到了信件手稿的译文。译件可见："The Laborer's Attitude," YMCA Archives, box 204, folder: Chinese laborers in France reports; the original pocket book can be found in London IWM, box: Chinese labour corps notebook, 1917-19, misc 92 (1372).

294 War Diary, December 1918, NA, Kew, WO 95/83.

295 Henry Payne [with the Chinese labour corps], "John Chinaman in France: How He Saw and Greeted King George," *Missionary Herald* 101, No. 3 (March 1919): 29-30; V. G. Liernan, "The King and the Chinese Labour Corps," 225.

296 Paul Kennedy, "The First World War and the International Power System," *International Security* 9, No.1 (Summer 1984), 24.

297 *Times* (London), December 26, 1917.

298 详见 Xu Guoqi, "The Great War and China's Military Expedition Plan," *The Journal of Military History*, vol. 72, No. 1 (January 2008), 105-140.

299 华工在法工作情形表，《东方杂志》第 15 卷，第 12 期（1918 年 12 月），页 197。

300 David Lloyd George, *War Memoirs of David Lloyd George* (Boston: Little, Brown, and Company, 1937), II, 235.

301 April 23, 1919, PRO, WO 107/33.

302《欧战华工史料》，页 246。

303 马略·穆特（Marius Moutet）是法国社会党政治家。

304 Fussell, *Great War and Modern Memory*, 37.

305 YMCA, *Young Men's Christian Association with the Chinese Labor Corps in France*, YMCA Archives, box 204, folder: Chinese laborers in France, 14.

306 Controller of Labour to the Quartermaster General, Report of Labour with the BEF during the war, November 14, 1919, NA, Kew, WO 107137, 51.

307 Controller of Labour to the Quartermaster General, Report of Labour with the BEF during the war, November 14,1919, Appendix K: Memorandum Showing the Strips Taken to Apply the Skilled Chinese Tradesmen to Suitable Work, NA, Kew, WO 107/37.

308 Anonymous, "Central Stores & Workshops" (believed to be written by Lieutenant Colonel John Brockbank), Tank Museum, UK, E 2006. 1073.

309 David J. Childs, *A Peripheral Weapon: The Production and Employment of British Tanks in the First World War* (Westport, Conn.: Greenwood Press,1999),67.

310 Controller of Labour to the Quartermaster General, Report of Labour with the BEF during the war, November 14, 1919, Appendix K: Memorandum Showing the Steps Taken to Apply the Skilled Chinese Tradesmen to Suitable Work, NA, Kew, WO 107/37.

311 Directorate of Labour War Diary, October 1917, NA, Kew, WO 95/83.

312 Controller of Labour War Diary, July 1918, NA, Kew. WO 95/83.

313 Childs, *A Peripheral Weapon*, 65.

314 Scott, "*Chinese in France in WW I*," 8-11.

315 De Lapomarède to Commander-in-Chief of the French Army, Beijing, April 1916, Vincennes, 16N2912/Chine.

316 General Foch's Secret Report to Prime Minister, August 11, 1917, Vincennes, 16N2450/GQG/6498.

317 Gondre Report, May 26, 1918, Vincennes, 18N107.

318 General Taufflieb report, June 27, 1918, Vincennes, 18N207.

319 "Story of the Chinese Labor Corps," *The Far East Review* (Shanghai) 15, No.4 (April, 1918), 26.

320 "Au Sujet de l'Emploi de la Main-d'Oeuvre Chinoise dans les Ports," Paris, July 18, 1917, Archive National, Paris, 14F/11331, XII/E/Sous-Secrétaire des Transports.

321 Scott, "Chinese in France in WW I," 8-11.

322 Wakefield Report, PRO, WO 106/33.

323 *Times* (London), December 27, 1917.

324 War Office Report, December 31, 1918, PRO, WO 106/33.

325 孙干著，齐德智整理，《华工记》，页 60。

326 "Chinese Labour Corps Bravery, a Very Gallant Act," *The North China Herald* 132 (1919).

327 Summerskill, 126-127.

328 华工在法工作情形表，《东方杂志》第 15 卷，第 12 期（1918 年 12 月），页 199。转引自《欧战华工史料》，页 416。

329 顾杏卿，《欧战回忆录》（长沙：商务印书馆，1937 年），页 45。另见 Wou Pen-chung, *Travailleurs Chinois et La Grande Guerre* (Paris: Editions A. Pedone, 1939),13。

330 Judith Blick, "The Chinese Labor Corps in World War I," *Papers on China (from Harvard East Asia Regional Studies Seminar)* 9(1955):123.

331 凤冈及门弟子编，《三水梁燕孙先生年谱》第 1 册，页 446。

332 李璜，《学钝室回忆录》（台北：传记文学出版社，1973 年），第 58 页。

333 李原，陈大璋，《海外华人及其居住地概况》，北京：中国华侨出版公司，1991 年，页 273。

334 陈三井：《华工与欧战》，页 72。

335 参见外交部发国务院函，1919 年 1 月 8 日，《欧战华工史料》，页 38。

336 Scott, "Chinese in France in WW I," 8-11.

337 Newspaper clippings, April 23, 1919, PRO, WO 107/33.

338 《欧战华工史料》，页 558—559。

339 Gregory James 在 2013 年自费出版了近 1300 页的一战华工著作，书名为 *The Chinese Labour Corps (1916-1920)*, Hong Kong: Bayview Educational, 2013。该书收集了不少有关一战华工的重要资料。

340 British Parliamentary Meeting Minute, December 10, 1919, PRO, FO 371/3682/154.

341 Emigration Agency, October 9, 1919, PRO, FO 371/3682/125.

342 Ta Chen, *Chinese Migrations, with Special Reference to Labor Conditions, 1919-1927* (Washington DC: Government Printing Office, 1923), 152.

343 《欧战华工史料》，页 556。

344 《欧战华工史料》，页 563。

345 Gregory James 在其 *The Chinese Labour Corps (1916-1920)* 一书中提到了不少华工犯罪，有兴趣的读者可以参考。

346 相较于其他部队，华工犯罪的情况要少得多。一战期间，英军和英联邦军队中共有 3080 人被判处死刑。其中，28 名新西兰远征军士兵被判处死刑，2009 名新西兰人被军事法庭定罪；他们是 100444 名男性和女性组成的新西兰远征军的一部分，而该数量与英招华工的人数大致相当。但比较而言，新西兰人还不算是最差的。新西兰人被军事法庭判刑人数同其军队总人数的比率，不到澳大利亚人同比的三分之一，是加拿大人同比的二分之一。详见：Christopher Pugsley, *On the Fringe of Hell*, 7, 300。

347 孙干著，齐德智整理，《华工记》，页 82—83。

348 法国历史学者 Marianne Bastid-Bruguière 认为，共计 3103 名华工命丧欧洲或往返途中，大多数死于疾病。见马骊，《一战华工在法国》，页 441。

349 外交部收驻英公使电，1918 年 12 月 7 日，中国第二历史档案馆，北洋外交部档，03-36/4-(5)。

350 中国第二历史档案馆，1050-12。

351 陈宝玉，"我曾在欧洲当华工"，中国人民政治协商会议天津市委员会文史资料委员会编，《天津文史资料选辑》，总第 69 辑（天津人民出版社，1996 年），页 162。

352 British Parliamentary Meeting Minute, December 10, 1919, PRO, FO 371/3682/154.

353 《欧战华工史料》，页 50。

354 Ellen Newbold la Motte, *Peking Dust* (New York: The Century Co., 1919), 240. 迄今为止，还没有科学的证据可以说明是华工把此病毒传到欧洲。事实上，尽管有 2000 万到 1 亿人死于 1918 年的大流感，但是直到今天还没有人清楚这次流感的真正起因和来源。详情参见 Gina Kolata, *Flu: The Story of the Great Influenza, Pandemic of 1918 and the Search for the Virus that Caused it* (New York: Farrar, Straus and Giroux, 1999)，以及 Alfred W. Crosby, Jr., *Epidemic and Peace, 1918* (Westport, CT: Greenwood Press, 1976（1989 年该书在剑桥大学出版时重新命名）。有关西班牙流感的近期研究，参见 Mark J. Gibbs, "Recombination in the Hemagglutinin Gene of 1918 'Spanish Flu'," *Science* 293, No. 5536 (2001)，以及 John Pickrell, "The 1918 Pandemic: Killer Flu with a Human-Pig Pedigree?" *Science* 292, No. 5519 (2001)。

355 Ta Chen, *Chinese Migrations*, 156.

356 Pan, *Sons of the Yellow Emperor: the Story of the Overseas Chinese*, 82. Pan, ed., *The Encyclopedia of the Chinese Overseas*, 311.

357 《欧战华工史料》，页 147。

358 《欧战华工史料》，页 155，171，177。

359 《欧战华工史料》，页 173—174。

360 Balfour to Curzon, May 8, 1919, Woodward, *Documents on British Foreign Policy, 1919-1939*, Series I, VI: 565-66.

361 Dominiek Dendooven, "Living Apart Together: Belgian Witness Accounts of the Chinese Labour Corps," 载笔者所藏《"大战中的华工团"国际学术研讨会论文集》（2008 年 9 月，中国威海），第 1—11 页。

362 Piet Chielens and Julian Putkowski, *Unquiet Graves: Execution Sites of the First World War in Flanders* (London: Francis Boutle, 2000), 42.

363 W. W. Peter, Occasional report, YMCA Archives, box 204, folder: Chinese laborers in France, 1918-1919.

364 华工曾就美国为何参战进行了一次相当热烈的争论，从中可以看出他们的无知。有关华工对于外国事务的了解或误解，参见 Captain Harry L. Gilchriese, "Managing 200,000 Coolies in France," *Current History* (December 1919), published by the New York Times Company, 324; I. H. Shi, "With the Chinese Laborers: Somewhere in France," *The Chinese Student's Monthly* 13, No.18 (June 1918), 452；另见 "What the Chinese Learned in the War," *The Literary Digest* 62, No.11 (1919)。

365 Summerskill, 101.

366 Summerskill, 158.

367 "What the Chinese Learned in the War," *The Literary Digest* 62, No.11 (September 13, 1919):33-34.

368 John Darroch, "The China Labourer's Reading," *The North China Herald*, August 3, 1918.

369 《欧战华工史料》，页 288。

370 《欧战华工史料》，页 391。

371 《欧战华工史料》，页 418。

372 《华工周报》，1919 年 11 月 12 日，载晏鸿国编著，《晏阳初传略》，页 57。

373 顾杏卿，《欧战回忆录》，页 50。

374 顾杏卿，《欧战回忆录》，页 50。一战华工翻译群体是一个非常值得研究

的课题。仅英招华工华人译员就有约400余人，其中有夏奇峰、蔡善身、杨永经、戴步云、吴泽湘、沈向高、余光超、张荣森等，毕业于国内各大高校，年龄大多在20—30岁之间。他们“怀观察西方文明，增长见识之志”，应征英招华工翻译一职。在青年会的安排下，华工翻译在工作一年后，可到英伦游历两星期。他们在法国的生活如何，回国后又作出何种贡献，为华工服务的经历怎样影响他们对国家认同及中国的国际化的认识，凡此种种，都是十分重要的选题。有关华工翻译的生活及游英安排，请参阅顾杏卿，《欧战回忆录》，页38；《欧战华工史料》，页557—558。

375 顾杏卿，《欧战回忆录》，页51。

376 敦刻尔克华工青年会近况，《华工周报》，1919年10月22日，第36期。

377 在巴黎华工庆祝联军的胜利，《华工周报》，1919年8月27日。

378 Tom Brokaw, *The Greatest Generation*, New York: Random House, 2001.

379 “旅欧新闻”，《旅欧周刊》，1919年12月30日，第3页。

380 *Chinese Students' Monthly* 13, No. 6 (April 1918), 327.

381 W. W. Lockwood to J. M. Manley regarding Chinese at Silver Bay, Summer 1919, dated July 24, 1919, YMCA Archives. Chinese Correspondence and Reports, November 1918 to October 1919, box 153, folder: China Correspondence and Reports, November 1918 to October 1919, box 153, folder: China Correspondence and Reports, July 1919.

382 YMCA, "Zhufahuagong dui qingnianhuishi ye lushui," YMCA Archives, box 204, folder: Chinese laborers in France.

383 孙干著，齐德智整理，《华工记》，页108。

384 *The Chinese students' Monthly* 13, No. 6 (April 1918), 327.

385 《欧战华工史料》，页557—558。

386 "The Chinese Laborers in France in Relation to the Work of the Young Men's Christian Association: Report to the International Committee of Young Men's Christian Association of North America of Special Mission of Dwight W. Edwards in France April 13-May 11, 1918," YMCA Archives, box 204, folder: report 1919.

387 Young Men's Christian Association International Committee, For the Millions of Men Now under Arms, No. 13, 10-12.

388 晏阳初，“平民教育”（1923），见马秋帆、熊明安主编，《晏阳初教育论著选》（人民教育出版社，1993年），页3。

389 《欧战华工史料》，页410。

390 I. H. Shi, "With Chinese laborers in France," *The Chinese Students' Monthly* 13, No. 8 (June 1918), 449-450.

391 孙干著，齐德智整理，《华工记》，页30—31。

392 孙干著，齐德智整理，《华工记》，页31。

393 同上。

394 Paul P. Faris, "Preparing the Red Triangle for China," *The Continent* (New York), May 8, 1919, 13.

395 Taft and Harris, *Service with Fighting Men*, 2:367.

396 同上，2:368。

397 孙干著，齐德智整理，《华工记》，页84—91。

398 孙干著，齐德智整理，《华工记》，页96。

399 孙干著，齐德智整理，《华工记》，页106。

400 孙干著，齐德智整理，《华工记》，页108。

401 YMCA, Service with Fighting Men, vol. 2, 366.

402 《华工周报》，1919年4月16日。

403 中国蔡元培研究会编，《蔡元培全集》（杭州：浙江教育出版社，1997年），第3卷，页457—458。

404 中国蔡元培研究会编，《蔡元培全集》第3卷，页464。

405 中国蔡元培研究会编，《蔡元培全集》第3卷，页464。

406 杂录，李大钊，“庶民的胜利”，《北京大学日刊》，1918年12月6日，第4、5版。

407 吴相湘，《晏阳初传》，页46。

408 宋恩荣编，《晏阳初全集》，第二册，页178。

409 李永昌，“觉醒前的狂热：论‘公理战胜’和‘劳工神圣’两个口号”，《近代史研究》，1996年第4期。

410 吴相湘，《晏阳初传》，页25。

411 晏鸿国编著，《晏阳初传略》（成都：天地出版社，2005年），页45。

412 晏鸿国编著，《晏阳初传略》，页55—56。

413 晏鸿国编著，《晏阳初传略》，页59。

414 Pearl S. Buck, *Tell the People: Talks with James Yen about the Mass Education Movement* (New York: the John Day Company, 1945), 8-9.

415 宋恩荣编，《晏阳初全集》第1卷，页526。

416 吴相湘，《晏阳初传》，页36—37。

417 有关晏阳初和乡村教育的精辟论著，参见Charles Wishart Hayford: *To the People: James Yen and Village China*。

418 “平民教育的回顾与前瞻”，宋恩荣编，《晏阳初全集》第2卷，页256。

419 吴相湘，《晏阳初传》，页32。

420 《蔡孑民先生言行录》（北京：新潮社编辑），下，页485—569。

421 《蔡孑民先生言行录》，下，页483—484。

422 高平叔，《蔡元培年谱长编》（北京：人民教育出版社，1996年），第2卷，页28。

423 清华大学中共党史教研组编，《赴法勤工俭学运动史料》第一册（北京出版社，1979年），页181—183。

424 Blick，前引文，页128。

425 晏阳初1919年6月回美后，傅若愚继任《华工周报》编辑。自1919年11月第39期起，由陆士寅接任编辑。

426 "Red Triangle Overseas," Paris, February 2, 1919, YMCA Archives, Biographical records, James Yen, box 233.

427 吴相湘，《晏阳初传》，页30。

428 有关《华工周报》的详细影响，可阅读李宜涯，王成勉，“《华工周报》的构想、内容与意义”，见马骊编著，《一战华工在法国》，页302—322。

429 宋恩荣编，《晏阳初全集》，第一卷，28—30。

430 《华工周报》，1919年6月11日、6月18日、6月25日。

431 《华工周报》，第31期。

432 宋恩荣编，《晏阳初全集》第2卷，页256。

433 《华工周报》，1919年11月12日。

434 《欧战华工史料》，页406。

435 孙干著，齐德智整理，《华工记》，页78—79。

436 有关基督教青年会以及在欧华工的详细研究，参见陈三井，“基督教青年会与欧战华工”，《中研院近史所集刊》第17期，1988年。

437 此则评论大约发表在1918年4月间。

见 PRO, FO/371/3179。

438 Jordan to Balfour, August 14, 1917, PRO, WO 106/33.

439《华工周报》, 1919 年 6 月 18 日；吴相湘，《晏阳初传》，页 44—45。

440《华工周报》, 1920 年元旦。

441 C. F. Summers, "The Chinese Labour Corps: What They Learned in France," *The North-China Herald* 132 (1919).

442 傅盛山，"华工在法与祖国的损益"，《华工周报》第 7 号, 1919 年 3 月 12 日。

443 晏鸿国编著，《晏阳初传略》，页 56；吴相湘，《晏阳初传》，页 30—31。

444 陈三井，《华工与欧战》，前言，页 1。

445 Marilyn A. Levine, *The Found Generation: Chinese Communists in Europe During the Twenties* (Seattle:University of Washington Press, 1993), 71.

446 Blick, 112.

447 李吉奎，《梁士诒》，页 227。

448 *The Far Eastern Review*, 15, No. 4:126-27.

449 Lynn Pan, ed., *The Encyclopedia of the Chinese Overseas* (Singapore: Archipelago Press, 1998), 65.

450 YMCA, *Summary of World War Work of the American YMCA* (New York, 1920), 59.

451 YMCA, *Summary of World War Work of the American YMCA*, 59.

452 罗罗，"华工赴欧之实况"，《东方杂志》第 15 卷, 第 6 期 (1918 年 6 月)。

453 *The Chinese Students' Monthly* 13, No. 6 (April 1918), 301.

454《人文月刊》第 8 卷，第 1 期（1937 年 2 月），页 2。

455 夏晓虹编，《饮冰室合集集外文》中册（北京大学出版社，2005 年），页 696—698。

456《鲁迅全集》第 3 卷（人民文学出版社，2005 年），页 136。

457 白焦，"第一次世界大战之中国参战"，《人文月刊》第 7 卷，第 1 期（1936 年 2 月），页 31。

458 中国蔡元培研究会编，《蔡元培全集》（杭州：浙江教育出版社，1997 年），第 3 卷，页 488。

459 "康南海最近之言论：致陆子欣书"，《晨报》, 1919 年 1 月 9 日，第三版。

460 宋恩荣编，《晏阳初全集》第 2 卷，页 257。

461 Warren I. Cohen, *The Chinese Connection: Roger S. Greene, Thomas W. Lamont, George E. Sololsky and American-East Asian Relations* (New York: Columbia University Press, 1978).

462《北京大学日刊》，1918 年 11 月 20 日，第二、三版，"本校纪事"。

463 天津市地方志编修委员会，《天津通志 · 大事记》，页 195。

464 有关海外华人的近期研究，参见 Wang Gunwu, *Chinese Overseas* (Cambridge, MA: Harvard University Press, 2000)。

465 引自 Yen Ching-huang, *Coolies and Mandarins: China's Protection of Overseas Chinese during the Late Ching Period (1851-1911)* (Singapore: Singapore University Press, 1985), 20-22。(该书中文版参见（澳）颜清湟著，粟明鲜、贺跃夫译，《出国华工与清朝官员：晚清时期中国对海外华人的保护（1851—1911）》，北京：中国友谊出版公司，1990 年）

466 该政策与鸦片战争后清廷签订的许多条约相冲突，因为上述条约允许外国招募华人到海外工作。详见颜清湟著，粟明鲜、贺跃夫译，《出国华工与清朝官员：晚清时期中国对海外华人的保护（1851—1911）》。

467 参见外交部收农商部咨，1916 年 10 月 25 日；外交部发农商部咨，1916 年 11 月 4 日；外交部收农商部咨，1916 年 11 月 17 日，引自《欧战华工史料》，页 12—14，16。

468 有关北京政府的海外华人政策的详细分析，参见蒋顺兴、杜裕根，"论北洋政府的侨务政策"，《民国档案》，1993 年第 4 期，页 68—72。

469《欧战华工史料》，页 238，242—243。

470《欧战华工史料》，页 293。

471 杨恺令，《民国李石曾先生煜瀛年谱》，台北：台湾商务印书馆，1980 年，页 15。

472 引自陈三井，《华工与欧战》，页 13。

473 北京留法俭学会，《北京留法俭学会简章》，《新青年》第 3 卷，第 2 期（1917 年），载杨恺令主编，《民国李石曾先生煜瀛年谱》，页 32。

474 杨恺令，《民国李石曾先生煜瀛年谱》，页 28—29。

475 参见李石曾："移民意见书"，引自《李石曾先生文集》（台北：中国国民党中央委员会，1980 年），第 1 册，页 220—225。

476 Paul Bailey, "The Chinese Work-Study Movement in France," *The China Quarterly* 115 (1988):448.

477 该会正式成立是在 1916 年 6 月。

478 高平叔主编，《蔡元培全集》（北京：中华书局，1984 年），第 3 卷，页 219。

479 外交部收内务部志, 1916 年 11 月 11 日，《欧战华工史料》，页 14。

480《欧战华工史料》，页 799。

481《人文月刊》第 8 卷，第 1 期（1937 年 2 月），页 2。

482 高平叔主编，《蔡元培全集》第 3 卷，页 219。

483 参见《留欧杂志》以及陈三井主编，《留欧教育运动》（台北：中研院近史所，1996 年），其中对勤工俭学的起源有翔实的资料记载。

484 周恩来，"留法勤工俭学之大波澜"，见清华大学中共党史教研组编，《赴法勤工俭学运动史料》第 1 册，北京出版社，1979 年，页 5。

485 萧瑜，《毛泽东前传及毛泽东行乞秘辛》（台北：李白出版社，1989 年），页 244。

486 萧瑜，《毛泽东前传及毛泽东行乞秘辛》，页 262。

487《叶遐庵年谱》，页 50。

488《叶遐庵年谱》，页 69。

489《欧战华工史料》，页 128。

490《欧战华工史料》，页 128。

491《旅欧周刊》, 1919 年 11 月 15 日，页 3。

492 同上，1919 年 11 月 22 日，页 4。

493 同上，1919 年 11 月 22 日，页 2。

494 中国总领事馆，"招聘护送华工回国沿途照料员章程"，《旅欧周刊》，1920 年 2 月 28 日，页 41。

495《欧战华工史料》，页 139。

496 国务院侨工事务局编：《国务院侨工事务局国际移民研究会报告书》（出版日期及机构不详），页 27。

497 见林如莲，"一战时期的旅法'华工团'"，载马骊，《一战华工在法国》，页 276。

498《旅欧周刊》，1920 年 5 月 1 日，页 3。

499 Blick, "Chinese Labor Corps in World War 1," 132.

500 Min-ch'ien Tyau, *China Awakened* (New York: The Macmillan Company, 1922), 231.

501 详见 Gregory James, *The Chinese Labour Corps, Ibid*, 737。

502 参见 Min-ch'ien Tyau, *China Awakened*, 240。

503 参见 Chow Tse-Tsung, *The May Fourth Movement: Intellectual Revolution in*

Modern China (Cambridge, MA: Harvard University Press, 1960), 40.

504 S. K. Sheldon Tso, *The Labor Movement in China* (Shanghai, 1928), 20.

505 Young Men's Christian Association, *The Year Book of the YMCA of North America for the Year May 1920 to April 30*, 68-69.

506 吴相湘，《晏阳初传》，页 35。

507 淄博市志编纂委员会，《淄博市志》（中华书局，1995 年），第 1 卷，页 652。

508 潍坊市地方史志编纂委员会，《潍坊市志》（中央文献出版社，1995 年），第 2 卷，页 1236。

509 《旅欧周刊》，1919 年 11 月 29 日，页 3；《旅欧周刊》，1919 年 12 月 6 日，页 3；《旅欧周刊》，1919 年 11 月 15 日，页 4。

510 国务院侨工事务局编，《侨工事务局第七次调查在法华工情形书》，页 17—25。

511 "发刊词"，《华工旬刊》，1920 年 10 月 15 日，页 1。

512 《旅欧周刊》，1919 年 11 月 15 日，页 4。

513 见林如莲，"一战时期的旅法'华工团'"，载马骊，《一战华工在法国》，页 276—277。

514 MacNair, *China's New Nationalism*, 220.

515 清华大学中共党史教研组编，《赴法勤工俭学运动史料》，第二册（下），北京出版社，1979 年，页 790。

516 清华大学中共党史教研组编，《赴法勤工俭学运动史料》，第二册（下），页 790。另见 "Bandit Rule in China," Literary Digest (May 19, 1923): 8-9.

517 Lucy T. Aldrich, "A Week-end with Chinese Bandits," *Atlantic Monthly* (November 1923): 677.

518 陈无我：《临城劫车案纪事》，长沙：岳麓书社，1987 年，页 6。

519 详细论述可参考 Phil Billingsley, *Bandits in Republican China* (Stanford: Stanford University Press, 1988), 73。

520 陈无我：《临城劫车案纪事》，页 232。

521 华侨教育补助案中（国史馆，519，档号 096000-001），国史馆：外交部留法参战华工救济案，第 1 卷，1930.12.10—1931.10.7，档案号 020000037610A。

522 如国史馆 / 蒋中正总统文物 090102-011107，2187， 号 次 13083.107，1932.10.31。

523 （台湾）国史馆：外交部留法参战华工救济案（档案号：0200000-37611A），1930.12.10—1931.10.7，第 1 卷。

524 （台湾）国史馆：外交部留法参战华工救济案，1930.12.10—1931.10.7，第 2 卷。

525 （台湾）国史馆：外交部留法参战华工救济案，第 7 卷。

526 （台湾）国史馆：外交部留法参战华工救济案，第 3 卷。

527 （台湾）国史馆：外交部留法参战华工救济案，第 4 卷。

528 （台湾）国史馆：外交部留法参战华工救济案，第 6 卷。

529 （台湾）国史馆：外交部留法参战华工救济案，第 3 卷。

530 张至善编译，《1936—1939 西班牙反法西斯战争时期的国际纵队与中国》，北京大学出版社，2007 年，页 64，74—75，96。

531 张至善编译，《1936—1939 西班牙反法西斯战争时期的国际纵队与中国》，页 75。

532 倪慧如，邹宁远，《当世界年轻的时候：参加西班牙内战的中国人（1936—1939）》，广西师范大学出版社，2013 年，页 206—222。

533 倪慧如，邹宁远，《当世界年轻的时候：参加西班牙内战的中国人》，页 256—259。

534 倪慧如，邹宁远，《当世界年轻的时候：参加西班牙内战的中国人》，页 272—273。

535 详见 Mark Levitch, *Panthéon de la Guerre: Reconfiguring a Panorama of the Great War* (Columbia: University of Missouri Press, 2006), 65。

536 同上，页 149。

537 哈佛大学杰出的中国史学家孔飞力（Philip A. Kuhn）在 2008 年出版了他有关中国移民问题详尽研究的专著，但令人惊讶的是，他完全没有提及一战期间赴欧华工的情况。参见：Philip A. Kuhn, *Chinese among Others: Emigration in Modern Times* (Lanham, Md.: Rowman & Littlefield, 2008)。比利时鲁汶大学 1996 年的一篇硕士论文也对华工在西线的情况有较为详细的论述，参见 Leuven G. Hagen, *Eenen dwazen glimlach aan het front: Chinese koelies aan het Westers front in de Eerste Wereldoorlog*。遗憾的是，该论文并未正式出版英文版。另见 Robin D. S. Higham and Dennis E. Showalter, *Researching World War I: A Handbook* (Westport, Conn.: Greenwood Press, 2003)，全书近 500 页，仅有一处隐约地提到了"华工"一词。

538 YMCA Archives, box 204, folder: Chinese laborers in France.

539 James Hamilton-Paterson, "Chinese Dig Britain's Trenches," *Sunday Times* (London), April 30, 1972.

540 Nicholas Griffin, "The Use of Chinese Labour by the British Army, 1916-1920: The 'Raw Importation,' Its Scope and Problems" (PhD dissertation, University of Oklahoma, 1973), 2.

541 Dominiek Dendooven, "The Multicultural War in Flanders," in Serge Jaumain, Michael Amara, Benoit Majerus, and Antoon Vrints, eds., *Une Guerre Totale? La Belgique dans la Premiere Guerre Mondiale: Nouvelles Tendances de la Recherche Historique* (Brussels: Archives Generales du Royaume, 2005), 380.

542 同上，页 387。

543 Kate Summerscale, *The Queen of Whale Cay* (New York: Penguin Books, 1999), 53.

544 有关潘兴的引用及战争伤亡的信息，可参见美国战争纪念委员会数据库（the American Battle Monuments Commission），同时亦可参见 David Laskin, "On Hallowed Ground, a Place of Painful Beauty," *New York Times*, September 30, 2007。

545 J. M. Winter, *Remembering War: The Great War between Memory and History in the Twentieth Century* (New Haven: Yale University Press, 2006), 4-5.

附录一：惠民公司招工合同

第一条 佐治陶履德君，言明担任此次招得之工人，一经公司交付与彼之后，决不干预现下各交战国之何项战事职务，仅系为在法国或摩洛哥及亚劳智理（阿尔及利亚）各工厂，及农务之使用。

此项工人，不干预战事一节，当由法国驻北京公使担保其严加遵守。

公司一方面，应向陶履德君担保所招得之工人，当按照本合同下开第三条，至第二十三条，及第二十六条办理，将来与所招工人每名订立合同之时，以上所列各条款，亦当载在合同之内。

第二条 公司应于此合同签字后，即刻担任设法招集二千五百名工人，以便从速运至法国，但工人之集合与交付之时期，届时当由公司与陶履德君先期协议之。

此项招得之工人，应彼此议定在中国之一通商口岸交付于陶履德君。

此项首次招募之工人，招得后，公司应随陶履德君或其受权人之请求，继续进行办理至达到五万人为止。

第三条 此项工人佣工之期，定为五年，由登船之日起算，此时日应载明下开工人执照之内，但将来照常佣工期满时，由法回华，沿途所经之时日，不算在五年时期之内。

倘若首五年之期届满，工人愿在法国或摩洛哥及亚劳智理延长其居留，则必仍未失去免费送回中国之权利，此项权利，由驻京法国公使代表法国政府担保之。

第四条 其作工工资，每工人每日得领法币壹法郎，由雇主直接交付于工人之手，每星期或十五天一付，按照其雇主处之定章。与同该项工作之法国工人，一律办理。

除以上所给每日工资外，雇主应每月给付每工人工资法币叁拾法郎，此项月给工作，应交由公司所指定之一银行，以便由公司在中国存储，归工人，或其家属或其指定之人收用。

此项付款与汇款之证明，应于合宜之时，交由雇主转付工人。

要之，此项送交款项所需之费用，应由雇主担任，然经每次照例办理后，其责任便算解脱。

本条上段所定壹法郎之数，仅系指作农工土工苦力矿工等而言，即所谓之仅能作粗工者是也。倘工人有娴熟专门手艺者，可由公司予以证明，则其应得之工资如下：

泥水工，法币壹法郎贰拾伍生丁。

木　工，法币壹法郎伍拾生丁。

铁　工，法币壹法郎伍拾生丁。

其本条第二节所规定之月给工资，则水泥工定为每月法币叁拾伍法郎，木工及铁工每月定为法币肆拾法郎。

如一年以后，此项专门工人手艺更加娴熟，可与雇主商议，增加工资。届时陶履德君或其受权人，将其定加之数目，通知公司。但如公司所认定之专门工人，经试用一月后，不能合格，则陶履德君或其受权人，可以将其改为普通工人，并给予普通工人之工资。此项改动，当由陶履德君或其受权人通知公司委员。

本条所规定之每月工资仅系工人作工日及旅行时沿途所给之价，其休息及节令日，则每工人每日仅得领伍拾生丁之偿金。

第五条 每工人应在中国上船之口岸，运至法国或摩洛哥及亚劳智理招用工人之城市，免收一切船费。

合同期满时，工人仍免费送回原上船之口岸。

所有本合同所规定应给工人之工资食用，当由起程法国之日起付，惟将来工人回华时，沿途仅系给予食用。

所有中国工人，在法国已有或将来应完纳之赋税身税等等，均归雇主担负。

第六条 每工人于起程时应领受新衣服全分，其数为：

蓝布衫二件。

裤二条。

鞋一双。

帽一顶。

中国袜二双，棉衲一件，棉裤一条，此外尚有旅行用被一张，及煮食应用碗碟器具。

在合同期内，每六个月，工人得领衣服之数如下，此项首期衣服之发给，即在工人上船后六个月，蓝布衫裤各二件，鞋一双，帽一顶，袜二双。至棉衣棉裤，则每年发给一次，以西历九月底为期，即系于一千九百十六年曾在法国过冬者，当于一千九百十七年九月底发给之。

第七条 照上开第四条所规定工资外，工人从上船之日起，至合同限满之日止，其住所及粮食，俱由雇主供给无须工人出资。

每工人每日应领之粮食如左：

麦面、菽米，及稻米各种，其量以供足每工人之饱食。

肉，或鲜鱼，或咸鱼，二百三十格林母（克）。

菜蔬，二百三十格林母。

茶叶，十五格林母。

盐，十五格林母。

此外每工人尚领受需要之燃料，以为御寒及烹调之用。其住所为公共合住之法，在工人作工之处，愈近愈妙。

雇主应给予工人需要之家具，碗碟等等，以备饮食之用；其卧具为床板，或一床及一席一被。

第八条 议定每工人给予安家费法币五十法郎，此项安家费于该工人上船时，托由公司所指定之银行交给该家属收领；此外工人家属，于工人上船时，得领工人第一月之每月工资，其数系作旅行四十日计算，其余工人在旅行时期内所得之每月工资（按照法币壹法郎，壹法郎贰拾伍生丁，壹法郎伍拾生丁各类）作四十日计算，于轮船开行后八日，由陶履德君或其受权人托由公司所指定之银行，交付与公司。

第一条 佐治陶履德君，言明担任此次招得之工人，一经公司交付与彼之后，决不干预现下各交战国之何项战事职务，仅系为在法国或摩洛哥及亚劳智理（阿尔及利亚）各工厂，及农务之使用。

此项工人，不干预战事一节，当由法国驻北京公使担保其严加遵守。

公司一方面，应向陶履德君担保所招得之工人，当按照本合同下开第三条，至第二十三条，及第二十六条办理，将来与所招工人每名订立合同之时，以上所列各条款，亦当载在合同之内。

第二条 公司应于此合同签字后，即刻担任设法招集二千五百名工人，以便从速运至法国，但工人之集合与交付之时期，届时当由公司与陶履德君先期协议之。

此项招得之工人，应彼此议定在中国之一通商口岸交付于陶履德君。

此项首次招募之工人，招得后，公司应随陶履德君或其受权人之请求，继续进行办理至达到五万人为止。

第三条 此项工人佣工之期，定为五年，由登船之日起算，此时日应载明下开工人执照之内，但将来照常佣工期满时，由法回华，沿途所经之时日，不算在五年时期之内。

倘若首五年之期届满，工人愿在法国或摩洛哥及亚劳智理延长其居留，则必仍未失去免费送回中国之权利，此项权利，由驻京法国公使代表法国政府担保之。

第四条 其作工工资，每工人每日得领法币壹法郎，由雇主直接交付于工人之手，每星期或十五天一付，按照其雇主处之定章。与同该项工作之法国工人，一律办理。

除以上所给每日工资外，雇主应每月给付每工人工资法币叁拾法郎，此项月给工作，应交由公司所指定之一银行，以便由公司在中国存储，归工人，或其家属或其指定之人收用。

此项付款与汇款之证明，应于合宜之时，交由雇主转付工人。

要之，此项送交款项所需之费用，应由雇主担任，然经每次照例办理后，其责任便算解脱。

本条上段所定壹法郎之数，仅系指作农工土工苦力矿工等而言，即所谓之仅能作粗工者是也。倘工人有娴熟专门手艺者，可由公司予以证明，则其应得之工资如下：

泥水工，法币壹法郎贰拾伍生丁。

木　工，法币壹法郎伍拾生丁。

铁　工，法币壹法郎伍拾生丁。

其本条第二节所规定之月给工资，则水泥工定为每月法币叁拾伍法郎，木工及铁工每月定为法币肆拾法郎。

如一年以后，此项专门工人手艺更加娴熟，可与雇主商议，增加工资。届时陶履德君或其受权人，将其定加之数目，通知公司。但如公司所认定之专门工人，经试用一月后，不能合格，则陶履德君或其受权人，可以将其改为普通工人，并给予普通工人之工资。此项改动，当由陶履德君或其受权人通知公司委员。

本条所规定之每月工资仅系工人作工日及旅行时沿途所给之价，其休息及节令日，则每工人每日仅得领伍拾生丁之偿金。

第五条 每工人应在中国上船之口岸，运至法国或摩洛哥及亚劳智理招用工人之城市，免收一切船费。

合同期满时，工人仍免费送回原上船之口岸。

所有本合同所规定应给工人之工资食用，当由起程法国之日起付，惟将来工人回华时，沿途仅系给予食用。

所有中国工人，在法国已有或将来应完纳之赋税身税等等，均归雇主担负。

第六条 每工人于起程时应领受新衣服全分，其数为：

蓝布衫二件。

裤二条。

鞋一双。

帽一顶。

中国袜二双，棉衲一件，棉裤一条，此外尚有旅行用被一张，及煮食应用碗碟器具。

在合同期内，每六个月，工人得领衣服之数如下，此项首期衣服之发给，即在工人上船后六个月，蓝布衫裤各二件，鞋一双，帽一顶，袜二双。至棉衣棉裤，则每年发给一次，以西历九月底为期，即系于一千九百十六年曾在法国过冬者，当于一千九百十七年九月底发给之。

第七条 照上开第四条所规定工资外，工人从上船之日起，至合同限满之日止，其住所及粮食，俱由雇主供给无须工人出资。

每工人每日应领之粮食如左：

麦面、菽米，及稻米各种，其量以供足每工人之饱食。

肉，或鲜鱼，或咸鱼，二百三十格林母（克）。

菜蔬，二百三十格林母。

茶叶，十五格林母。

盐，十五格林母。

此外每工人尚领受需要之燃料，以为御寒及烹调之用。其住所为公共合住之法，在工人作工之处，愈近愈妙。

雇主应给予工人需要之家具，碗碟等等，以备饮食之用；其卧具为床板，或一床及一席一被。

第八条 议定每工人给予安家费法币五十法郎，此项安家费于该工人上船时，托由公司所指定之银行交给该家属收领；此外工人家属，于工人上船时，得领工人第一月之每月工资，其数系作旅行四十日计算，其余工人在旅行时期内所得之每月工资（按照法币壹法郎，壹法郎贰拾伍生丁，壹法郎伍拾生丁各类）作四十日计算，于轮船开行后八日，由陶履德君或其受权人托由公司所指定之银行，交付与公司。

第九条 工人每日作工，以十点钟为最多之数。

工人应守船厂或工厂一切章程，并应勤敏忠心作工，俾雇主无从挑剔；但雇主人一方面对于中国工人，应为善良之待遇。

工人应享之休息日，与同工厂或船厂之法国工人一律外，其中国国庆日亦得休假一天。

除以上所例定外，工人应每日实行前往作工，如经雇主之要求，及工人之情愿，可于休息日或上节所开之节令日，仍照常作工，其工资除照平常每日工资外，并每日加给工资法币壹法郎，其作工钟点仍系每日十点钟。

如经雇主之要求，及工人之同意，可将每日作功钟点增加，除上开每日十点钟外，每加一点钟加给法币贰拾伍生丁。

如遇有工厂为法国法律限制，不许每日作工至十点钟者，中国工人在该处作工，当照法定钟点办理；厂主不能因此将其工资扣减。

如遇有罢工及其他原因，致令工人不能作工者，则雇主仍应照给工人工资。

第十条 工人患病时，应给予需要之医治，毋庸工人出资，其患病或因病不能工作时期内，仍照上开所规定给予食用，并无每月工资，仅得领每日五十生丁之偿金。

如患病过于六星期，则雇主无须给予工资，及每日偿金，但有存养该工人之义务。

如工人系染犯花柳等症，则雇主于其患病不能作工时期内，毋庸给予偿金，及工资，仅须予以食用及住所。

如工人患病过于六星期，倘其病症经医生视为须回中国者，则雇主应将此情告知陶履德君，或其受权人，并由其通知驻法中国领事。该领事可于接此通知之八日内，有权另选派一医生验明工人病症。如两医生之意见相同，则工人当运回原出发之中国通商口岸，而合同所载权利义务，作为无效，彼此不任赔偿。倘两医生意见不同，则将此问题送至工人所在地之法庭裁决之。

此项工人回国之船费，及食用，皆由雇主担负。

第十一条 如在合同之时期内，工人身故，则其家属应得之赔偿金如下：

（甲）如在合同签字六个月内，工人非因受伤身故者，其赔偿金为法币壹佰叁拾伍法郎。

（乙）如在合同签字六个月后，至合同期满时，而身故者，其赔偿金为法币贰佰柒拾法郎，如工人系回国时沿途死于非命者，其赔偿金亦同。

如起程时沿途因海战事遇险，死于非命，则工人家属得有本条甲项之赔偿金，其数为法币壹佰叁拾伍法郎，但系在合同照常期满回国时，沿途不因非命身故者，则无赔偿金。

第十二条 一千八百九十八年四月九日法国颁行之作工致伤法律，对于中国工人适用之，即系如工人因作工而致伤或毙命，雇主应付予医药之费，以至完全痊愈，并给予每日偿金，如须给予终身养老等费，亦当按律办理。

但法国现行法律，对于外国工人，在法国因伤身故者，苟其家族不居住在法国境内，不得给予赔偿金。现双方因此特行协定，如工人系因伤身故者，仍按照本合同第一条办理，即系如在合同签字六个月内，因伤身故，其赔偿金为法币壹佰叁拾伍法郎，如系在合同签字六个月后，至合同期满者，则其赔偿金为法币贰佰柒拾法郎。

第十三条 工人身故后，其埋葬应照地方普通习惯办理，此项埋葬费用由雇主担负。

又雇主须将工人身故之时日及埋葬之地方，通知陶履德君，或其受权人，并由陶履德君或其受权人转报中国领事。

第十四条 如中国官府视为需要，可派一外交官或领事官，前往法国驻扎，以便视察在法国或摩洛哥及亚劳智理作工工人之住所、粮食与其作工情形等等。但中国委员须与陶履德君或其受权人接洽，而陶履德君或其受权人亦应尽情告知一切。

第十五条 工人在居留法国时期内，当享有法国法律对于一切国民所保证之自由权，并最要之信教自由权。

在工人一方面亦应遵守法国法律。

雇主应注视中国工人，使不受其他工人种种设法之恶待。

第十六条 陶履德君或其受权人，组织一事务所于巴黎，为办理留在法国或摩洛哥及亚劳智理之中国工人各项事务之总机关。

此项事务所将设在巴黎瓦塞耶路第一百零四号。

陶履德君亦可随时另迁别处。

事务所内最要为备存在法国或摩洛哥及亚劳智理之中国工人表册，记载在合同期内，工人之原状，及其变迁之情形，此项情形随时由陶履德君或其受权人转报中国领事。

事务所担任转递工人来往书信。

其法在中国内所有工人家属寄给工人之书信，由公司代收，打包寄由陶履德君或其受权人转交收信人；易之，则陶履德君或其受权人将中国工人寄其家属之书信打包寄由公司转递收信人。

第十七条 在此雇佣合同时期内，工人不能直接经营商业，如工人向来安置在每处作工者，禁止其迁徙，以另图别主。

如因有别故，雇主不能继续雇佣此项工人，应由雇主通知陶履德君或其受权人，俾可按照合同所定各节，为该项工人另图别处作工之地。

如工人除因疾病外，有因私事或故意，以致欠缺作工之时日者，则于合同期满后，应再补足其所自愿欠缺之作工时日。

此项规则不适用于本合同所规定之节令日及休息日。

第十八条 工人在工厂或船厂内作工有偷懒不遵命令，不受约束，行为不正，及不守章程各情，当由陶履德君或其受权人及雇主商定，并报告中国领事后，即行开除。

此项工人开除后，即由最近开行船只遣送回中国，如遣回之工人系在合同期第一年内，则公司除可迳向工人追缴外，应担负一部分之路费，其数为法币三百法郎。

同第十八条　公司承认雇主得于三年后，可随时将合同取消。

第十九条 凡招往各工厂、船厂或制造场等作工之工人，当设法使其最少团集二十五人在一处，以便其可以共同生活。

每一团体内安置一翻译员，其分配翻译之数，能愈宽愈妙。

第二十条 公司一方面应于招工时，将同一手艺之工人，集合每二十五人为一班，派一工头管领，工头所领之工资及粮食衣服与工人所领者相等。但彼每带领一工人，每作工日得多领二生丁半之酬金。

第二十一条 工人于雇入时，每人应有一形状单，注明姓名，年岁，籍贯，此外记有号码及工人照相，并有存根备查，工人抵法国之时，应遵守验身及注册之各项规则。

第二十二条 陶履德君届时应将本合同内开工人所有权利义务之规定，即印备中法文字多份，交与公司，以便每工人应知本合同内所载俾应遵之义务及应得之权利。

此外工人自行承认，如彼于合同未满期内，无故废弃合同，则彼对于陶履德君或其受权人负欠起程之船费，其数为法币陆佰法郎。

公司于此欠款代负连带之担保，其保金为每工人法币三百法郎。

此项保金及本合同第十八条所载公司担负之路费，应在本合同第二十四条公司所得之法币一百法郎，招工费项下扣存法币贰拾法郎，由陶履德君与公司择定妥存于一银行生息；但公司之财务责任不得过于上开法币贰拾法郎所集成之总数。

公司应于招工时，饬令每工人签押合同三份，一交公司收执，一交本工人收执，一交陶履德君或其受权人收执。

第二十三条 与工人所议定之合同，陶履德君或其受权人有任便将全数或一部分择让于可靠之工厂或厂主之权，此项让渡后，其让受人有代受一切权利之权，并对合同所载之义务，亦当担任，陶履德君或其受权人仍应担保让受人实行合同。

第二十四条 公司仍照本合同所规定各条件，妥为代招工人一名，登船赴法国后，公司应于每工人得法币壹佰法郎之酬金。

此项酬劳金由陶履德君交付，其法如下：

（甲）每工人交付法币八十法郎，此款于工人上船八天内直接交付于公司。

（乙）其每工人之法币二十法郎，当由陶履德君与公司商定妥存于一银行，专为本合同第十八条及第二十二条所载公司保金之用，此项存金俟合同期满后，倘遇有本合同第十八条及第二十二条所载之事实，即将该款扣除，其余数当交回公司。

凡招得之工人，应先由陶履德君或其受权人派医生验明，以身体强健，方能接收上船，此项工人年岁当在二十岁以上三十五岁以下。

第二十五条　翻译

兹因原则上每一百二十五名工人，需用翻译一员，公司当尽力照数逐渐储备，此项翻译人员交于陶履德君或其受权人，以便充当翻译之用，但雇主亦有权用由彼自行雇佣之翻译。

此项翻译之雇佣当照下开各节规定之资格：

此项翻译员须身家清白，通晓中文，并曾习法文，足以充当下开各项之职务为限，陶履德君或其受权人于实任此项翻译之前，有权考验是否有尽其职务之能力。

雇用时期

雇用时期为二年，其来往旅行时日不算在内，首次雇用时期届满，如雇主与翻译同意，可逐年续订合同。雇主有权随时将彼所用之翻译辞退，只须先行知照将合同终止而已。

旅行费

此项翻译由中国上船口岸送至任用地点，坐三等舱，免交船费，合同期满，仍免费送回原出发之中国口岸。

薪水

翻译薪水每员合同定为法币壹佰伍拾佛（法）郎，于每月底支给。

此项薪水由上船起程之日起算，以至合同期满日，关于工人退养律所规定之雇员特别税，皆由雇主给付。

如雇用期满，续订合同，上开翻译之薪水，可由翻译与雇主协商增加之。

此项翻译不给与食用及衣服，即燃料住所一层，除由雇主自行招致外，亦不给与。

其由陶履德君或其受权人在巴黎任用之翻译，除原定薪水外，另每日加给法币壹法郎，于月终连薪水一并给发。

此项翻译当选择其中之精通中法文字及能作法国文字者，方为合宜。

办事时间

此项翻译于所在之工厂船厂规定作工之时间，悉听雇主之使用；但每日以十点钟为最多之数，所有本合同第九条关于中国工人所应享受之休息日及节令日，翻译悉享受之。

翻译之职任系专向工头传递雇主之命令，或关于工事受雇主之委托办理，总之其要义系即对于工人及雇主或其他者之间，易于接洽。

此项翻译以应与雇主接洽后，将工人所要求，及如何实行合同所规定之情形，转告于陶履德君或其受权人。

此项翻译亦应帮助工人寄发书信，如有用法文通告之件，亦应向工人解说之。

疾病

如翻译患病时，应由雇主担任予以医治，毋庸自己出费。

患病时期内仍给予薪水，如逾六星期，即停给薪水，至于复职时为止。

身故

在合同期内，如翻译身故，适用本合同第十一条及第十三条之规定。

因工受伤

一千八百九十八年法国颁行之因工受伤律，对于中国翻译得适用之，此外如因受伤身故，得援照本合同第十二条办理。

普通规则

翻译当照工人一样，绝不干预现下战事。

翻译在居留法国时期内，当享有法国法律对于一切国民所保证之自由权，并得援照本合同第十五条所规定办理。

翻译起程时，不给予其家属何种之补助金。

本合同第十六条、第十七条、第二十一条、第二十三条、第二十六条、第二十七条之规定对于翻译得适用之。

本条所规定各条件，将来于雇用时，当由陶履德君或其受权人与翻译将合同订定。

第二十六条　倘工人与雇主有争执时，为公司委员所不能调停平和解决者，应在就地之法国法庭评判之。

第二十七条　如本合同之执行及解释有争执时，陶履德君或其受权人及公司各择公断员一人，倘此二公断员意见不一，未能判决，则由该二公断员择一第三公断员以排解之。

倘两造不采择此法办理，当声明公诉巴黎塞纳府之裁判所。

第二十八条　如将来陶履德君应回法国办理实行此合同之事，则将全权付与历次参列商定此合同会议之建筑技师那树卜君，或由陶履德君或其受权人派定之代表，此项委托人，即办理陶履德君不在中国时之一切事权。

附录二：英国招工合同（仁记公司）

第一条 今订定先招华工一万名，自签订本合同之日起两星期内应招足工人一千名，准备由威海卫出发，再两星期内再招足工人一千名，此后每一个月内招足四千名。

第二条 开招地点先以登州旧属十县为限，倘招不足数或于一万名外再须添招，再当推广及胶东全属，惟总以无碍地方情形为准。

第三条 所招华工年龄以二十岁至四十岁为度，须经英国医生在威海检验合格。

第四条 上项华工系送往□□□等处作工，其作工之处总在危险地位以外，即最少须在炮火线十英里之后。

第五条 上项华工专从事于铁路、马路、工厂、矿务、船坞、农业、森林等项工作，订明不得从事战役。

第六条 作工期限自到工之日起，以三年为满，一年之后工局得以随时取消合同，惟须先期六个月知照，否则另给六个月工价。本合同期满之后，如欲展限若干时，须得双方同意，再此项华工非经中国驻外代表许可，则无论如何不得转授别家工局工作。

第七条（甲）工人自威海起程赴工起，自工地返威登岸止，一切往返舟车路费均由工局担认。

（乙）自工人在威海签立愿书之日起至由工地回到威海之日止，一切饭食，冬夏衣服，住房柴炭灯火以及医药等项均由工局备办，不取分文，其作工时所用器具等件，均由工局自备，如有损坏，工人不担认修补赔偿。

工人所得伙食细目如下：米面若干，咸鱼鲜鱼或肉若干，咸、鲜菜若干，油盐、茶糖各若干。

工人所得衣服行装被褥均在威海发给，如有破弊，随时添补，细目如下：皮沿帽一顶，有袋阔腰带一条，冬季棉衣裤一套，布腰巾一条，雨衣一件，夏季衣裤两套，油布盒一个（负于背后者），皮底鞋一双，铅水瓶一个，袜两双，棉褥一条，包脚布二寸，厚毯一条，木梳两张，肥皂一块，洋铁脸盆，筷子饭碗水杯各一，牙刷刷子手巾各一。

第八条（甲）工人工价一半在作工地点按星期支领，一半留给家属在威海支领，在工地支领者以每日每名工价十本士计算，由家属支领者每名每月英元十元。工头工价在工地支领者以每日每名工价一仙零三本士计算，由家属支领者每名每月英洋十五元。凡工价以华工到工地之日起，不论有无工作，停止工价当以华工返威登岸之日为止。

（乙）华工在作工地点应领之一半工价，由工局直接发给各华工，其在华之留支半工价由包工人按期向工局代为支领转给各家属，如有错误，由包工人负责。

（丙）工人因病不能工作，其按日之工价即行停给，惟其家属仍得照常领取留支，但工人患病如延至六星期以外，则其家属按月所领之留支，亦须按其六星期以外之病期减半发给至病愈能作工或实行送回威海登岸之日止。

（丁）工人因工受伤，其按日之工价减半发给，其家属仍得照常领取按月之留支至伤愈能作工，或实行送回威海登岸之日止。

（戊）工人若有犯规、误工，误工之时不给工价，倘误工在四星期以外，则其家属应领之留支亦当停止，迨其复行作工，始再照常发给。

第九条 凡犯规暨不胜工作之工人，工局得随时遣送回威，一切路费由工局担认。

第十条 在签订愿书之日，工人工头每名各得安家费十三元，不在将来工价内扣除。

第十一条（甲）工人因工毙命暨因工受伤至成残废无用者，每名应得抚恤金英洋一百元正。

（乙）工人因工受伤，略成残疾暨因病身故者，每名应得抚恤金不得过英洋五十元。

（丙）在行路时间暨作工之处，凡毙命华工均由工局担任出资妥善葬埋。

第十二条 作工时刻，计一昼夜间以十点钟为限，每星期作工七日，如额外工作，每一点钟加给二本士，工人有不愿作者，听工局不得强迫，遇中国节期，每期放假一天，仍给工资（中国节期每年六天期日如下）。如遇天时及别项情形不能工作，如所定时刻而非工人之过者，工价仍得全数发给，不得扣减。

第十三条（甲）凡毙命华工及残废无用以及略成残疾者，工局及包工人应随时开具缘由并应得恤金数目，连同医生检验单并该工人护照以及各该家属领收恤金收据一并呈送烟台道署备案。

（乙）凡久病不愈以及染患疯癫各工人，应由工局实行送回威海并由工局及包工人开具缘由及应找工资数目，连同医生

检验单并该工人护照以及各该家属领到工资及各该工人收据一并呈送烟台道署备案。

第十四条 凡遣回各华工均须由工局实行送回威海，倘华工于期满或被开除后不愿回国者，工局及包工人应将该工人护照及应得回国路费送交就近中国使领署收存，中国官署于收到此项路费后，即在各该工人护照上批名收到路费若干字样，交还该工人收执，俾该工人欲回国时可以持赴该中国官署请愿，倘作工地点与中国官署相距辽远，包工人可暂代为收存上项路费于护照上批明。

第十五条 上项华工每名应缴中国政府护照费二元，印花费二元，稽查保工事宜费三元，均由工局担负，不在工价内扣除，其英国政府一方面应有费用亦归工局自理。

第十六条 驻烟英领事应以正式公文担保此项华工所往工作地点不在战争危险地位之内，所作之工不关战役。

第十七条 所有本合同规定一切，工局应任从中国驻外使领各馆随时派员赴工作地点稽察是否遵守。

第十八条 工局应自行出资雇用通晓华言之妥善通事料理工人一切事务，免生误会，如有华工工头彼此龃龉，工局与包工人为秉公排解，如工人有违犯地方法律情事，工局与包工人当随时知照就近驻外之中国官署接洽办理。

第十九条 包工人应预备中国药品，以备华工遇有微恙时随时分给服用，此项药品须在威海检验后方可出口。

第二十条 包工人代工局包办招募上项工人并料理工人事务，工局允付给包工人佣用费若干元，此外不得向工人工头及工局需索别项费用。

第二十一条 前项华工应受英国法律保护，与英国工人一律待遇，工局不得另订特别章程致有碍华工利益。

第二十二条 为邮寄工人家书财款及接收家乡来信便利起见，工局担承代为办理。

第二十三条 本合同用华文英文各二份，双方收执，如有解释不协之处，以英文为准。

鸣 谢

本人之所以愿意在诸事纷繁之际，毅然接受出版社重托，撰写此书，实被一战华工的业绩所感动，觉得我们有责任、有义务将他们的事迹彪炳史册，介绍给世人。但本书的完成与五洲传播出版社高磊先生的敬业精神是分不开的。没有他的坚持、督促和耐心，该书能否问世实在是一个大问号。本书的完稿也同本人的家庭背景和个人的心路历程有关。2007 年出版《文明的交融》一书时，我题献给我的父母及像他们一样的中国农民。令我至今仍旧悲痛不已的是，父亲徐金祥先生于 2013 年 2 月 17 日（农历正月初八）去世了。父亲生于农历一九二九年（蛇年）腊月二十一。按安徽乡下的算法，去世时已是 85 虚岁了，在他生长的村庄已是最年长的人之一。谨以此书作为心香一束，遥祭家父及一战华工在天之灵。

虽说我是专业历史研究者，但对父辈的历史却不甚了了。一是父亲不识字，甚至按父亲的说法，我们徐家至少往前推 8 代人都未进过校门，家里没有留下任何文字资料。二是我少小离家，与父亲聚少离多，屈指可数的相聚也很少涉及家族历史。我从未见过祖父母。据父亲说，祖父在父亲少年时即去世，祖母在我出生前也去世了。父亲虽为文盲，但向往外面的世界。在新四军驻扎安徽枞阳时，父亲曾想参军，驻军领导也热心劝说父亲弃农从戎。但父亲因念及眼盲祖母的孤苦，最终只好放弃了这一念头。不过，父亲追求进步及推动公益之心并未泯灭。父亲是我们村庄唯一在村上加入中国共产党的农民，并长期担任小队队长及大队看管圩田的副圩长。尽管如此，父亲的农民身份从未改变，终生种田。

由于父亲的公正无私，我的家庭从未享受任何好处，反而成为村里最困难的家庭之一。我的两个弟弟及三个妹妹基本上也都是文盲，除小弟小妹上了几年小学外，其他人都目不识丁。我记忆中的童年只有饥饿、极度贫困，以及持续不断的无助之感。我 12 岁时到离家 20 余里的一个学校寄宿读书，到学校去要从山中小道穿行。那时父亲已在离家几十里以外的圩里分管圩田，常年不在家。我第一次到学校去，是由小爷（小叔）送我去的。几天后，父亲才从圩里来到学校，给我买了一双球鞋。印象中，这是父亲唯一一次给我买东西。这也是我初、高中 6 年里唯一一双购买的鞋，其余的鞋都是母亲或妹妹们手工做的。我常常想，如果父亲未曾入党，未曾当过什

么小队长、圩长，我们的家境可能要好一点，至少父亲可以经常在家。据父亲说，1949 年中华人民共和国建立时，家里属于中农成分，这说明当时的家境并不坏。但后来父亲一生牺牲自身的利益，为村民服务，到头来换来的是家庭贫困及子女成为文盲的苦果。父亲一生除正直无私外，还有一个特点是脾气暴躁，与母亲及子女经常发生冲突。2002 年夏，我在枞阳县城买了一套房子，将父母接到县城居住，与子女相隔较远，父亲才享受了几年相对安静的日子。

我对父亲另一个极其深刻的印象是他顽强的毅力。父亲在 2012 年 10 月经诊断发现为食道癌晚期后，很快即无法进食。在其后近 100 天的时间里，父亲完全依靠静脉输液维持生命。他忍受了常人无法忍受的饥饿及病痛的折磨，有时甚至可以说是“生不如死”。但他直到去世，头脑仍然十分清醒，很少抱怨所受的痛苦。在他去世的前几天，我建议他打吗啡针止痛，他还是拒绝了。尽管去世前他的身体已极度虚弱，无法站立，但他还是不愿穿成人尿裤，坚持让人扶着抱着起来自己大小便。老人以极强的尊严感生活到生命的最后一刻。父亲走了，我终于只是自己孩子的父亲了，而我自己在这个世界上却没有父亲了。我知道父亲是极其留恋生命的，否则他不会在极度痛苦中顽强地与病魔搏斗了如此长的时间。每天到家里来给他输液的医师也叹为观止，连称奇迹。父亲一生可谓问心无愧，没有说过任何假话，没有做过任何对不起外人的事。其正直无私、刚正不阿、光明磊落，在今日的中国，可能很少有人能达到这点了。父亲晚年对中国社会比比皆是的各种腐败无良的现象深恶痛绝。但愿父亲在天国世界能享受心灵的平静及幸福。父亲安息！

这里之所以提及个人私事，表面上与一战华工无关，但实际上很有关联。家父同一战华工一样，属于弱势群体，但正是这些普通百姓构成了中华民族的脊梁。正是由于对家父刻骨铭心的怀念，才进一步促成并激励我撰写此书。

写到这里，我必须对为此书 2007 年版本写序的吴建民大使于 2016 年不幸辞世致以沉痛悼念。我和吴建民大使素不相识，但当出版社告知其有这么一本小书时，曾任中国驻法大使的吴建民先生本着对一战华工的深刻理解及对中法关系史中这特殊一页的重视，慨然命笔作序，对拙著不吝赞美之词，并提及其驻法期间与一战华

工的交往。在序中，他大力强调一战华工历史的重要性。值此书修订再版之际，出版社特意保留吴大使的原序，作为对吴建民先生的纪念。

本书引用或参考了我其他著作没有使用的新资料。德国学者 Jan Schmidts 无私提供了他在日本发现的相关资料给我使用，毕业于日本东京大学的两位台湾学者陈萱博士和李启彰博士不辞劳苦帮我翻译整理这批资料。1926 年出生在山东济南的加拿大老人 Mary Mckim 多次为我寄赠与一战华工相关的宝贵资料——老人的父亲曾为一战华工服务。齐德智先生整理的华工孙干所著《华工记》出版后第一时间赠阅。台湾的国史馆为我提供了 7 卷有关一战华工在 20 世纪 30 年代的资料。Reed Chervin 先生曾帮我查找相关图片资料。台湾东华大学吴翎君教授审阅了书稿全文，并提出许多宝贵意见。如果没有 Research Grants Council of Hong Kong's GRF Grant (No. 751013，2013-2015) 的资助，本书是很难及时完成的。对上述个人及单位的关爱及支持，特此深表谢忱。我还要特别感谢我的妻子尤卫群帮助我做了文字上的润色梳理工作。不言而喻的是，本书的任何缺点及错误之处，本着文责自负的精神，与出版社及他人无关，概由本人负责。

徐国琦

2015 年底于香港